U0823821

一切始于这里，1971 年。

位于西雅图派克市场的第一家星巴克门店

卢旺达

星巴克从 2004 年开始从卢旺达采购咖啡。2008 年 6 月，我第三次访问卢旺达，访问那里的咖啡农和合作社。在那里，卢旺达的美丽风光和当地人民的坚韧不拔让我深受感动。人们努力工作，摆脱 1994 年的种族大屠杀悲剧的阴影。这也是人类历史上最鼓舞人心的民族复兴行动之一。

业名5110一路向前

种植咖啡是一门需要世代累积、代代相传的独特手艺。

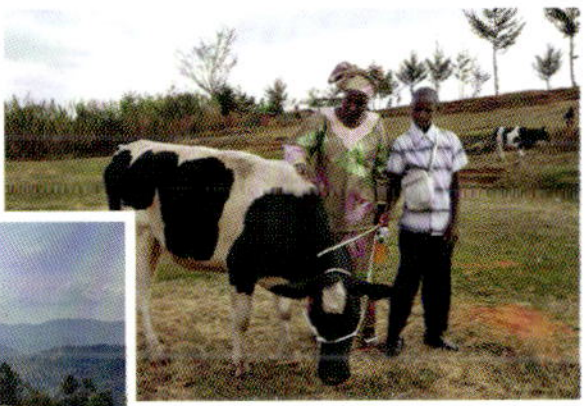

证据就在杯中

2008年2月26日，星巴克作出了一个非比寻常的决定——同时关闭美国的7 100家直营门店，为咖啡师们提供3小时浓缩咖啡培训，以确保我们的顾客能得到一杯完美的咖啡。

星巴克的意义从来不止于咖啡，但是没有咖啡，我们就失去了存在的基础。

回归传统

创造持久的关系和建立亲密的个人关系，是我们的品牌本质所在。

道德采购

每年星巴克从近30个国家的数万名咖啡农手中采购咖啡。他们中的大多数人都是只有两三英亩地的小种植园主。星巴克对全球咖啡产业的贡献，不仅包括我们每年采购近4亿磅咖啡豆，更在于我们以高度的道德标准采购咖啡，尊重环境，并改善那些咖啡农和咖啡种植区的生活质量。

以尊重和尊严的方式对待咖啡农是我们经营方式的核心。

星巴克体验

通过建筑特色、环保元素、结合当地特色的地区风味以及舒适的“第三空间”，星巴克以平衡而可持续发展的方式为每周来到门店的54个国家的近6 000万名顾客提供咖啡体验。

1

2

3

4

5

6

7

8

9

10

11

每一家星巴克的门店都有自己的特色

12

1. 西雅图大学城店，第一家被重新设计改造的门店
2. 苏格兰爱丁堡
3. 西雅图15大街咖啡与茶，我们的第一家概念店
4. 西雅图罗伊街咖啡与茶，拥有现场音乐、电影表演和本地食品的实验店
5. 西雅图派克大街1号店，第一家获得LEED金牌认证的概念店
6. 顾客排队等待中国福州第一家门店开业
7. 中国福州三坊七巷门店
8. 中国上海城隍庙店
9. 中国上海滨江店
10. 匈牙利布达佩斯门店盛大开业
11. 普拉西多·阿朗戈，霍华德·舒尔茨和奥林·史密斯在巴黎第一家门店的开业仪式上
12. 巴黎的第一家星巴克门店

亲身投入

在美国经济危机最深重的时候，星巴克2008年领导团队会议在新奥尔良召开。近一万名伙伴参加了这一为期四天的会议，并为这座仍未摆脱卡特里娜飓风影响的城市贡献了数千小时的社区服务时间。同时，伙伴们直接从公司的领导团队那里得知了公司即将发生的变革，以及每一个伙伴为公司的未来所肩负的责任。

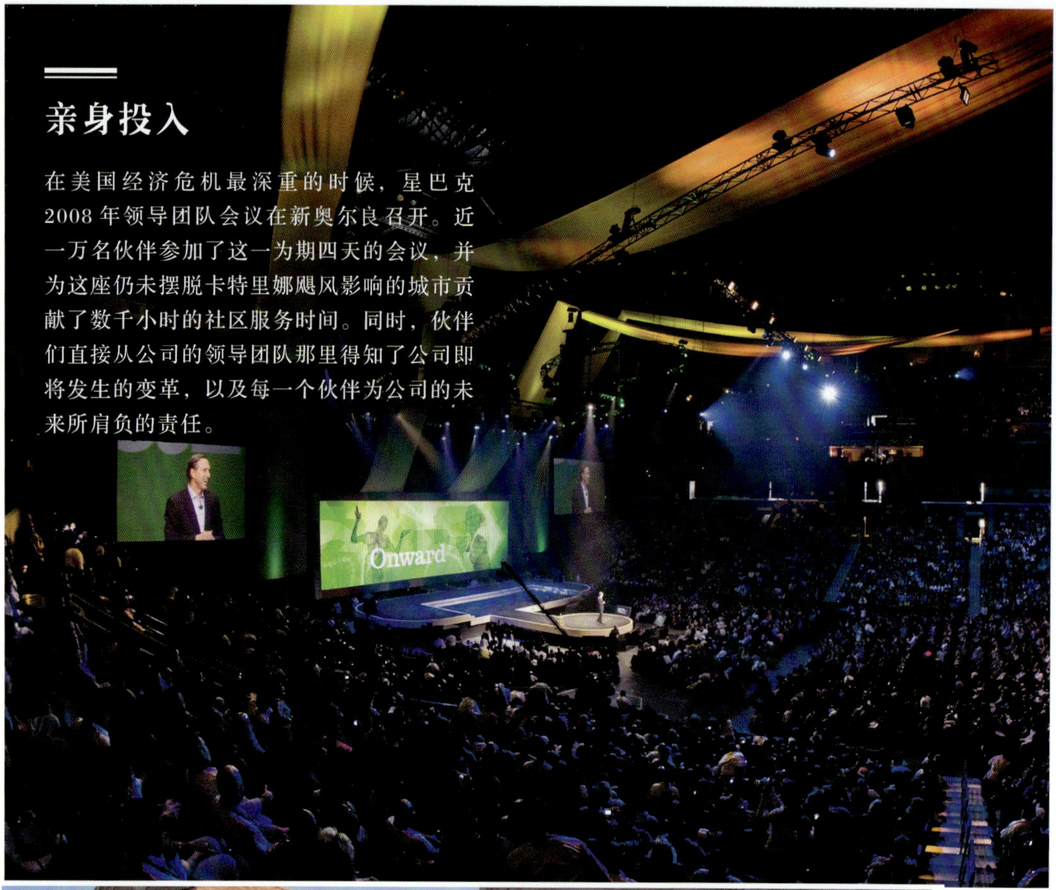

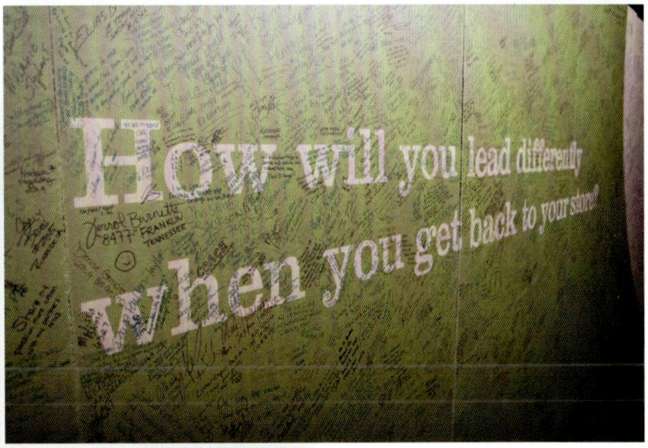

如果新奥尔良的会议成功举行，也必须成功，每一个伙伴的责任感、热情和表现都能获得提升。

霍华德·舒尔茨和大会嘉宾——U2 乐队主唱和社会活动家波诺宣布星巴克与（红色）组织的合作

重新构建公司的未来

在设计变革议程的早期，公司伙伴们组成大大小小的团队来重新讨论公司的价值观和业务重点。两项重要的成果从中诞生：重新阐述我们的指导原则的星巴克新的使命宣言，以及描绘我们目标的变革议程。

重新定义一个品牌意味着什么？

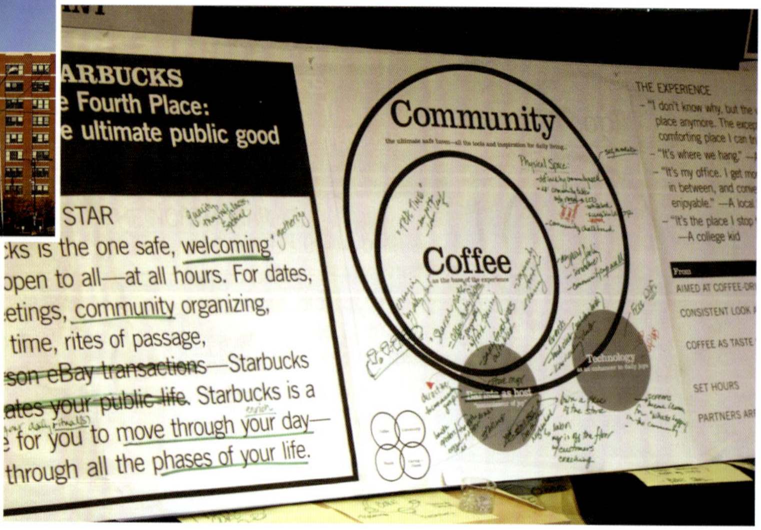

星巴克的伙伴们在一份放大的使命宣言上签字。
宣言的开头是：激发和孕育人文精神。

创新

从我重新担任首席执行官以来，我希望唤醒我们的企业家精神，重新激起伙伴们主动改变现状，并信任自己和伙伴，创造出真正伟大的产品的热情。所有创新的成果——出乎意料的饮料、新的门店设计、引人入胜的门店数字体验，都将重燃我们与顾客之间的情感联系。

1

2

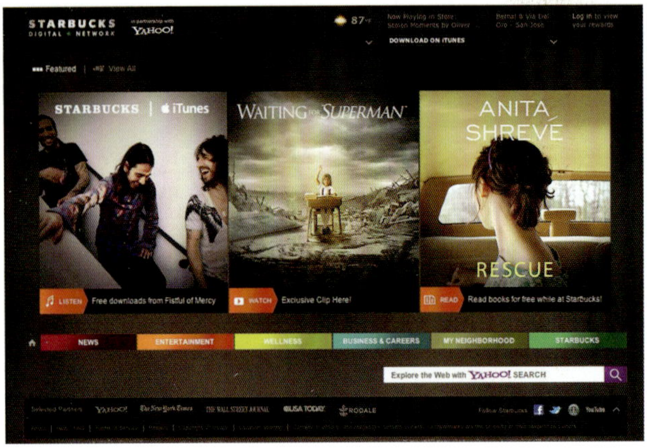

3

4

5

6

当我第一次喝到唐用星巴克咖啡做出来的即溶咖啡时，我惊讶至极。我不相信这竟然是即溶咖啡。

8

7

9

10

11

12

13

1. 限量供应的星巴克珍品咖啡
2. 重新设计开业的西雅图奥立弗街门点，店内出售葡萄酒和啤酒
3. 星巴克数字网络　　4. 派克市场烘焙咖啡
5. “我的星巴克回馈”卡
6. 2010年，星巴克宣布将重新定位并发展西雅图极品咖啡品牌
7. 唐·瓦伦西亚和VIA免煮咖啡
8. 霍华德·舒尔茨和全日空的高管共同宣布全日空航班将在机上供应VIA免煮咖啡
9. 霍华德和他亲密的朋友们：协和唱片公司共有人莱特·哈尔·加贝；诺曼·里尔，电视制作人（右）一起庆祝星巴克和协和公司共同推出的雷·查尔斯的专辑《真情伙伴》获得格莱美八项大奖，包括年度最佳专辑
10. VIA免煮咖啡
11. 霍华德和克里斯·英格斯科夫与国会议员讨论政府医疗方案改革
12. Vivanno营养混合饮料　　13. 三叶草咖啡机

一路向前…

上：星巴克高层领导团队，2010 年秋。

下：星巴克董事会成员，2010 年《财富》杂志拍摄。

ONWARD How Starbucks Fought for Its Life Without Losing Its Soul

一路向前

[美] 霍华德·舒尔茨 乔安·戈登◎著
张万伟◎译

中信出版集团 · CHINACITICPRESS · 北京

图书在版编目（CIP）数据

一路向前 /（美）舒尔茨，（美）戈登著；张万伟译 .— 2 版 .—北京：中信出版社，2015.7（2024.1 重印）
书名原文：Onward: How Starbucks Fought for Its Life without Losing Its Soul
ISBN 978–7–5086–5110–1
I. 一… II. ①舒… ②戈… ③张… III. 咖啡馆－商业经营－经验－美国 IV. F719.3
中国版本图书馆 CIP 数据核字（2015）第 068185 号

Onward: How Starbucks Fought for Its Life without Losing Its Soul by Howard Schultz and Joanne Gordon
Copyright ©2011 by Howard Schultz
No part of this publication may be reproduced or transmitted in any form or by any means, electronic or mechanical, including photocopying, recording, or any other information storage and retrieval system, without the written permission of the publisher.
Simplified Chinese translation edition copyright © 2015 by CITIC Press Corporation
ALL RIGHTS RESERVED
本书仅限中国大陆地区发行销售

一路向前

著　　者：[美] 霍华德 · 舒尔茨　[美] 乔安 · 戈登
译　　者：张万伟
策划推广：中信出版社（CITIC Press Corporation）
出版发行：中信出版集团股份有限公司
（北京市朝阳区东三环北路 27 号嘉铭中心　邮编　100020）
（CITIC Publishing Group）
承 印 者：三河市中晟雅豪印务有限公司

开　　本：787mm×1092mm　1/16　　插　　页：16
印　　张：21　　字　　数：268 千字
版　　次：2015 年 7 月第 2 版　　印　　次：2024 年 1 月第 23 次印刷
京权图字：01–2011–1033
书　　号：ISBN 978–7–5086–5110–1 / F · 3357
定　　价：49.00 元

版权所有 · 侵权必究
凡购本社图书，如有缺页、倒页、脱页，由发行公司负责退换。
服务热线：010–84849555　　服务传真：010–84849000
投稿邮箱：author@citicpub.com
投稿邮箱：author@citicpub.com

是的，我试图激励你逆流而上。我希望可以激励他人，激励年轻的伙伴们，让他们明白繁杂工作的个中滋味，从而有所改进，把积蓄投资到店铺或者作坊的创建和运营上，然后不断扩展和壮大它。这不仅仅是从中赚钱，更希望能借由它灌输一种万物赖以生存的理念，这是一种已经非常完备并广受欢迎的理念。

如果一个人失掉了他的作坊、他的店铺、他的生意，那么，他也就迷失了自己。

奥尔多 · 罗伦兹

科特莱瑞亚 · G · 罗伦兹的创始人、所有者

《这家店位于蒙特拿破仑大街》一书作者

谨以此书献给

我的妻子雪莉，孩子乔丹和艾迪生，
你们的爱与理解使这一切成为可能。

ONWARD

目 录

引　言 // IX

【第一部分】

爱

第 1 章 ‖ 饮品的真相 // 003

第 2 章 ‖ 爱的故事 // 009

第 3 章 ‖ 问题凸显 // 015

第 4 章 ‖ 没有什么是机密的 // 027

第 5 章 ‖ 魔力般的体验 // 035

第 6 章 ‖ 为生存而战 // 041

第 7 章 ‖ 最重要的是相信自己 // 049

【第二部分】

信心

第 8 章 ‖ 重唤信任 // 057

第 9 章 | 重塑咖啡特质 // 071

第 10 章 | 战则必胜 //083

第 11 章 | 提升核心价值 //091

第 12 章 | 陷入泥沼 // 099

第 13 章 | 变革议程 // 105

第 14 章 | 慈善之心 // 117

第 15 章 | 重新思考产品本身 // 123

第 16 章 | 大胆举措 // 129

【第三部分】

痛

第 17 章 | 混乱时期 // 141

第 18 章 | 致命的问题 //149

第 19 章 | 艰难抉择 // 157

第 20 章 | 没有灵丹妙药 //167

第 21 章 | 拯救星巴克 // 173

【第四部分】

希望

第 22 章 | 危机的真相 // 185

第 23 章 | 激励人心的时刻 // 193

第 24 章 | 灵活行事 // 209

第 25 章 ▍ B计划 // 219

第 26 章 ▍ 坚持到底 // 227

【第五部分】

勇气

第 27 章 ▍ 创新基因 //241

第 28 章 ▍ 真正伟大的产品 // 251

第 29 章 ▍ 数字生活 // 263

第 30 章 ▍ 平稳过渡 // 271

第 31 章 ▍ 从未失去灵魂 // 285

第 32 章 ▍ 胜利者 // 293

第 33 章 ▍ 你好，未来 // 299

后　记 // 309

致　谢 // 321

ONWARD

引言

“对我而言，这是个特殊的日子，”在一家小小的餐馆里，我面向在座的咖啡师以及门店经理如是说，“确切地讲，28 年前的今天，也就是 1982 年 9 月 7 日，我开始在第一家星巴克店工作，也就是你们这家，就在这里——派克市场店，”说着，我将手伸进口袋，掏出一把钥匙，“我一直留着前门的钥匙。”谁能想到星巴克的首席执行官会随身携带一把门店钥匙，但是我把它当作钥匙链，每次一看到它，我都会想起我所肩负的责任——将公司的传统发扬光大，并以此来向我的前辈们致敬。自 1971 年星巴克诞生以来，派克市场店的店面就一直保持这个样子，从未改变，当然，还包括它最初的标识。

就在几周前，这家门店的经理查德 · 穆尔给我写了一封邮件，他希望我能来激励他的团队去突破连续 8 周的销售纪录。我备受感动，邀请整个团队共进晚餐。吃饭时，其他几个分店的咖啡师和地区经理们都要求调到派克市场店来工作。在这个温暖的西雅图夜晚，在这间专属于我们的餐厅，有 27 个伙伴[①]正在把酒言欢。

席间，我逐一到每张桌子旁问候所有的伙伴。他们的年龄从 28 岁到 40 岁不等，大家都聊得十分开心。忽然，不知从哪儿冒出一个声音，要我透露一点儿自己的故事。回想过去，我的脸上露出了笑容。

① 此处伙伴即为员工之意，是星巴克内部对员工的称呼。——编者注

我在纽约市布鲁克林区的公租房长大，半工半读上完大学，最后才和妻子雪莉搬到了华盛顿的西雅图。当时，我负责一家名为星巴克的小型咖啡公司的销售业务。我第一周的工作完全围绕着派克市场店展开：不停地学习有关咖啡的一切，不断为顾客称量新鲜的咖啡豆并盛在小袋里出售。但没想到的是，去意大利的那次出差唤起了我真正的激情。

徜徉在米兰和维罗纳星罗棋布的小型意式浓缩咖啡吧之间，我深深地为不起眼的咖啡所折服，它竟能为人与人的交流铺路搭桥。从那一刻起，我就下定决心，要将世界级的咖啡以及意式浓缩咖啡吧的浪漫播撒在美国这片热土上。我坚信这可以丰富人们的生活，但许多人并不相信我的眼光——回想当初，星巴克并不销售饮料而只出售咖啡原豆和研磨咖啡粉。因此，我离开星巴克，开始经营我自己的公司——“天天”（II Giornale）咖啡馆。我们在西雅图开了两家意式浓缩咖啡吧，在加拿大的温哥华也开了一家。

到了 1987 年，我发现自己可以做得更大，却苦于没有足够的资金来收购我以前所在公司的 6 家门店以及购置咖啡烘焙设备。但是在几个投资者的支持下，我将两家公司合并且仍以“星巴克咖啡公司”为之冠名。同年年末，我们拥有了 11 家门店、100 名伙伴以及一个创造全国性品牌的梦想。

2010 年秋，在本书即将出版的时候，星巴克的财务表现正处于它近 40 年来的巅峰——尽管有评论家曾预言星巴克的好日子不会长久。然而，星巴克的生意却从未像现在这样如此蓬勃地发展，利润也在持续增长，这不只是依靠在全球范围内不断建立的新门店而取得的，更是凭借星巴克与消费者建立的深厚感情，不断推陈出新和大范围推广星巴克系列产品而取得的。如今，星巴克的年收入额已超过百亿美元，在全球 54 个国家和地区拥有 16 000 多家门店，每周为 5 000 多万名顾客服务。而那些能代表星巴克的伙伴已超过 20 万。

尽管这些数据可以作为某种标准来衡量公司成功与否，却不能真正诠释星巴克成功的秘诀，最起码，我不这样认为。

作为一名商业领袖，我的目标从来不局限在获胜或者赢利上，我更渴望打造出伟大而永恒的企业帝国，这就意味着要在赢利与社会良知之间找到平衡。没有哪家企业可以在惠及它的业务链上各个环节的相关人员之前，先满足股东的需求。对于我们，这就意味着要尽自己最大的努力尊重每个人，无论是咖啡农还是咖啡师，顾客还是同行。我明白要追逐利润又不愿违背人类道德听起来有点儿狂妄，但我始终不愿放弃，即使星巴克和我一同处于迷茫的时候，我也不愿放弃这一原则。

数十年来，星巴克使它的股东以及伙伴们丰衣足食、安享繁荣。我们是美国第一家为临时工提供全面医疗保险的企业，也是第一家给临时工股票期权的企业，因此我们一向被认为是最棒的就业之地。2000 年，我从首席执行官的位置上退了下来，担任公司主席，此后我不再涉足公司的日常运营，转而关注其全球性战略扩张策略。随后几年里，我们不断扩建门店，我们的自信心膨胀，我们的股价暴涨，当然，我们的销售利润额也不断提高，每个季度都有所增长。

直到有一个季度，这一切都停滞了。

2007 年，星巴克开始走下坡路。由于过分追求增长，我们忽略了公司运营，对公司的核心价值也不再那么重视了。这无法归咎于某项决议、某个策略或是某个人。衰败发生得安静而平缓，就像脱线的毛衣一样，从针脚松动的那一处开始，一点点脱线。一项又一项的决议，一家又一家的门店，一批又一批的顾客，星巴克一直赖以生存的基础正在不断瓦解。更糟糕的是，随着世界正经历着前所未有的变化，我们内部的问题也越来越受外部环境的影响。

最明显的是，经济运转正飞速陷入巨大的金融危机之中，这会造成上万亿美元的个人财富损失，进一步加剧信用恐慌，刺激房地产泡沫破裂，导致失业率居高不下，并最终使世界跌入全球性经济衰退的深渊。

与此同时，消费者的行为也发生着巨变，他们关心的不再是商品的价格，转而开始更注重环境与健康，更在意生产者的伦理道德。消费者正迫使那些同他们打交道的公司提高自身标准，这其中就包括星巴克。

此外，还有数字革命，它彻底颠覆了以往信息传递的方式。网络传媒与社交网络蓬勃发展，其中包括博客的兴起。多数情况下，星巴克的每个举动似乎都在全世界的注视之下。

最后，是来自同行业竞争者的猛烈攻击，从跨国公司到个体咖啡店，竞争者们无一不迅速地抢占市场，也无一不将矛头直指星巴克，他们对我们横加指责，而且毫无歉意。

这些对任何公司而言都是令人畏惧的挑战。当这一切降临在星巴克时，我如履薄冰，亲力亲为。星巴克是我的生命，是我身体的一部分，我根本无法眼睁睁地看着它走向崩溃。这个公司是由许多人的心血凝结而成的，并且在不停地回馈着它的伙伴以及投资者。多年以来，它源源不断地为顾客提供上等的产品，给人们带来绝佳的享受。

作为公司主席，我必须为出现的问题负起责任。尽管我还不十分懂得如何应对强加在我们身上的各种各样的压力，但是，我明白，如果没有对公司日常运营的控制权，我就根本无力阻止星巴克的灭亡。

因此，2008 年 1 月，我再次担任首席执行官之职的举动让许多人震惊。

本书讲的就是这期间发生的故事。

ONWARD

【第一部分】

爱

ONWARD

第 1 章
饮品的真相

2008 年 2 月的某个星期二的下午，星巴克在美国的店铺统一停业。停业的 7 100 家门店外贴着相同的告示：

我们致力于使我们的意式浓缩咖啡臻至完美。

而这一切源于熟练，这也是我们全情投入雕琢自己技艺的原因。

仅仅几周前，我还坐在西雅图的办公室里不停地召开会议，讨论着如何快速解决公司内部逐渐显现的各种问题。一个团队指出了可行的办法：立即行动，在短期内重新培训135 000名咖啡师，以确保他们能精准无误地调制出意式浓缩咖啡。

调制意式浓缩咖啡是一门艺术，它要求咖啡师注重饮料的特性。若咖啡师只是机械地完成动作，或他并未用心，进而调制出太淡或是太苦的劣等浓缩咖啡，那么星巴克就失去了我们40年如一日坚守的品牌使命：激发人类的灵感。我明白对于一杯咖啡来说，这个使命未免太过崇高，但这却是商人该做的。我们为平庸的一双鞋、一把刀、一杯咖啡注入新活力，坚信我们所创造的东西有装点他人生活的潜力，因为，是它先点亮了我们的人生。

星巴克所涉足的领域远不只是咖啡调制，但是没有了顶级咖啡，我们就失去了存在的理由。

“我们筛选了所有可供选择的方法，”坐在我周围的团队成员说，“要在3月之前完成对所有人的再培训，除此外，我们别无他法，只能在同一时间关闭我们的门店。”

这真是一项令人震惊的声明，从未有零售商敢做这样的事。“这是个大胆的想法……”我喃喃自语，权衡着利弊。在销售额和劳工成本方面，星巴克会损失几百万美元，这是不可避免的。而竞争者们也会充分利用我们的停业而全力抢走我们的顾客。评论家们会幸灾乐祸，批评家会露出奸笑，反复无常的舆论会令我们受辱，我们在华尔街的股价也会跌入谷底。而最糟糕的是，这种大规模的再培训会让人感觉我们承认自己已不再完美如初。但如果我诚实地面对自我，我会说，这是事实。

我抿起嘴唇，注视着他们：“让我们行动起来吧！”

★★★

当我想到我们的公司以及公司的伙伴时，有一个词在我的脑海中浮现，那就是“爱”。我爱星巴克，因为我们努力做的一切都是基于人性的。

尊重以及尊严。

激情以及欢笑。

同情、共享以及责任。

诚实可信。

这是星巴克的试金石，是我们的骄傲之源。

每当很多人独自坐在橱窗前的座位上时，我们为他们提供沉思空间；在人们被众多争端割裂为零散个体的年代，我们渴求建立人与人之间的联系；在偷工减料成为行业潜规则的日子里，尽管成本增加，我们依旧践行着道德准则——这都是让我们备感荣耀的坚持，是我们对核心价值的追求。

30多年间，咖啡占据了我全部的想象空间，因为它是一种集独享与共享为一身的神奇饮品。一名卢旺达的农场主，两大洲中6家星巴克工厂的80名烘焙大师，53个国家和地区的数千名咖啡师，这些人组合在一起就像一曲交响乐。咖啡被交付于不同的人手中，再由他们精心打造出它迷人的魅力。在咖啡从土壤到杯子的旅途中存在着太多可能的歧途，但如果每个环节都准确无误，这便可以成就一件完美之作！毕竟，咖啡不会说谎。每一次浅啜都是在品味艺术——技艺甚至人性，这些都将被纳入它的天地之中。

2008年年初，我深切希望人们可以与星巴克重坠爱河，这就是为什么我虽然冒着异议与告诫的枪林弹雨，仍义无反顾地关闭了美国土地上所有的门店。我感受到的恐惧与面临的未知比起来微不足道，这就好比忽然翻开一张倒扣着的纸牌。我只有一个信念，如果说有比完善我们的咖啡更重要的事，那便是重新唤起我们的激情，这是每个星巴克人服务顾客的基本要素。而这些举动意味着我们要后退一步，只有这样我们才能大步向前。

★★★

下午，当时钟指针指向 5 点 30 分，在美国所有的星巴克门店，顾客都被礼貌地请出了门店，随后，我们关上了大门。而在店里，那些技艺还不纯熟的咖啡师们正在观看一部短片，这是我们的咖啡专家回到西雅图花了几天时间做出来的，我们将它们分发到 7 100 家门店，另附 7 100 台 DVD 播放器。星巴克人在那天下午所听到的一切，没有丝毫虚假。

如果咖啡流得太急，就像水从水龙头里流出的那般，这会使浓缩咖啡变得稀薄，口感寡淡。但若注得太慢，那就意味着咖啡粉研磨得太细，咖啡的味道就会苦涩。完美的浓缩咖啡看上去就好像勺子中的蜂蜜慢慢流出，这样的咖啡才会醇香，才能有焦糖般的微甜味道。

我在短片的结尾告诉每个人，如果浓缩咖啡的味道不是很好，我允许他们倒掉后重新调制。

接下来是牛奶。

对于我们的意式浓缩咖啡饮品来讲，蒸牛奶旨在使咖啡的口感更好，其中最关键的是保持它的甜度。但很不幸，以效率之名，我们公司使咖啡师养成了一种坏习惯。我们不仅没培训他们如何正确地蒸牛奶——这道工序要求牛奶的温度以及出奶泡的程度恰到好处，而且有些咖啡师甚至在客人点单前就已经蒸好了一罐罐牛奶，放在那里备用，然后根据顾客的需要再加热。但是，牛奶蒸煮过一次后，就会变稀薄并且丧失一部分甜度。我们必须纠正这些行为，重返高标准。

我借助短片对伙伴们所讲的话，没有任何底稿，完全是发自内心的请求。“它不是关于公司或者品牌的，”我说，“除你们之外，它与任何人无关。是你们决定了它够不够好，也是你们拥有我全部的支持以及最强烈的信任。是的，我相信你们。让我们通过完美地调制浓缩咖啡来评估自己的技艺吧。”

与此同时，新闻媒体将镜头定格在我们紧锁的门店上，并拦截顾客进行采访。“没有星巴克的世界？”《巴尔的摩太阳报》的大字标题这样问道，而纽约市民则认为“星巴克的停业给纽约人带来巨大的痛苦”。互联网上，正反双方争论了一整天。电视上，美国有线电视新闻网、美国广播公司、美国全国广播公司、哥伦比亚广播公司、福克斯新闻网和其他一些媒体对我们的停业感到非常惊讶，就好像看到6月飞雪一般。深夜，一些喜剧演员也开始戏谑我们，在西雅图的家中，我看了史蒂芬·科拜尔的新闻评论，他嘲弄地说自己如何在没有喝任何含咖啡因饮料的情况下，浑浑噩噩地度过了三个小时，那兴奋劲儿好像刚用咖啡、奶泡、肉桂泡了一个澡。这让我大笑着入睡，几个月来这还是第一次。

那天也并非一切顺利。星巴克损失了一大笔收入，大约有600万美元，这在我的预料当中。一家竞争者还推出99美分一杯的浓缩咖啡饮料，试图诱拐我们的顾客。一些评论家甚至无情地声称，因为我们承认了失败，星巴克的品牌将永远被打上一个烙印。但我相信我们做了正确的事，把钱投资在星巴克人身上怎么会错呢?

在停业后的几周里，我们的咖啡品质果然得到提升并且保持着高水准，还有一些小故事可以为我做证，这是关于费城的一名咖啡师的故事。

> 今早，一位绅士来到我的店里，他说想尝尝意式浓缩咖啡，但又害怕它太苦。我告诉他，我可以为他调制出完美的咖啡，绝对令他有不一样的享受。随后，我们谈起意式浓缩咖啡的起源以及如何品呷它。他获得了极大的享受，并表示以后会常来……我相信，我现在赢得了一名忠诚的顾客。

这足以为我证明我们所做的事完全正确。

★★★

生命中总有那么一些时刻，我们要鼓起勇气做出选择。而这些选择也许不仅违背了理性、违反了常规，也可能让我们不顾我们深信之人的忠告。可即便如此，我们依然执迷不悟，因为，抛开所有的顾虑以及理性分析，我们相信自己的选择是对的，我们做了最该做的事，我们拒绝袖手旁观，哪怕并不晓得这样的行动将把我们带向何方。

这种充满激情的判断会迸发出浪漫的火花，会让强者打响战役，会激励人们追求那些他人不敢实践的梦想。相信自己，相信我们认为对的事会带我们冲破障碍，开启我们新的人生。

“人生是所有抉择的总和。”阿尔贝·加缪这样写道，我们的行动成就了我们的未来，还有可能激励其他人也勇往直前。

最后，门店停业成了星巴克历史上最具象征意义的事件。这对我们的伙伴来说，是一件令他们欢欣鼓舞的大事，他们让顾客再次信任和依恋星巴克，而这些竟曾因我们追求高增长而被肆意破坏了。这次大胆的行动支撑我直至今日，它意味着果断、勇敢的信念重新回归星巴克。毫无疑问，那个星期二以后，数千杯的星巴克意式浓缩咖啡都像倾倒蜂蜜般地被制作出来。但这具有象征意义的举动及三小时的教育并不能解决我们日益出现的问题，我们还有很长很长的路要走，比我重新担任首席执行官之职时预想的时间还要长。2008 年冬天，我们开始为生存而战，我们面临的是一场严酷的考验，我们为此准备了整整一年的时间。

ONWARD

第 2 章
爱的故事

当我们爱上某个事物时，我们的行动往往被感情所驱使。

这是企业家们每天都要面临的机遇与挑战。公司承载着我们的梦想，是我们辛勤耕耘的成果，是我们自身的一部分，我们倾注了很多个人感情，它是我们的家人、我们的生命。

不是每个人都能走完一段这样的旅程。公司全盛时可以将人推向顶峰，回报也足以令人兴奋。同样，当公司低迷时，一切也足以让人心碎。企业家们必须对他们所做的事充满热忱，愿意做出牺牲，同时，也甘愿承受公司所带来的伤痛。我们无法想象，他们在做其他事情时也能如此投入。

所以，在 2007 年 2 月的某个早晨，我怀着沉重的心情独自坐在长桌旁，给星巴克最资深的领导者们写着备忘录。

窗外，细雨蒙蒙，我猜两小时后这个清晨会变得暗淡无光。我和雪莉在西雅图共度了 25 个年头。搬来这里之前，纽约的朋友们曾告诫过我们这里的天气恶劣。事实上，他们不仅言过其实，而且也没有对太平洋东北岸崎岖不平地貌所形成的美景以及这里井然有序的生活方式给出客观的评价。我确实很喜欢西雅图的冬天，尽管它总是灰蒙蒙的。像现在这样下着雨的冬日清晨非常适合沉思。我开始下笔：

“我希望与你们分享我的想法。”

我坦诚地陈述了我的经营理念、感受以及计划。其实自 1986 年以来，给伙伴们写信就是我的一种习惯了……而且我也一直在试图超越自己。

那一天，多年前就已经养成的习惯将我带到那张桌子旁，写出那些将引起热议并改变星巴克以及我自己未来的备忘录。

我对咖啡的热爱，是从我成为星巴克销售总监开始的。当时的星巴克是拥有 4 家店铺的小型咖啡公司，那是 1982 年，当时我还没有真正发现咖啡的魔力。直到一年后我出差到意大利的米兰，那次出差在我的心里埋下了一颗种子，后来孕育出了现在的星巴克公司。

在米兰的一个早上，从宾馆去往贸易展览的途中，我急匆匆地走进一家小型咖啡吧。“早上好！”一名站在柜台里上了年纪、体形偏瘦的男人招呼着我，就好像我是这里的常客一般。他的动作流畅，压紧咖啡豆、蒸牛奶、制作浓缩咖啡、调制卡布奇诺，同时还与站在吧台旁的顾客们闲聊，他好似在跳舞，一系列动作看起来优美极了。这间狭小店铺中的每个人好像彼此间都很熟悉。我觉得自己看到了意大利人日常生活的一面。

“浓缩咖啡？”他问我。

我点点头并留心看他是否像其他打发顾客的员工一样，而当我抬头时，我看到的却是微笑。我想，这不是他的工作所致，而是他的热情所致。

端着一个精致的白瓷杯，品着由意大利咖啡师亲手为我调制的黑咖啡，这让在布鲁克林的校园里踢着足球长大的我有了无比的尊贵感。

这远远不是“咖啡时刻”所能形容的，这简直是一场舞台剧，是咖啡本身演绎出来的一段难忘经历。

在享用了意式浓缩咖啡之后，带着它带给我的温暖，我谢过咖啡师，结账，然后前往贸易展览。沿途我不时在咖啡吧前停下，这里的每个街区都至少有一家咖啡吧！走进去，你会看到类似的景象：一两位技艺娴熟的咖啡师在吧台后为那些更像是朋友的顾客调制着浓缩咖啡、卡布奇诺以及其他我尚未品尝过的品种。在每家店里，都能听到轻声细语的交谈，透过那盛着咖啡的小小瓷杯，我甚至觉得生命的步伐都慢了下来。

技艺与人性的交融，充溢着芳香与能量的咖啡，扣动了我的心弦，令我心驰神往。我似乎看到了我自己以及星巴克的未来，尽管在那时，我们还仅仅销售咖啡原豆以及整袋的咖啡粉，而非饮品。

从米兰飞回美国后，我迫不及待地与我的老板，即那个当时我极为敬佩的星巴克创始人分享了我的经历，但他却不理解我想在西雅图“重温咖啡吧旧梦”的理想。我受到了打击，但我的这一信念极其强烈，以至于我在 1986 年 4 月离开了星巴克，并从当地投资者那里筹措资金创建了我自己的咖啡公司。受《米兰日报》名字的启发，我为它起名“天天”咖啡馆。

那年，第一家“天天”咖啡馆就开在西雅图最新最高的办公楼——哥伦比亚中心——的前厅中。这家店占地710平方英尺①，而在毫无资产的情况下，我必须自己负担租金。为了缩减劳工成本，我和两名同事——我们的咖啡采购主管戴夫·奥尔森和詹妮弗·埃姆斯·卡勒曼——有时也同柜台后的咖啡师一同忙着准备蒸牛奶和调制饮品。

我还写了一份给伙伴们的备忘录。在备忘录中，我描绘了公司的使命与我的愿景以及如何实现它们。我那时的自信都源于信念有力支撑着的热情，我的信念是那样坚定，那份备忘录的字里行间流露出我作为一名年轻企业家的野心。

> "天天"咖啡馆将力争成为全球顶级的咖啡公司。我们将提供上等的咖啡以及相关产品，力求帮助顾客精力充沛地开始他们一天的工作。我们真诚地致力于发展顾客，绝不在道德标准上做任何妥协或者完全向利润看齐……我们的咖啡馆将完全颠覆人们对饮品的认知，我们会将品质、业绩以及职业价值观植入每个"天天"咖啡馆中，这样，我们一定能赢得顾客对我们的尊重以及忠诚。

最后，在我的签名之上，我没有写下"谢谢"或者"此致"、"敬礼"之类的套话，而是写下了"一路向前"。

直至今日，我都不确定在那份备忘录之前我是否用过这个词，但那一刻，我自己被这个词惊得目瞪口呆。这个词恰如其分，像是为我们刚刚成立的小公司吹响了前进的号角，鼓舞我们去适应那既令人畏惧又让人觉得刺激的冒险。一路向前，象征着机敏好斗，意味着对成功不可抑制的渴望，意味着高昂着头阔步前行。

这确实是一场非凡的旅程。

16个月后，我发现自己已经可以并购我前雇主的公司了。星巴克的所有者——杰瑞·鲍德温和戈登·鲍克决定出售他们的品牌、西雅图的店铺以及烘焙设备。我购买这家公司的举动貌似英明之举，也好像是命中注定，但我在同另一名收购者的竞价中几乎失控。如果我未能及时从那些相信并支持我的投资者手中筹到380万美元，我就将与星巴克失之交臂。

幸好这并没发生，一夜之间，我的咖啡公司从3家门店扩至11家门店。

---

① 1英尺≈0.305米。——编者注

我们第一个重大的难题就是在保留“天天”经营模式的情况下，还要不要沿用这个名字，是否改用星巴克的名字及标识。尽管在某种程度上我对“天天”咖啡馆还有些依恋，但我也深知它将成为过去。星巴克已成为高品质且独一无二的咖啡品牌，早已获得了众人认可的声誉。它的名字本身——源自赫尔曼·梅尔维尔经典之作《白鲸》中捕鲸船“皮廓德”号大副的名字。星巴克之名——蕴含着一种似曾相识且神秘的特质，反映了产品与服务的精髓，也表达了我们对顾客的承诺。我们在直觉上认为，从这一点上来看，这家始于“天天”咖啡馆的公司将会以“星巴克”的名字闻名于世。

34岁那年，我手下有上百名伙伴，并且拥有一个创造全国性品牌的梦想和创造一种被我称为“星巴克体验”的独特价值。我希望提高美国咖啡的品质，我相信星巴克的兴旺不仅源于我们的咖啡品质，也得益于我们的主要价值导向。我决心创造一家与众不同的公司：一家赢利额既可以满足股东对利益的期望，又能够承担向政府纳税责任的公司，并且始终能够意识到，做到这样且做好的根基就是有一定的社会良知。

星巴克继承了咖啡高贵的传统。数百年来，咖啡豆曾一度充满浪漫气息并与政治息息相关，在争议中它广为传播。咖啡的历史源远流长，我坚信，这是因为它自身固有的魔力。咖啡果生长于地球上最奇异的地方，果皮内的咖啡原豆有着绵密丰盈的口感，只有得到极为精心的照料，它才能保留下来。

我们无论如何也没有想到星巴克会将咖啡或是意式浓缩咖啡饮品介绍给全世界，但不得不说，是星巴克令更多人领略到了咖啡的魔力。

这就是我所说的商人应做的事。我们拿出寻常之物，在上面投入情感并赋予其意义，然后我们孜孜不倦地向众人传达这一信息。

如果你还不满30岁，你也许不会记得那时的咖啡是从罐头里舀出来的、从自动贩卖机里流出来的或是从休息室的不锈钢水壶里倒出来的，有时还用塑料杯或是盒子盛装。那时，至少在美国，咖啡的价值就在于摄入咖啡因可以提神，而不是它的奇异风味以及后来专用的奶油和方糖。

20世纪80年代末之前，在美国以及其他许多国家，基本上没有人会为自己点一杯意式浓缩咖啡或者点一杯泛着奶泡的无咖啡因拿铁！在当时，会见朋友时才会点意式浓缩咖啡。大多数情况下，人们在四星级饭店用过晚餐、在欧洲度假时才会享用到这种咖啡。

更难以想象的是，在20世纪80年代，甚至到了90年代中期，美国人唯一可去的室内公共场所就是小餐馆、为数不多的本土咖啡店以及图书馆——这些就是他们结束了苦恼不断的一天后，仅有的外出阅读、会友或者放松一下的去处。

下次当你路过咖啡店时，留心看看里面，看看那些排队或就座的各类顾客，那些身着正装的男男女女，那些推着婴儿车的父母，那些努力学习的大学生，那些嬉笑的中学生，那些深情交谈的夫妻，那些读着报纸谈着时政的退休人员。当然，还有无数的时尚达人们，他们坐在笔记本电脑前搜索信息、下载资料、听音乐，浏览或撰写文章、博客、商业企划、简历、信件、邮件、即时信息……他们随心所欲地做着自己想做的事。想想那些疯狂地敲击着键盘或是在餐巾上乱涂乱画的人中会有多少正在创建着下一个Google（谷歌）、阿里巴巴或者Facebook（脸谱网），又有多少正在构思一本小说或是谱写一段乐章呢。

也许，他们还会爱上坐在身边的某个人。

如果说家是最初的或是人与人接触的“第一空间”，工作是人们彼此接触的“第二空间”，那么公共空间，像咖啡馆（比如星巴克）就是我通常所指的“第三空间”。一个介乎于社交和私人空间之间、介于家庭与工作环境之间的场合，人们可以在这里联络感情，也可以在这里反思自己。从一开始，星巴克就已着手提供这种难能可贵的机会了。

所以，当有些人将星巴克的咖啡称为“可以承受的奢侈品”时，我对自己说，也许可以这么说。但确切地讲，我更愿意这样想，“星巴克体验”是人际交往中“可以负担得起的必需品”。

到2000年时，星巴克已经实现了我坚信的梦想：我们使百万人与咖啡的关系更加亲密，从喝什么到在哪里喝、何时喝，我们的付出令我、伙伴们以及股东们备感骄傲。尽管早年我们亏损过，但星巴克还是建立起两项伙伴福利，这在当时是独一无二的：为所有伙伴提供全面医疗保险以及伙伴股票期权。这是不符合常规的，没有一家公司将这种福利延伸至那些每周至少工作20个小时的临时工身上。就我所知，我们是私人企业中仅有的——后来也是上市公司里唯一这样做的公司。此外，践行此种福利不仅把我们同其他企业区分开来，使我们成为最佳雇主，同时也为我们吸引来了顶尖的人才，还帮助我们建立了星巴克人之间的互信，而这些都为我们的股东带来了长期的利益。

我们致力于在公司内部及门店打造出一个独一无二的团队。我想，就是这一理念让我们从零售商中脱颖而出。星巴克永远关注着那些顾客看得见的或者看不见的环节。

ONWARD

第 3 章
问题凸显

不是只有艺术家或企业家的工作才富有个人色彩，其实对我们每个人而言，工作都是个性化的产物。它对于会计师、建筑工人、技术人员、经理以及店员而言，都有着只属于他们自己的非凡意义。

强调工作的目的和意义，归根结底是一个双赢的过程。不是吗，热爱你所从事的工作，你的公司亦会以爱回报你。作为商人，我总渴望给顾客们灵感，给予他们额外的惊喜，使他们建立起并保持对我们的信任。作为雇主，我也同样有责任这样对待柜台彼端的伙伴们。对我们的伙伴，我一直恪守着这种责任，许多年来从未动摇过。

7 岁那年的一个冬日，我放学回家，看见爸爸狼狈地趴在长沙发上，他从臀部到膝盖都被打上了石膏，动不了。他没受过什么教育，常为自己是一名退伍军人而自豪，可是他却从未在这个世界上找到自己的位置。为了支撑这个家，他从事着一些非常艰苦的体力工作，一年至多赚两万美元。他做过卡车司机、工厂工人，还开过一阵子出租车，但都比现在的工作强——驾驶卡车收送尿布。那一周，爸爸摔在坚硬的冰面上，伤到了臀部和脚踝。在 1960 年，蓝领工人根本没有任何工伤赔偿，没有医疗保险，甚至没有补偿金。我不曾想象自己有一天能以全新的制度运营一家企业，尽管从未想象过，但我一直深信每个人都应获得足够的尊重，而不是像我父母那样。直到 1988 年因肺癌过世，我父亲都没领到过一次养老金，没有过一笔存款。他做着对他而言毫无意义的工作，而且从未从中获得过任何满足。在我看来，这就是一场悲剧。

作为公司的领导者，我希望建立这样一个全新的公司，一种父亲从来没有机会就职的公司。但是就像调制出一杯完美的咖啡一样，创建富有吸引力、充满尊重和相互信任的公司文化不能仅靠单方面的努力，它是目的、过程和热情的集合体，并且要不断将三者调整到最佳状态。有时，我们做得很好。而有时，我们则畏缩不前。无论是在办公室还是在门店里，星巴克人工作起来都非常努力。这确实是一份压力很大的工作，因为我们是按照高标准努力的，我希望我的伙伴们每一天结束工作回家时都有一种亲手缔造不凡的感觉。

2000 年，我正是那个准备迎接挑战的勇士。

近 15 年来，我一直负责星巴克的日常经营，其间我自己的某些观念也发生了转变。这个公司表现得超乎寻常的好，13 个国家的 2 600 家门店至少为我们赚得了 20 亿美元。1992 年开始，我们的复合年均增长率高达 49%。但是同时，我却感到了失落，有时甚至沮丧，我和雪莉谈起自己的情绪变化，并多次自我反省，然后我得出这样的结论：我的工作不再像过去那些年那样具有挑战性了，我对星巴克的热情仍在，只是稍感乏味。

当然，离开是不可能的事。但对公司的健康发展而言，我的存在已不那么重要了，我想是时候离开监督公司日常经营的岗位了。董事会和我决定任命星巴克当时的常务总经理奥林 · C · 史密斯接替我的首席执行官之职。

奥林在 1990 年加入星巴克并一直担任首席财务官，他是个明智、稳重、和善的人。

奥林秉承了我的理念，获得了伙伴以及投资者的尊敬。他有着令人钦佩的解决复杂问题的能力。我信任他，他也信任我，我们合作了 10 年之久，共同商讨、决策公司事宜。他对公司的内部经营以及外部运作都了如指掌，并能够持续地拓展核心业务、扩大投资。

奥林即将成为任期 5 年的首席执行官，而我则将注意力转移到星巴克的全球战略扩张上去。1996 年，我们在东京开了分店，这是第一家设立在北美以外的星巴克门店。自此以后，人们纷纷要求在更多的国家开设星巴克门店。不论当时或是现在，星巴克的落户都被看作一个城市“走向成熟”的标志。在那段日子里，星巴克在美国以外还拥有 525 家门店，甚至在遥远的新西兰和中国也有门店。很快，我们就将星巴克带到了西班牙、法国以及俄罗斯。

作为董事会主席以及全球战略官，我的主要职责就是帮助星巴克物色各区域的合伙人。我们在选择国际合伙人上非常谨慎，只考虑那些与我们价值观一致的机构。作为品牌大使，我同样有责任将我们的理念传递给地区代理商，从而确保品牌文化得以传承。

公司以及自己未来的无限可能性令我欣喜若狂。几年间，我在世界各地创建了几百家门店。旅行使我见识了更多积极进取的零售商以及其他热衷于自己产品与工作的商人。因此在顾客走进门店的那一刻，我便能准确无误地识别他们的身份。

任董事会主席的几年间，我们在美国本土的门店数量激增，并抓紧进行全球扩张，将海外门店目标定在两万家，从迪拜到中国香港，从沙特阿拉伯到澳大利亚。我们继续在最具增长潜力的市场——中国——开设门店。2003 年，在北京开设的新店正好是星巴克的第一千家亚太门店。2004 年，我们在巴黎开设了第一家星巴克门店，随后的几年里新店接连在巴哈马、巴西、埃及、爱尔兰、约旦、北爱尔兰、罗马尼亚以及俄罗斯落户。

日本是 1996 年我们在北美之外选定的第一个海外市场，也是第一个我们给予全职和兼职伙伴股票期权的海外市场。2001 年，在日本的一个瞬间给了我极大的感动。我永远忘不了那一天，在宣布这个消息的会议上，我注视着与会者，竟发现有些伙伴几乎要流下泪来。

能拥有公司的一部分，这对于日本伙伴来说不仅仅是经济利益，更是一种强烈的自豪感，这说明了我们充分尊重星巴克人，并和他们共享成功。在宣布了这个消息之后，一些在星巴克工作的日本年轻人走近我并通过翻译解释说，他们迫不及待地想立即回家将这个好消息告诉父母，因为他们的父母这一生也从未真正拥有过什么。这个感触与满足感并存的日子提醒了我，星巴克绝不仅仅是销售咖啡那么简单。

具有讽刺意味的是，在西雅图，每当我工作一天回到家时，心情总是跌至谷底。

尽管成为董事会主席后，我仍在原来的办公室里工作，尽管这里能将西雅图的港口风景尽收眼底，但在我们位于犹他大道的 9 层办公室里，我还是稍微有点儿失落。董事会主席的角色不再要求我参与公司日常的决议，也就意味着我不必再参加那些排满日程的会议以及研讨会。在感到安逸的同时，我也似乎被排斥在外。将决策权留给奥林和他的团队以后，好几次我路过紧闭着门的会议室时都会透过窗户看看里面，我感觉自己就像是个局外人。

★★★

在奥林的 5 年任期之内，星巴克一路高歌猛进，门店总数几乎是之前的 3 倍，达到9 000多家。公司迅速进入新的市场、新的地域，将我们的门店由小范围的中心地带扩至广大的城郊地区。在生意一直兴隆的主要城市里，竞争者们借鉴我们的路线方针扩建他们自己的门店。是的，哪怕更多其他的咖啡店如雨后春笋般出现，我们的门店也还是越来越多。

就在此时，星巴克开始更好地了解顾客，顾客想要的其实就是最符合他们需求的“便捷”。他们不愿意排队等着买拿铁，他们也不愿意为了咖啡多走几个街区或是多开几英里路。我们缩短顾客等待时间的方法就是开更多的门店，所以我们迅猛地进军城市市场。这并不是件容易的事，工作通常很繁重，我们的增长没有想象中那么困难，因为我们的店面设计几近成熟且易于实施。我们拥有专业团队去寻找恰当的门店位置，同时我们还拥有技术精湛的区域经理、地区经理和门店经理对产品质量进行把关。

也是在奥林任职期间，星巴克充分利用机会把我们的咖啡推广到了门店以外。我们与凯悦集团以及万豪国际集团签署了协议，为入住在它们旗下酒店的客人提供星巴克的咖啡。随着我们店中店概念的推广——星巴克进驻巴诺书店，我们在数以百计的全国性连锁超市内设立了独立的咖啡售卖点，比如西夫韦、克罗格以及大众超级市场公司。这些新销路成了星巴克的另一个收益来源。

在奥林任职期间，也许星巴克最重要却最低调的战略就是更全面、更规范地承担起社会责任。

星巴克始终致力于树立自己有益于大众、有利于世界的商业形象，这是我们理念的一部分。但从20世纪90年代末期开始，是否具有社会责任感也变成了企业竞争的要素。我始终坚信，绝大多数人愿意从那些他们尊敬并且信赖的公司购买产品，尽管有些公司很难赢得顾客的这种尊敬与信赖。在美国，学术界以及媒体舆论掀起了关注环境以及人权问题的浪潮。2004年，反映卢旺达1994年种族灭绝的电影《卢旺达饭店》(*Hotel Rwanda*)以及众多广为人知的影片，比如2006年阿尔·戈尔的全球变暖纪录片《难以忽视的真相》(*An Inconvenient Truth*)，都使公众更加关注全球性问题。这些也带动了一批积极行动起来的消费者。

相较从前，人们更愿意购买在制造、包装、运输以及丢弃的各个环节都尊重环境、尊重与其相关的各个方面的商家生产的产品。

我们的努力是多方面的，从被动反应到积极主动。2000~2005年，星巴克及其伙伴向世界各地的地方性社团捐赠了 4 700 多万美元，旨在支持美国及加拿大类似Jumpstart创业项目的青年与文化项目、增加中国农村孩子的受教育机会以及救助像“9·11”恐怖袭击事件、2004 年南亚海啸以及 2005 年卡特里娜飓风等灾难中的受害者。我们的伙伴们在他们工作的社区中，志愿奉献了成千上万个小时为慈善机构和旨在改善现状的项目服务。我们还加入了“美国全球绿色”组织（Global Green USA）来呼吁保护环境。2005 年，我们收购了Ethos Water矿泉水公司，并同意尊重它的品牌使命，增加全世界儿童喝到纯净水的机会。我们同样开始下大力气减少门店对环境的破坏：购置可持续能源、减少用水量以及节约能源。并且，借助于同最著名的国际保护组织——一家联合企业与决策者共同保护地球上最具价值资源的国际性组织——的持续发展合作关系，我们参与并创建了众多深入保护生态系统的项目，向我们的顾客普及诸如气候变化等环境知识。

最意味深长的也许是，星巴克迈出了更坚实的步伐来兑现以道德采购的方式购买顶级咖啡的承诺。

提到采购咖啡，我总希望星巴克能是那个不仅能回馈给咖啡农现金，更能帮助他们建设健康、可持续发展的咖啡园的公司。这正是我们公司最初的理念。

但在 20 世纪 90 年代末，我们开始遭到特殊利益群体的口头抵制。为了消除他们的忧虑，尽管我们已做了很多，我们仍同意进一步将我们的意向以书面形式确定下来。除保护国际组织外，星巴克同公平贸易的倡导者，主要是美国公平贸易组织（TransFair USA）建立了联系，这是一家颁布公平贸易认证的机构。这种认证的目的是保护小生产者的经营活动，包括为他们争取最低售价保证，并将他们推向全球市场。2001 年，星巴克承诺购买 100 万磅具有公平贸易认证的咖啡。不久后，我们的购买量高达 1 000 万磅，这让我们成为北美咖啡原豆公平贸易的最大购买方、烘焙者以及零售商。

不过，我们更深入了一步。也就是在 2001 年，鉴于同保护国际基金会的合作关系，我们确立了自己的采购指导方针，制定了一个综合的采购程序以保证我们的咖啡是通过公平交易获得的，没有损害咖啡种植者的利益。这就是我们自己的“咖啡与种植者公平规范”，这也成为星巴克的咖啡供应商必须遵从的环境及道德标准。这个项目的特别之处在于质量与透明度是共享利益的先决条件。此外，独立的监察者必须负责确保我们的标准——从保护咖啡农权益到保护水源及能源——真正受到监管。因为星巴克只购买最高品质的阿拉比卡咖啡豆，并为优质的咖啡支付更高的价格，许多咖啡农都同意加入这个项目。

一直以来，我们的业绩都持续增长，到奥林离职时，星巴克的资本市场总值和公司已发行股票的市值，从72亿美元飙升至200亿美元。

★★★

董事会选择了吉姆·唐纳德担任下任首席执行官。他之所以能胜任，是因为他曾经负责沃尔玛百货有限公司的经营活动，后来又为西夫韦和帕斯马克赢得了周转时间——这令人印象深刻，但我们更看好他的领导风格。

你不可能再遇见比他更和善的人了。吉姆具有同组织内任何层级的人员建立良好关系的天赋。2002年当我们聘请他来执掌星巴克的北美运营时，每个人都觉得他可以代表我们公司的价值观，以他独有且无法被效仿的特质经营公司，这些特质包括精神、品质以及情商。吉姆在星巴克的前两年中，完全承袭了星巴克文化，与此同时，他自己也融入这种文化之中。吉姆的处事风格加强了人与人之间的情感纽带，他本人也深受伙伴们的喜爱。他固守着给表现不错的伙伴亲笔写感谢信的习惯；他乐于视察门店并同咖啡师闲聊；在任职期间，他习惯在满45分钟的时候就叫停计划为一小时的会议，然后让伙伴们利用剩下的15分钟打电话给他们平日里不常联络的人。

他接任星巴克首席执行官一职时，星巴克在华尔街上的股价是每股25.83美元，但我们对自己的要求更高。星巴克人每个季度都会为保持年收益率以及至少20%的利润增长率而感到压力重重，这是很高的目标，有些人认为这是可望而不可即的，而我则是这一目标的积极推动者。

那时，我们还将自己的品牌扩展至咖啡之外的领域，比如娱乐界。我们甚至还卖过几张CD——巧妙地将我们店中播放过的音乐编辑起来。很快，我们的咖啡店中就塞满了一批音乐家的唱片。我们尝试在几十家门店设置音乐吧，顾客在那里可以下载歌曲，并制作自己的CD。当年，我们同协和唱片（Concord Records）合作的一张唱片——雷·查尔斯的《真情伙伴》（*Genius Loves Company*）——在2005年赢得了8项格莱美大奖，是当年年度最佳专辑。在美国，这张专辑卖出了325万张，其中近25%是在星巴克的门店里售出的。在美国本土以外，则卖出了200多万张。

此外，我们还卖书，推出了不少畅销书并使一些原本不知名的作者为人们所熟识。

这些成功让我们自认为有点儿像风尚引领者，在自信心的膨胀下，我们开始设想，如果星巴克做电影是不是也能像做唱片和书籍那样推出大卖的畅销产品。随即，我们满怀热情地涉足电影领域，大力推广适合家庭购买的影碟，并销售DVD机。我也是公司中对此最有力的支持者之一，被海啸般扑面而来的机会冲昏了头脑。制片商纷纷希望在我们的门店里推广他们的产品。这些交易使我们的盈亏账目表表现得异常出色。

我是后来才意识到，星巴克对娱乐界的大规模突袭，虽然有好的一面，但是也使我们因无往不胜而滋生了傲慢情绪。

★★★

我同吉姆的关系开始变得复杂。

我试图给他施展才华的空间，所以我强迫自己置身会议之外，保留自己的一些看法，虽然不是全部。但事实证明，当时放权比过去奥林在的时候放权对我来讲挑战更大，毕竟我和奥林曾合作过很长时间。

为了放权，实际上，我必须信任其他成员所做出的决议，哪怕我内心认为这些决策并不那么明智。就好比父母不应该干涉孩子的选择，我作为董事会主席也不应该干涉过多，这对我来说，是一次独特的情感考验。

更何况作为董事会主席，我并不总是熟悉具体的操作方案，比如我们最新的门店应该设在哪儿？再比如我们考察的人中谁最能胜任主管职位？公司一些重要职位由谁担当最合适则是我同吉姆间矛盾深化的原因之一。

终于，2006年年末，在星巴克工作过多年的伙伴开始私下里找我，表达了他们对公司运行方向的多种担忧，星巴克人想要的绝不只是："增长！增长！增长！"其实平心而论，我同样为这种"增长"推波助澜过。

我左右为难。一方面，我希望支持吉姆的决策，稳步实现我们的增长目标，另一方面，我看到了星巴克的根基开始动摇，比如门店顾客体验状况的恶化，这让我非常困扰。面对忧心忡忡的伙伴，我感觉自己站在了两极的中间，对公司的热爱和对伙伴与股东的责任，让我身陷两难境地，不能自拔。

2006 年，星巴克的表现略逊，顾客在我们门店的消费额开始减少。到了 2007 年夏，门店交易增长率放缓，低至历史最低水平。那一年，我们的股价跌了 42%。

期望一名仅在星巴克工作过两年的首席执行官能充分施展自己的才华，尤其是在公司的创始人兼多年领导者的阴影之下，这其实并不容易，甚至不公平。在星巴克，我带给他的阴影无处不在，影响极大。回首过去，我应该更好地为奥林的离职做好思想准备。

我总认为，最能够领导好星巴克的应该是在公司内部任职多年的人。

多年来，星巴克都尽量在发展前做好相应的投资，比如，在开设新门店之前，先建立烘焙工厂和配送体系。但随着我们的新店不断投入运营，有效地跟上投资的步伐几乎成了天方夜谭。这种现实情况，加上我亲自考察门店时目睹的以及从伙伴那里听来的关于顾客体验状况的恶化，令我不得不采取行动。

这也是我 2007 年 2 月坐在桌旁，以董事会主席的身份给吉姆和星巴克的领导团队写了一份备忘录的原因。

> 过去的 10 年里，为了实现增长、发展以及必要的运营规模，我们的门店从不足 1 000 家发展到 13 000 家，甚至更多。但是回顾过去，我们不得不做出的一系列决策，忽略了星巴克顾客的感觉，或者像有些人所说的，忽略了品牌的平民化。
>
> 在当时看来，大多数决策也许都是好的，它们本身还不足以影响消费者的体验。但很不幸，日积月累，这种危害还是巨大的，破坏力也是极其可怕的。

我从未想过批评谁或者指责谁，我们都应为这些日益显现并暴露出来的问题负责。我们的问题在很大程度上都是源于内部的。现在，我拼命地想让所有领导感受到我的忧虑：星巴克正在遭受侵袭，而这股力量主要是来自内部的。

★★★

精心打造的品牌是一家公司最具价值的无形资产。虽然它不能带来直接收益，但是却可以使公司禁得起考验，而放弃它就意味着慢性自杀。

我说过，星巴克在创建恒久的关系与人际关系方面做得最好，这是我们品牌的精髓所在，但是它并不容易实现，需要付出更多艰辛的劳动。星巴克是属于每个个体的。除去刷牙，还有什么是多数人日常的习惯？喝咖啡。固定的时间、同一家店铺、惯常的饮品。这种亲密联系是由我们的品牌、我们的团队、我们的门店以及我们的咖啡建立起来的。保持这种联系是我们的荣耀，对此，我们必须有强烈的责任感。

2006 年，巡视世界各地星巴克的数百家门店后，我注意到了星巴克品牌内涵中某些内在特质的流失。是氛围还是精神，开始我还不能确定，弄不清楚到底是什么不断侵蚀着门店的品牌精髓，恐怕是那些星巴克引以为傲的许多特质无意间的缺失在悄悄地摧毁着它。

在备忘录中，我写下了心中的忧虑。

我们在门店设置的新型浓缩咖啡机可以极大地提高售卖效率，但它在外形上实在是太高了，这个意料之外的“咖啡师”让吧台外面的顾客无法欣赏到吧台里面咖啡师正在创造专属于他们的饮品。这种高度也同样无法让咖啡师们亲近顾客，无法让顾客们体验到我在让我魂牵梦绕的米兰所体验到的那种感受。我在备忘录中表达了这种忧虑：

> 我们引进自动浓缩咖啡机的确解决了服务速度和服务效率的主要问题。但同时，我们也忽略了一个事实：这将使咖啡厅大部分的浪漫氛围与亲身感受大打折扣……

同样，由于我们运送及储藏咖啡的方式，在门店中，源自新鲜研磨咖啡的那种醇香、让人浮想翩翩的馥郁香气慢慢变淡直至消失。没有了它，星巴克就无法令顾客跳出他们的日常生活，沉浸在那个发生在遥远的哥斯达黎加抑或非洲的故事中去。自从我接管公司以来，我禁止员工吸烟并且要求伙伴们不要使用香水或古龙水，以避免破坏咖啡香味。香味也许是星巴克品牌中最容易被顾客感知的一面，它同样也增强了我们的核心价值观：提供世界上最高品质的咖啡。接着，我将这点写进了备忘录：

> 我们的确得到了新鲜烘焙的袋装咖啡，但付出了什么代价？香味的丧失——也许这是我们门店曾拥有的最有力的非语言标志；也失去了星巴克人现场为顾客展示咖啡从新鲜原豆被研磨成粉的过程，我们的门店与星巴克秉承的传统再一次被割裂开来。

最后是店面设计，这直接关系到星巴克的氛围，像是少了邻里聚会中应有的温馨、惬意的感觉。有人称我们的室内装饰“千篇一律”“枯燥乏味”。

> 显而易见，我们为提高扩张效率过于精简了店内设计……（但）其中一个后果就是，我们失去了星巴克门店昔日的灵魂……

没有了这些激发顾客情感共鸣的因素，也就失去了让顾客光顾星巴克的理由。独树一帜的标志、香味以及魅力，这些都是星巴克进入市场的品牌内涵。如果说咖啡和人是我们的核心，那么上述的一切就是我们的灵魂。

“我们迫切需要……回归核心，秉承传统，重新唤起热情，要为让顾客再次光顾星巴克做出必要的改变，”我这样写道，又加上了一句，“无论什么样的竞争者都将模仿我们。”我决不允许我们或者我自己被淹没在平庸的海水里，这对不起多年来辛苦的努力，我绝对做不到。该讲讲心里话了。

> 20年来我一直强调，我们的成功不是命中注定的，现在这句话应验了……让我们回归核心精神吧。我们要推行改革，并做那些能再一次令星巴克脱颖而出的事。我们不仅要对我们的前辈们负责……也要对依赖我们管理的伙伴及其家人们负责。

我为邮件冠上标题“星巴克体验的平民化”。

2007年的情人节，我多年的助理南希·肯特将我的手写稿敲入电脑，在我做了部分修改之后，将它发送给了吉姆和他的团队。我希望自己的深切恳求能够带来一次真诚而具有启发性的会谈，能够促进我们反省并回归星巴克的核心。

但事实与我的期望相反，这份备忘录引起了轩然大波。

ONWARD

第 4 章
没有什么是机密的

2 月 23 日星期五，我坐在办公桌旁，忽然一名同事进来，用惊异的眼光看着我说：“备忘录泄露了。”这一消息让我惊慌失措。

“什么？”我怕是自己听错了。

“备忘录被发到网上了。”

我转动椅子面向三台电脑，它们24小时开机，依次显示着世界新闻、市场动向以及邮件收发。我快速地在Google上搜索了一下，在八卦网页上果然有“星巴克体验的平民化”的标题文章，这下任何人都可以看到了，包括投资者、竞争者、新闻记者和星巴克的伙伴们。盯着屏幕，我无话可说。这令我心烦意乱、给我当头一棒的不是现在我成为评论焦点，而是泄露本身这件事。我根本想不到有谁会做这种事。

这无异于背叛。

在我的生命里，我把忠诚与信任看得极重。它们是我人际交往的根基，是我们整个公司文化的根本，也是我们管理内部业务与吸引顾客的必备要素。当然，不管是星巴克还是我自己都不是完美的，他人可能并不同意我们的选择，但我们把维护这种信任作为自己的责任，我们会弥补我们的不足。

不同于其他品牌，星巴克的声誉不是借助营销以及传统的广告而获得的，我们是通过打造一种回归人性的体验而获得成功的。广义上讲，这源于我们对待伙伴的方式、我们看待咖啡农的方式、我们回报社会的方式。20多年来，这家公司里存在着一种不言而喻的信任，是它让我们赋予伙伴信心，也是它使得我们开诚布公地进行交流，证明一些消息能给公司带来好处。

我们的道德框架内没有不忠这个词。所以，坐在自己的办公室里，我发觉某个与我关系密切的人、某个星巴克人，竟扮演了如此无耻的角色，如此蓄意地无视我、吉姆以及领导团队。这对我而言实在是巨大的打击，我过了很久才缓过神来。

但我别无选择，这该死的事情已经发生了。

关于备忘录的新闻已经传播开来，打电话给我们的媒体记者络绎不绝。“备忘录是真的吗？”“是的。”“我们能采访一下霍华德先生吗？”“不能。”我不能接受任何人的采访，一个都不行，这太容易令人失控了。我帮助我们当时的企业形象传播和危机管理总监瓦莱丽·奥尼尔起草了一份声明，准确地阐述了我的想法：

> 备忘录合情、合理也合法，它是一种对热忱与承诺的深思。在持续成长过程中，星巴克必须保持“星巴克体验”的真实纯正。我们坚信成功不是命中注定的，它需要每天的累积。我们不满足于现状，我们迫切而不停地推陈出新，这是我们始终如一且长期遵循的经营之道，我们以此来确保自己能满足顾客的期望，给他们提供更好的体验。

我们发布了这则声明。

正当混乱之中，一个颇受欢迎的人出人意料地出现在我的办公室。旺达·赫尔顿是个说话直率、风趣幽默、聪明机智的女人，她在1995~2006年曾负责星巴克的全球传播工作，之后离开星巴克创建了属于她自己的顾问公司。同许多以前的伙伴一样，旺达经常会回来看看。我和她私交甚好，彼此坦诚相待，所以当她突然出现在我面前并问候我时，我感到很欣慰。我请她关上门，“你听说备忘录的事了吗？”我仍然带着怀疑说，旺达表示她知道这件事。当她在我办公桌前坐下时，我摇了摇头，倾诉这种背信弃义有多么伤人。

“霍华德，”预料之中，她用我欣赏的平淡口吻说，“没有什么是机密的，这是新的现实。”

旺达对我说这样的话，已经不是第一次了。过去她就曾劝我克制住将想法付诸笔头的举动。尽管如此，旺达在两件事上很理解我：第一，我天生直率，有什么说什么，经常不加考虑，脱口而出；第二，我总相信人们会做正确的事，并以此为信条指引自己的人生。但是真的，即使我经历了那么多事，我仍然会为他们这么做而感到惊讶。

“一切都会过去的，”旺达告诉我，“只要坚持下去。”

那天她就像一剂安定药，让我从长远的角度看待这种情况。随着时间的流逝，我那股迫不及待地想找出泄密之人并解雇他（她）的怒火逐渐平息，分析这种背叛的缘由与后果之后，无论对内还是对外而言，我觉得向前走要比留在原地指责他人重要得多。

★★★

每个公司都有属于自己的回忆。它是一段段充满成功、失误的历史，甚至包括那些没有预料到的结果。它是人们不断交换意见、为自己寻找某件事的意义时可参考的信息。它是炫丽的挂毯，昭示着公司的发展方向与未来。那一年的 2 月，我的备忘录也成了星巴克的集体记忆之一。

有的伙伴极为反感我的观点。毕竟，这个公司还在迅猛发展着。星巴克在 1992 年首次公开上市时市值只有 2.5 亿美元，而 2007 年的市值是 240 亿美元。当初为我们投资的人在那一年的收益更是原投资额的 5 000%。每星期，星巴克的门店都能迎来 4 500 万名顾客，我们是全世界客流量最大的零售商！还有什么可抱怨的？有人私下里这样嘀咕着。

还有些伙伴，即使能够理解我的忧虑也不禁觉得困惑或者感到耻辱，他们那样勤勤恳恳地为公司的发展工作，并竭尽全力地向着我们的增长目标迈进—也是我曾经拥护的那个高增长目标。难道我们做的不是你想要的吗？对于这一点，他们很想知道。也有些伙伴觉得这个备忘录不过是霍华德的又一个煽情表白，并没什么新意。

但这在伙伴中还是掀起了不小的讨论热潮，他们认为我是“正确”的，一个肮脏的家族秘密最终将被公之于众。一个不能再被忽略的秘密，那些曾经是禁忌的话题，比如我们急功近利地追求效率，在破坏“星巴克体验”的代价下追求高增长，全都突然间被公开地进行讨论，叹息声此起彼伏。

当向西雅图支持中心——我们把它称为星巴克的总部——以及门店的伙伴解释时，我不得不整理好自己的情感。我担心吉姆会觉得受到了人身攻击，就好像我当众批评了他的工作一样。于公于私，推卸责任都不是我的出发点，我自己同任何推崇这种方针的高管一样都应该接受谴责。

另外，我对吉姆非常欣赏。尽管我们之间有分歧，我仍然希望他能获得成功，在备忘录曝光之后，我为这份备忘录给他带来困扰而尴尬地道了歉。不幸的是，或许也是不可避免的，这份备忘录的曝光令我们的关系变得更加复杂，拉大了我们之间的鸿沟。随后的几个月，更多的伙伴发邮件给我或是私下找到我倾诉他们自己的忧虑。另一些人则刻意地回避我，认为我同那些远离公司业务核心的、古怪的、落伍的前任首席执行官们别无二致。

但无论哪种情况，都对星巴克没有一点儿好处。

在公司外部，备忘录仍在继续传播着。

2007年年初，它首先出现在一个不怎么知名的名为“闲聊星巴克”的博客上，这是众多介绍星巴克的第三方网站之一，粘贴新闻稿、文章，而大部分都是关于星巴克的匿名文章。

在备忘录被该网站刊登后的第二天，《华尔街日报》、《纽约时报》、美联社、彭博社、路透社、《金融时报》等主流媒体旋即纷纷转载；各种刊登金融信息的网站、独立的博客也加入了转载的行列；无数文章援引了我的备忘录，分析我的话语，它们通常都被冠以措辞严苛的大标题，并直接陈述或者暗指星巴克即将麻烦缠身。网友也不断地对备忘录发表评论，但多数留言都是话中带刺的。

同备忘录泄露给我带来的打击一样，我也被因它而迅速出现的各方揣测所困扰。仿佛每个人——顾客、伙伴、分析师、记者、业内人士以及专家——都各有各的观点，对备忘录和它的动机以及它对公司未来造成的影响，甚至于对它给我作为领袖带来的影响等大肆评论。

评论呈现两种极端，赞赏这份备忘录的人认为它是一名企业家尽力挽救公司的大胆行动。另外一些人则利用我的论点来支持他们自己的看法。是的，他们认同星巴克因为外部扩张的速度太快、范围太广，以至于偏离了根基、忽略了顾客的体验。财务分析家们认为，为了发展壮大，星巴克必须快速地进行扩张，他们将这份备忘录解读为星巴克新的战略信号，意味着我们已准备放缓脚步，但在当时，这并不是真的。匿名的评论指责我本应该想到自己的言论会曝光，其他人则坚信这份泄露的备忘录是故意作秀，以吸引公众眼球。

在各方猜疑揣测的混乱中，我们充分利用了《纽约时报》的采访，阐述了公司所面临的困境：“问题常常在于你如何使事物保持平衡？”

这个观点也是备忘录表达的观点。平衡，对星巴克而言一直是个挑战：纳税责任与慈善事业的平衡；股东的利益与社会良知间的平衡；利润与人性间的平衡；地区特色与全球定位间的平衡。而现在，我们的挑战是，回归星巴克人要发展壮大的渴望与秉持传统的需求之间的平衡。

尽管铺天盖地的新闻报道、舆论以及恶意中伤曾经令人极为沮丧，但现在看来，它们同时也带来了两个极其重要而且出人意料的效果。

首先，铺天盖地的媒体报道与舆论风暴使我不得不接受另外一个现实：我或者星巴克无论做什么都不再是秘密，网络更是凸显了这一事实。前行的过程中，我和公司都要更加谨言慎行，并时时注意场合。假如没有那么多寸步不离的镜头，我也愿意继续直言不讳。

面对虚拟世界的力量，我也变得更小心谨慎了。

互联网上对备忘录的热议已超出了星巴克所能掌控的范围，比我们曾经历过的任何一次公开论战都要难以应对。我们虽然不完美，但也有好的方面，我们的价值观以及举动深受人们尊敬，但现在，这一切都在这场公开的热议中消磨殆尽。我们与咖啡农之间的合作方式，我们回报社会的数百万美元，我们的全面医疗保险福利，我们给予兼职伙伴的股票期权，这些对公司而言都是巨大的付出，而我们从未将这些积极的、富于首创精神的行动公之于众——只是始终坚信这些是正确的、应该做的事，然而，我们从未曾因此获得任何好评。

很显然：星巴克还没有参与大规模网上辩论的工具，这就令事情变得非同寻常了。

我们的网站设计得非常漂亮，上面有诱人的咖啡、公司新闻以及财务报表，但我们自己在网站上的独白显然落后于整个数字时代的发展了。星巴克没有实现网络上的互动，也就没有途径迅速地为自己辩解，没办法直接与顾客、投资者甚至伙伴沟通，而他们也无法直接同我们对话。我们的困境提醒了我们自己，简而言之，无论门店里还是店外世界，我们正丧失对话语权的掌控。我开始仔细观察人们的新行为习惯，其实在我们的门店甚至在我自己家里，我都在目睹着这些变化，在我两个十多岁的孩子身上就能看到这些变化：年轻人越来越多地依赖笔记本电脑以及手机进行交流、学习、交换照片、下载音乐，甚至用它看录像、电视节目以及电影。

从个人角度出发，我并不排斥数字技术，我只是更喜欢真实的触感。比起阅读电子报表，我更喜欢亲临门店观察它的发展状况；比起用手指敲击的键盘，我更倾心于指间的钢笔。我还喜欢看着人们的眼睛与他们面对面交流，而不是通过电话联络。除了收发邮件以及浏览新闻外，我并不像其他人那样依赖电脑或者黑莓手机。但我本不该因此而忽视身边世界的变化。

备忘录的泄露让我领会到了信息流通及联络方式的沧桑巨变。信息技术正在重塑人们之间的自然联系，也给人们提供了打发业余时间的其他选择。这种社会基本法则的转换正在影响着星巴克人以及我们顾客的心理倾向，但它却未能影响到我，直至备忘录的泄露，不过，总算还不晚。

就在我手写备忘录的前一周，苹果公司推出了它的第一款iPhone（苹果手机）。

2006年11月，Google在股票市场上以12亿美元收购了YouTube（视频网站）。

同年10月，一家名为Facebook的社交网站正式邀请所有满13岁的人——其他不限——来加入它。仅仅数月，它就拥有了数百万的追随者。

不论星巴克是否存在，时代都在变。我知道我们不能守着门店做井底之蛙。

我感觉到第二轮挑战一触即发。我们不仅要解决公司内部堆积如山的问题，还要在数字领域改革创新，为顾客探寻了解、关注星巴克的新途径。我还不知道该从哪里做起，但我们必须得做点儿什么。

★★★

如果管理层忽略了那些也许会动摇公司根基的因素，那么这个公司就要付出代价。星巴克也不例外。

我从来没打算将备忘录的内容公之于众，但即使发生了，我也不能把写下它看成错误之举。我所表达的每一个想法都出于对星巴克的热爱。我的评论是最诚实的表达，它源于我对星巴克的激情，源于我急切地想彻底改造星巴克以及让星巴克自我变革的深切愿望，尤其那时我们还是成功的企业，我们的短板还未成为我们的负担。在星巴克的26年里，我写过上百份备忘录，它们有一个共同的主题，它们是星巴克在追求卓越的过程中的自我反省，是我们不安于现状的愿望，更是我的领导理念的基石。

虽然星巴克的发展一直超出了所有人的预期，但我们必须承认这并不意味着我们全力以赴做到了最好。我的角色以及职责就是带领星巴克人商议、讨论公司决策，迎接挑战，同时也是挑战我自己，让星巴克越来越好，尤其是在此刻，在我们真诚地面对自我的时候。

我们的伙伴信任我所做的一切。

而我所说的一切如果不是发自肺腑，就意味着背弃了这种信任。

ONWARD

第 5 章

魔力般的体验

在我不到 10 岁的时候，我的姑妈带我到纽约市无线城音乐厅看演出。演出完毕，我们来到一家我从未见识过的自助服务餐厅。我立即就被这家餐厅吸引住了。

小型的橱窗沿着墙依次排开，从此端延伸至彼端，每个橱窗内都有不同的食物，有火鸡三明治和碗装果冻等。而那天我的选择是一块苹果派。姑妈向机器中投了几枚硬币，橱窗玻璃就升了上去，这样我可以拿到我要的派。几乎同时，新的一块派被置于已被买走的那块派的位置上。我姑妈的话使我确信有魔术师在后面操作这一切，当时，我还想不到在巨大的墙的背后是厨房，也想不出任何可连续向每个橱窗填满食物的办法。

那次经历令我深深明白了商人的意义所在。从那时起，我便一路寻找经商的这种魔力。

这对我来说是很平常的事，无论我身处世界的哪个角落，坐出租车抑或步行去拜访其他零售商，我都在寻找魔力。我数不清自己在一生中到底这样做了多少次，也许数以百计。我喜欢去不同的店铺体验——独资企业和大型连锁店，并搜寻第一手资料，亲眼看他们是如何陈列自己的产品，如何与顾客交流、沟通的。我就像块海绵，不断汲取关于店面设计、商品陈列、销售者行为等方面的灵感。年复一年，各式各样的店铺激起了我极大的好奇心，尽管这些店都与咖啡无关。

一次，我走进纽约的一家香皂店，在门口，店员领我在一个分外美丽的陶瓷水槽处洗手，这令人印象极为深刻。他们鼓励所有的顾客洗手，还有什么能比这更好地提高购物体验的品质呢，我怦然心动！这家店成功地让顾客对产品产生了兴趣，有谁不想带着点儿新奇离开呢？

我在巴黎最喜欢逛的地方之一就是柯莱特（Colette），那是家奇妙的三层商店，也是典型的“母女店”，由母女二人创建并经营。柯莱特令人兴奋的地方在于它从全世界各地搜罗来的高端、罕见、充满天马行空般想象力的物品，包括书籍、运动鞋、玩具，甚至设立了吧台出售百余种各不相同的瓶装水！店主简直就是博物馆馆长，在柯莱特购物就是一次刺激的发现之旅。

商人的成功在于他或她展现产品魅力的能力。人们在步入店门那一刻看见的、听见的、感觉到的或所做的都影响着他们的感受，吸引着他们赞赏商家所出售的任何产品。凭直觉，我早就明白了这个道理。所以在2006年和2007年，当我走进越来越多的星巴克门店，开始感觉不到顾客对咖啡的赞美时，我的心情很沉重，我们的顾客理应得到更好的咖啡。

★★★

备忘录泄露的几个月后，我们公司内部有了更多的公开讨论，讨论是哪里出了问题。令我宽慰的是，最终大家达成了共识，人们一致认为我们为了顺应史无前例的规模增长而做出了太多的让步。

2007年春天，在西雅图的海滨酒店，我们召开了一次头脑风暴式的会议。在领导团队与伙伴交流的环节，我很高兴听到他们说出自己的忧虑，指出难以解决的问题。股价以及股市评估是我们前进的阻碍吗？我们如何改进门店伙伴同顾客之间的互动？赢利令我们盲目到了什么地步？我们怎样中止建立在销售基础之上的营运管理方式？难道我们真的要为一个未知的未来放弃既定的方针吗？在强烈愿望的驱使下，我们怎样才能制定出理性的业务决策？我们怎样才能融入针对星巴克的讨论中？我们如何在不丧失灵魂的前提下发展？在不断壮大的过程中如何保持我们的谦和之态？星巴克的灵魂到底是什么？

我们终于挣脱了束缚，承认我们将自己带入了恶性循环，我们太看重销售增速，却忽略了我们正在出售的产品。我们甚至每天能开6家新店，每个季度，星巴克人都在华尔街和公司内部的重压之下追求同店销售额的增长，即现有门店相对去年同期的销售额增长率。

我们的回答曾经是尽可能快地建立更多的门店。

我们的战略一度是在过去的基础上做得更多。

但是，我们却没有将自己推到更好更新的高度。我们没有坚持不断创新的道路，我们向着不相关的领域大胆冒进，比如娱乐界。此外我们推销着远远偏离了“星巴克体验”核心的产品。就像一位星巴克的伙伴形容的那样，这就好似我们在赛跑，但却渐渐不再明白自己为了什么而奔跑。

海滨酒店的头脑风暴会议上，我们围坐在一起探讨着未来，一些伙伴们说他们意识到星巴克正处在一个拐点，或者，像吉姆讲的，一个“危机时刻”。而我相信我们的处境要严峻得多，星巴克在接受关于品牌定义的考验，如果我们不审视、检讨自己，不承认存在的错误，不进行革新，我们就会失败，甚至解体。

★★★

到了 2007 年夏天，我已经无法表达自己对西雅图高管们的失望了。我不得不亲自去与我们的门店经理、区域经理、地区经理以及我们的咖啡师面谈。我想吉姆可能对我和伙伴们不断地谈起我认为星巴克做得不好的地方感到厌烦，尽管如此，我还是决定由我自己来就我们体验的恶化状况与吉姆进行面对面的交流。

对我而言，最能深刻表现星巴克是怎样背离它的传统、丧失它的魔力的例子是早餐三明治。

星巴克最早开始销售三明治是在 2003 年。多年来我们尝试了许多品种，从贝果三明治到 2006 年推出的香肠、火鸡培根以及火腿配英式麦芬。我们称火腿配英式麦芬为热三明治或者早餐三明治，它们中大多夹有奶酪。我明白为什么三明治具有商业意义。多年以来，顾客都是带着从竞争对手那里买来的食品走进星巴克，或者在我们店里买一杯咖啡带去别的地方，或者干脆在他们解决早餐的地方买上一杯其他品牌的咖啡。因此，三明治应运而生，它们带动了销售、增加了利润，也刷新了同店销售纪录。

不过直到那一天，我才产生了坚决抵制提供加热食品的想法。我的确鼓励革新，但我绝不期望顾客是为星巴克的三明治而来的。许多顾客极为喜爱热三明治，对星巴克出现这种美味、实惠的食品非常感激。事实上，热三明治吸引了一批非常忠实的拥趸。然而它们越是受欢迎，我们的咖啡师就越要频繁地用烤箱加热，如此一来，三明治就越是不可避免地在烤箱中吱吱作响并散发出让人讨厌的气味。无论店中飘着多么丰美馥郁的咖啡香气，也会被烧焦的蒙特利杰克干酪、意大利干酪以及最让人厌恶的切达干酪的味道所掩盖。这些味道大大地影响了咖啡的魅力，烧焦的奶酪味有何魔力可言呢？

与我相识多年的人会告诉你，很少有什么能像那种气味一样激起我强烈的愤怒。在我心里，没有什么能比得上意大利浓缩咖啡吧的浪漫。

我无法再忍受了。

一天，我走进西雅图的一家星巴克门店，忽然感到非常沮丧，因为店内充斥着烧焦的奶酪味道。我叫来了经理，但她并不能体会我的忧虑，她告诉我，因为三明治，这家店的销售额早已远远超过了本周的销售目标。我心情沉重地离开那家门店。那么接下来会是什么？马铃薯煎饼？

早餐三明治成为体现我们偏离核心业务的经典案例。“让三明治滚出去！”我直截了当地告诉我们当时的全球产品部门的负责人米歇尔·盖斯，尽管我们当时仍在百余家新店里推广它们。一个小时后，吉姆告诉米歇尔，星巴克需要三明治，不能取消它们的供应。调查研究以及逸闻趣事已经告诉他，顾客喜欢三明治，到店里来的大多数人都将三明治列入他们的晨间咖啡仪式之中。

米歇尔和其他人夹在两名领导之间，他们会感到为难也不足为奇。我和吉姆的出发点都是好的，也追求着相同的目标，但观念却大相径庭。取消三明治的供应会削减公司的产品销量，影响顾客对星巴克的忠诚度。我乐于以短痛换取长远的成功，但吉姆和其他人则不这样认为。

我强硬的态度诚然会让食品部门的伙伴感到沮丧，毕竟他们多年的工作就是为了创造这种新食品。在三明治的研发过程中，他们历经了数月的计划、研究以及检测，还包括使香肠、培根以及让烧焦的奶酪味道最淡的上百个小时的努力。在某种意义上，我们组建了一支“香味特遣部队”来与这讨厌的气味搏斗。

他们尝试了不同的烤箱。

他们培训咖啡师更勤快地清理烤箱。

他们改进了三明治的包装纸。

他们限定了加热时间以防止奶酪滴落。

制造商被要求重做烤箱的排气口以阻止气味的散发，我们自己则设法改进门店的加热、通风设备以及空调系统，以使咖啡的香气再次弥漫。

可似乎都没什么用。

公司最高层中关于三明治业务的分歧——是能给星巴克带来利益还是会对品牌造成伤害——越来越大。对这一分歧的争论不亚于对那份备忘录的讨论，也许比那还要更激烈。最直接的问题就是，星巴克应该满足顾客的需求还是遵循我的感性直觉。当时，我对寻找折中的办法毫无兴趣。

让我挫败感加深的现实是，三明治不是唯一损害我们门店文化精髓的东西。此外还有咖啡韵味的流失、牛奶的反复蒸煮、高大的浓缩咖啡机，这个清单变得越来越长。如此多的负面因素综合在一起，终将拉开公司毁灭的序幕。

我既然看到了，感觉到了，就不能忽视它。

★★★

创始人的眼光是独特的。

假如我是一名受过专业教育的经理人，那么我看待星巴克以及市场的角度应该会和现在有所不同。

这种角度有利也有弊。

有利的一面是创始人熟悉企业得以创建的每个要素。我们知道什么代表有雄心壮志的公司，并且创建它要求具备些什么。这种知识、对过去的了解，再融合极高的热情必将无往而不胜，当然，还有对错误的敏感觉察。

但有时，我们会置身于某种情形中。企业家难免会盲目，对自己创建的事业的强烈情感也会蒙蔽他们，从而使他们丧失了局外人的客观立场。

不管我对三明治的态度是对是错，我就是想要撤掉它们。这令我沮丧至极。收购星巴克20年后，我感觉自己像一名卸任船长，只能眼睁睁地目睹自己的航船沉没，为了使它浮在水面上，我条件反射般地坚持让三明治从星巴克的菜单上消失，可我的努力更像是要堵住一个洞的苟延残喘，还有那么多的洞会渗水，导致我们下沉。

2007年秋天，在我写备忘录的6个月后，我没有看到公司或是门店的任何实质性改变。随着日子一天天流逝，我的失望逐渐变为愤怒，有时甚至是恐惧，我害怕星巴克最终失去了重拾魔力的机会。就是在这时，我开始认真地考虑，是否有必要再次担任首席执行官。

ONWARD

第 6 章

为生存而战

我仍记得当初组建这家公司时的情景，每一天我们都要为生存而战，做着我们不得不做的所有事，我们卷起袖口工作，将自尊扔到一旁。每个微小的细节都至关重要，星巴克之所以能够取得这么巨大的成就，同伙伴们及他们所创建的企业文化密不可分。

我们相信弘扬咖啡文化以及建立人与人之间的关系至关重要，也相信它值得我们去做，更相信我们有能力将它带至一个显赫的高度。信心推动着我们，热情令我们朝着那个大胆的目标勇往直前。我们唯独不相信的是，成功可以从天而降。

但是有些人却开始将我们的成功看成是理所当然的。

如果不去审视、检查，成功定能掩藏起小的失败。当大多数星巴克人为公司的成功而沾沾自喜时，它便在不知不觉中影响了我们。我们忽略了，或者仅仅是没注意到那些短板。

为了实现每一季度的预期销售增长，我们迅速扩建门店，以至于常常选择了不合适的位置，并且也没有对新聘请的咖啡师进行足够的培训。有时，我们将优秀的门店经理调去负责一家新店，然后提升那些尚未经过培训的咖啡师接替他们的位置。这是一种僵化的运营方式，我们任其发生，没有注意其累积的负面效应，比如，因为我们只从表面判断公司的发展好坏，从而造成饮品质量持续下滑。尽管如此，多年来，我们仍能在开拓新市场的同时，保持原有门店的销售增长额。

随着时间的推移，我们将对咖啡的热情变成认为一切都理所应当的感觉，起码在我看来是这样的，我们的自信渐渐变成了自负，并且，从某些方面讲，情况已经变得混乱，一些退居幕后的人开始挠着自己的头，疑惑地想着星巴克到底代表什么：音乐？电影？还是大杂烩？当星巴克人依旧朝着我们的目标奋力拼搏时，那种动力不再是我们曾经定义的愉悦感、创新或是骄傲。

我忽然想起一次会议，那是在2007年年中，我作为一名不起眼的旁观者，坐在房间最后面，被缺乏坚定果断的决策与创新意识的会议惊得目瞪口呆。当时我努力克制着自己才没有跳起来，因为我不想让吉姆失去威信，但这却令我痛心不已，我知道我们过去不是这样的。追溯至发展早期，就在1992年我们首次公开发行股票之前，奥林、霍华德·比哈尔——辅助创立星巴克公司的前任领导——和我都喜欢这样说，在星巴克，伙伴的工作就是为顾客“做他们意想不到的事情”。而现在，伙伴的能量好像都用在“实现期望”上了，而且绝大部分是为了华尔街。

我想，这就是许多公司失败的原因。不是由于市场的考验，而是由于自身的挑战。

9月，在波士顿，也就是备忘录被泄露的7个月后，我与董事会分享了自己从伙伴那里听来的以及我陆续观察到的东西。在私下的秘密会议中，我和董事们开诚布公地讨论了对经营中不断涌现的问题的担忧。这是我第一次暗示，如果情况继续变糟，事态持续恶化，我很愿意重新担任首席执行官一职。我也将这些想法告诉了奥林，当我告诉了奥林我正在考虑什么时，他帮助我消除了疑虑，认为我重新担任首席执行官是正确的选择。我知道，如果他有别的想法，他会说出来的。

再次担任首席执行官绝非我的本意，但我总说人们要对自己看到的和听到的事情负责，我不能以旁观者的身份眼睁睁地看着星巴克走向堕落，尤其是我也曾助长过这种堕落的风气，我要对我们面临的困境负责。

★★★

2007年的财务状况对公司来说并不算糟糕，但我们内部的问题、严峻的经济环境以及新竞争者的崛起，所有这些都对我们的财务状况和品牌造成了冲击，都暗示着艰难时代的来临。

2007年11月中旬，星巴克公布了截至当年9月的年度收益报表。星巴克的收益为94亿美元，增长了21个百分点，净收益基本达到7亿美元，同样超过上一年度。我们实现了向华尔街承诺的每股收益目标，并且实现了连续16年每年的增长率超过5个百分点。在任何人看来，这都是不可思议的，尤其是在经济极其低迷的环境下。星巴克长期以来的表现都非常优秀，以至于我们那一季度所公布的令人越来越失望的消息，比如门店客流量的减少，老顾客流向星巴克竞争者那里，以及利润率的萎缩，都令华尔街忧心忡忡并加大了监察力度。

我们公布收益的那天，《华尔街日报》刊出这样的标题："星巴克门店太多？发展太快？"文中写道："在美国本土，同一家星巴克门店的销售收益以及交易量的增长已经放缓。"分析人士约翰 · 格拉斯指出："星巴克潜在的恐惧在于，它终将面临美国市场饱和的状态。"一些分析家称，星巴克已跟不上顾客对饮料创新的需求，它的早餐三明治也不再那么吸引人了。

与此同时，就像我 20 年如一日所做的那样，起床、煮咖啡，然后在电脑前查看每日的同店销售数据，即开业一年以上的门店相比其去年同期的销售增长额。但在我职业生涯的大部分时间中，我都把收益、交易额以及财务报表作为确认星巴克健康发展的依据。但在 2007 年 11 月，看着屏幕上不断滚动的数据，我连连摇头，我失望地看到报表上的数字跌到了星巴克历史上从未有过的低点。

★★★

最终，董事们一致感到改革迫在眉睫，而这也正合我意。星巴克失去了一些东西，在公司内部的各个层面——我们的支持中心、区域办事处以及门店，都丧失了有效的执行力。星巴克的确需要一次"手术"，但不需更换新的心脏，它还没病到那一步，起码，我们咖啡豆的品质还在。事实上，这次挫折也是对我们利用最好的资源、烘焙历史上顶级的咖啡这一事实的一种嘲讽。而星巴克的文化精髓，即它的核心以及使命正在经受打击，尽管这打击并不算大。

我们存在问题，但关键是，我们如何能改正？

作为首席执行官，我全部的职业生涯都围绕着创立不存在的东西展开，我从未经历过像现在的这种生死存亡的时刻。让公司陷入困境背离了我们最初的愿景，现在，星巴克需要另外的愿景，我必须带给大家这样一个愿景。我不得不重新掌权，从我再次担任首席执行官的那天起，我同伙伴及股东共同面临的将不仅仅是一个拐点，星巴克已经迷失了方向，而我则要重新对它进行定位，并提出一个改进它的清晰思路。

但我能对谁说呢？假期结束之后，我们才能正式对伙伴及股东宣布领导团队的变动，在此之前必须对此保密。同时，我还要开始筹备这一切，我需要可以信赖的伙伴，需要客观战略上的指导，以保证除了重返核心价值观之外，我们还有其他切实的变化，我正是带着这样的信心以及愿景回来的。

麦伦 · 乌厄曼曾是——现在仍是——星巴克的首席董事以及杰西潘尼公司的首席执行官兼董事长，他不仅是美国最受尊敬的零售业领军人物，曾是梅西百货公司以及奢侈品制造商酩悦 · 轩尼诗－路易 · 威登集团的首席执行官，也是我认识的最友善的人之一。这一切正是星巴克现在需要的。就在这时，麦伦作为挚友让我感激涕零，他充当了我的顾问，他深知我不能将这即将到来的转变告诉星巴克的内部伙伴，所以他强烈推荐我引入外部资源与我一起工作，那是一家位于纽约的与他有过多年合作的公司。

我独自走进了位于麦迪逊大街中心区的办公大楼，乘电梯至19层，这就是凯克斯公司的所在地。在会议室，一个我从未谋面的又高又瘦、戴着眼镜的男人坐在我的对面，他是吉姆 · 芬格罗斯。在寻求能够为公司带来利益的人才时，我希望找到经验丰富并且有着相似价值取向的人。对于性格、人品都契合的人，我通常有着敏锐的第六感。当我开始介绍星巴克的文化以及价值观时，我知道他既可能对此表示理解并欣然接受，也可能像其他人那样强烈地反对它。假如吉姆不能适应星巴克的文化并帮我实现变革，或者缺少对此的敏感，抑或缺乏人文关怀，那么伙伴间的信任就会遭遇危机。

但我立即就对他有了信心，他聪明亲切。作为凯克斯的负责人，他与公司共同度过了近40个春秋，帮助大型上市公司或是金融企业渡过合并以及领导层动荡等难关。吉姆和他的同事经常被聘为外部顾问，通常他们在幕后默默地同董事会或者高层领导团队协作。在我们会谈期间，他没有泄露一点儿客户的秘密，我欣赏他的谨慎作风，这也就是我从未听说过这个公司的原因，能够躲过雷达的搜索也是它的特色之一。

吉姆与很多企业家合作过，并深入地研究过他们。他深知此时的情形对我很不利，创始人能够驾驭公司走过各个发展阶段是极不寻常的，尤其是在重要的转折关口。他说，在读到2007年2月那份泄露的备忘录后，他也是暗自感叹。在随后的几个月里，他一直关注着星巴克的状况。我非常欣赏他的坦诚，在会谈期间，吉姆向我引荐了他的两名同事——莫利 · 摩尔斯以及杰里米 · 菲尔丁。直觉告诉我，吉姆和他的团队正是能帮助我的人们，加之他又是麦伦极力推荐的，这都令我打消了对外部资源不信任的顾虑。我敞开心扉，我们详尽地分析了过去几年星巴克的发展状况，剖析了我的挫折以及沮丧的情绪。吉姆专注地听着并不断提出重要的问题。

我也对他们提出了很多问题。眼下这一周我该做什么以安然迎接即将到来的一月？怎样把握时机，同时该以什么方式向资深的当权者宣布我们领导团队的变动？我们该怎样向公众以及股东们解释？我深知我的回归会引起一系列的连锁反应，有人会感到庆幸，也有人会质疑我是否还能胜任。我请教吉姆，该如何应对这些难以避免的分裂以及焦虑情绪的影响，同时让人们了解到星巴克将迎来众多变革，怎样才能最好地表达我经过深思熟虑的变革的念头呢？

这块压在我心中的大石头，还有如何把这告诉吉姆·唐纳德，以及什么时候告诉他合适，对于这些事我简直想都不敢想。吉姆是个好人，我也不怀疑他对星巴克的热爱，让他的人生起伏跌宕是最令我不安的事，但我却不得不这样做。接下来的几周，吉姆·芬格罗斯、莫利以及杰里米将帮我解决这一系列难题。

回到西雅图后，我寄给凯克斯公司的团队满满一箱子星巴克的背景资料。他们沉浸在星巴克的历史之中，观看过去演讲的DVD，阅读年度会议的记录，回顾过去的备忘录、年报以及新闻稿。他们还读了我的第一本书。

而后他们飞抵西雅图进行了一系列的实地考察，我将他们带到派克市场那家于1971年开业的总店，在该店开业16年后我才买下星巴克，并与“天天”咖啡馆合并。我一边步入店门，一边再次解释它在20多年前是如何占据了我全部想象空间的。我们还拜访了许多竞争者，包括西雅图的一些非常好的独立咖啡馆。然后我静悄悄地将吉姆一行人领进我们的支持中心，这样他们可以直观地感受我们的文化。这座9层的建筑坐落在西雅图的闹市区，曾是西尔斯罗巴克百货公司的仓库。我们将它重新设计，让它看起来像咖啡馆一样很有吸引力，这也能激发团队的协作精神。同大多数咖啡馆一样，我们的厨房里也设有浓缩咖啡机。墙上挂满了有着我们咖啡产地（比如哥斯达黎加、危地马拉、肯尼亚）特色的艺术品。我带他们穿过迷宫般的走廊和楼梯，途经终年生长在天窗下的咖啡树、每天举行咖啡品尝活动的品尝室以及那些杂乱地摆在楼内空地上的伙伴开临时会议时所用的长沙发和椅子。这一切看上去都更像是咖啡馆。

我组织的多数小型会议都在办公室里的长方大咖啡桌旁召开，吉姆·芬格罗斯坐下后不久就提出了一个特殊要求：我能否在星巴克内部找出一名可以和我们合作的伙伴？某个我信任的、熟悉我们领导团队以及公司运营的人，但他的角色又不会对将要来临的变革造成威胁。

我坐在椅子上放松，脑子里闪过许多我深信不疑且极为敬重的人，其中有两个在当时最值得信赖，最后他们“脱颖而出”。

有一天，我邀请切特·库奇纳德和我喝咖啡。

当时切特是我们人力资源部门的二号人物，我们曾一起到国外出差，曾在我们到过的城市的街头晨跑。回到西雅图以后，我们在午餐时间跑步，从办公室跑到派克市场，再返回来。

切特定期参加董事会，他也很熟悉我们的高层领导团队、我们的运营模式以及我们的日常工作。他的商业嗅觉以及识人能力给我留下了深刻的印象。他积极坚定地推崇自己的想法，甚至有些我觉得没必要讲的事，他也习惯性地说出来。开始，我总是被吓一跳，但后来我逐渐意识到了它的价值。

有一次在我们的跑步途中，切特打趣道：“霍华德，你让大家富过头了。”那时星巴克的股价表现很好。过去的那些年，随着星巴克股价的上涨和几次分红，伙伴们已经目睹了他们资本净值的增长。“人们开始觉得这会是永无止境的。”他的的确确是这样陈述的。但随着时间的推移，我逐渐看到了因巨额的公司财富以及辉煌纪录而滋生的傲慢情绪，那已逐渐成了一种风气。

无论我何时同切特讲话，都能听到他最真实的想法。这种品质加上他对星巴克文化的感知力，让我下决心想要寻求他的帮助。

我放下杯子，向切特靠了靠。“我将再次担任首席执行官，”我说，“我希望获得你的帮助，但我也知道这会让你的处境很微妙。”切特正与吉姆·唐纳德共事，也很尊敬吉姆，但他能理解我同吉姆·唐纳德之间的紧张状态。我并未向他透露更多的细节，只是说：“周末好好考虑一下吧。”

星期日，他打电话给我：“霍华德，我加入。”

于是在星期一，我们在我的办公室见了面。在办公室里，我让他了解了公司的最新进展情况，并且把他引见给了吉姆·芬格罗斯。

另外一个我想拉入我这边阵营的是旺达。我、切特、吉姆 · 芬格罗斯有大量的工作要做，在接下来的几周里，我们需要做的是准备在消息公布以后负责向媒体发布声明以及分发公司内部沟通材料。我觉得旺达是最理想的助理，她不再是星巴克的伙伴，但她理解星巴克的文化以及我的立场，在共同工作的十多年里，我对她深信不疑。

自从 2 月谈论过曝光的备忘录后，我们就没再见过面。12 月，我约她一起到位于西雅图商业区的洛拉餐厅共进早餐。我们拥抱问好，然后在这家人满为患的狭小餐厅里选了一个单间落座。我一边喝着咖啡，吃着鸡蛋，一边询问了旺达的家人以及她的职业规划，又提起了自己的孩子和雪莉，然后我漫不经心地转移了话题。

“你还有兴趣再帮星巴克做点什么吗？”我问，小心翼翼地不透露这个项目的重要性或者性质，“我们也许会在年末发表一份声明，我们需要一些帮助。”她灿烂地笑了笑，然后毫不犹豫地接受了，她说她很高兴能够帮上忙。对她的答复，我丝毫不感到吃惊。

我兴高采烈地离开洛拉餐厅。我们的团队正在建立。

ONWARD

第 7 章
最重要的是相信自己

2007 年 12 月末，我同家人一起到夏威夷度假，这是我们的家庭传统。在我的生命中，家庭一直占据着极为重要的位置，何况一年只有这么一次，我们四个人忙里偷闲，共享天伦之乐。但当想到新的一年中我将要做的事时，我就一点儿也轻松不起来了。

每天，我都要与西雅图的切特以及纽约的吉姆 · 芬格罗斯通电话，不仅要进行我们过渡期的战略规划工作，还要应对接下来几天、几周甚至几个月可能发生的事。

没有清楚的答案，所以我们一起从头到尾把有可能出现的新管理结构以及众多伙伴的变动想了一遍。我的一个决定就是取消新设的首席运营官，让星巴克的高层管理人员直接向首席执行官报告。我希望能对公司各方面的运营有个清晰的了解，从供应链到门店设计的每一个环节。在这个过程中，调整以及淘汰星巴克的一些领导团队成员是不可避免的了。

在过去的两年中，我一直在观察和分析星巴克的错误，因此将它引上正轨就变得容易多了，对此我早已有了想法。我们需要重燃顾客对我们的热情，以更高效的组织结构取代现在的团队；放缓我们在美国本土的增长速度，实现持续发展并重整国际市场的发展，将重点放在诸如中国等新兴国家；我们还需要关掉一些门店，不过还不确定具体的数目。

让我很苦恼的是，在不打击人们信心的情况下，我该如何确定我的工作重点，让人们树立起信心，赢得他们的支持，并且告诉他们，我们将不再采用以往的经营模式。

非常幸运地，我在夏威夷遇见了戴尔公司的创始人迈克尔 · 戴尔，他也来度假，我们住的宾馆离得很近。我和迈克尔是多年朋友，巧的是，11 个月之前他刚刚重返戴尔公司再次担任总裁，取代了那个他亲自选定的领导公司两年的前任总裁。我们的境遇有着不同寻常的相似之处，虽然我们各自的业务——咖啡和电脑，看上去风马牛不相及。迈克尔，这位回归的创始人，对我可能的前景有着独一无二的洞察力。

我们每天都会沿着科纳海岸骑三小时的自行车，正是在那时我向他透露："我想我不得不重新担任首席执行官。"

迈克尔似乎并不感到惊奇，我们反复探讨了一系列摆在我面前的战略决策方面的问题：应对来自华尔街的压力；保持斗志昂扬；面对经济的衰退以及消费者信心丧失的现实；面对因再次承担日常运营责任而产生的忧虑。我们一起骑车来到了迈克尔的家中，他向我讲述了一年前他在戴尔公司所做的一系列工作，并毫无保留地和我分享了帮助他成功实现交接的文件资料。

有一个方法特别适用于星巴克，麦伦称它为"变革议程"。当时这个词不在我或者星巴克的字典当中，但它激发了我的共鸣。"变革"指出，星巴克即将发生改变的规模有着积极的内涵。而"议程"提供了一个可执行的框架，这是关键。我已经下定决心，大胆地向外界表明我们决策的迅速和精确。

然而，就在我开始对星巴克的未来有了大体构想时，它的现状引发了我极大的焦虑。

在夏威夷的每天早上，我都会浏览一下公司的日常销售报表。

但弄清楚这一切，对我而言极其困难。

星巴克糟糕的日常销售报表显示，与去年同期相比，我们的销售额在减少，而且是以两位数的幅度在下降。我们的同店销售额也曾经出现过负增长，但我从未见过星巴克有这样持续糟糕的表现，销售额直线下降！每一天，在全美各地，光顾我们门店的人越来越少，那些光顾的顾客，其消费水平也比以前低了许多。当然，并不是仅有星巴克出现了这种情况，在美国的节日消费季中，消费者的消费额跌至4年来的最低水平。我感到很无助。我给西雅图的伙伴打电话要求看一看美国每个地区的同店销售数据，上面的数字让我目瞪口呆，我根本不知道该怎么办。我吃不下早餐、无法享受天伦之乐，甚至几乎不能动，我害怕我担忧的一切都将成为现实。

2007 年 12 月——我们 2008 年的第一个财务季度——即将结束，我知道星巴克不会实现预期的收益。我必须回来重新担任首席执行官，重新执掌这个刚刚度过自上市以来表现最糟糕的三个月的公司。

★★★

新年过后，我立即回到了西雅图，召集吉姆 · 芬格罗斯与其他几位知道我要重新担任首席执行官的人开会。

2008 年 1 月 7 日星期一，我们将公开宣布我的回归，在此之前，我们需要为此做出像国际象棋规则一样严谨的周密准备。时值西雅图的冬天，窗外阴雨连绵，天色灰蒙蒙的，我们穿着休闲牛仔裤和圆领运动衫围坐在我家的餐桌旁，非常严肃地讨论着何时以及如何对人们做出交代。这些人包括吉姆 · 唐纳德、星巴克的最高级别管理团队、成千上万的公司和门店的伙伴、股东以及金融界、商业和媒体圈的人，还有那些关注网络、报纸或者电视新闻的消费者。

但一切都要遵守行业规范和法律，并且要真诚、体贴地对待我们的伙伴。我还想亲自接触尽可能多的人，和他们面谈或通话。这是一个需要精确执行的运筹帷幄的过程。首先，在我同吉姆 · 唐纳德进行秘密会谈后，董事会也将开会，正式同意星巴克领导团队的变动。在宣布人事变动之前，我们务必要先通告纳斯达克——星巴克上市的股票交易所。声明公布之后，我们必须与金融分析师约定电话会议日程，还要向证券交易委员会提交一份 8–K 形式的吉姆离职后的财务资料报表。

虽然星巴克的年度报告即将打印出来，我们依然还有时间修改我作为新任首席执行官写给股东的反映星巴克新愿景的信。

我必须要辞去在梦工厂董事会的席位，让每一个人知道我践行了承诺。我也辞去了在 eBay（易趣网）的董事一职。

我们的伙伴如何得知这一消息对我来说最重要，没有他们的支持，我们就不会取得成功。我知道许多人不愿意看到吉姆 · 唐纳德离去。为了使这种负面影响降到最低，面对面的会议必不可少，我要亲自与最高管理层面谈，同时还要与伙伴们开会。我非常感谢旺达对我们制定沟通战略所做出的贡献。1 月 7 日之前的一天，我邀请她来我家，之前我没有告诉她自己来干什么。直到她走进我家，看见一些不熟悉的人们围坐在摆放着笔记本电脑和文件的桌子旁工作时，她才知道了我的计划。

旺达和我一起精心推敲出一封公开信，并将其公布在了星巴克的网站上。我想让它唤起我们的传统，让大家回忆一下 25 年前的第一家星巴克店是如何点燃了我的激情，以及这种激情是如何让今天的我仍充满活力的。我仍坚信我们最初的使命，但也不得不承认我们的失误，我要传递成功的信念，告诉人们我们必须采用一种全新的经营理念。

重要的变化即将发生，星巴克人想了解这对他们自身以及他们的工作意味着什么。因此，我们的团队起草了一份问卷，尽最大的努力去了解并消除人们的忧虑。我们明确表示，任何星巴克人都不会失去他们的医疗保险或是公司股票。对我来说，这是永远不可能发生的事。但至于他们是否能留下来工作，我不能预测，也无法承诺。

为了确保我的本意能够被准确地传达到美国之外的地区，我坚持亲自同星巴克的副总裁和合资伙伴们面谈，他们经营着我们在46个国家和地区的门店。同时，我们还必须与分布在不同地方的部门进行电话协商。

我们唯一的目的就是明确立场，并让人们恢复对星巴克未来的信心，着手消除越来越严重的负面情绪，同时也承认公司面临着真正的挑战。我们不能总回顾过去或是责备谁，我想用具体的策略引领人们向前。为此，我将实施一个计划，它将成为星巴克内在的坚实力量：我们自己的“变革议程”的范本。

我昼夜难安，经常在午夜陷入沉思，想着当我再次作为公司新任首席执行官站在星巴克人面前时要说些什么。7年过去了，我从未想过会回来。时间飞逝，我真的不能预测那一天伙伴们对我再次执掌公司的反应和态度。我没有准备正式的演讲，因为我相信自己可以找到适当的词语来消除窘迫，表达我的乐观。

面对这些，我已无暇再顾及其他，可我仍不时地分神想起自己的父母，特别是我的父亲。因为正是我父亲一生的悲剧激励了年轻的我去追寻自己的梦想。现在，毫无疑问，再次担任首席执行官主要是我自己的决定。许多人的生计和梦想——包括星巴克成千上万的伙伴们——都依赖于公司的成功，我怎能抛弃他们呢？

最后，我的团队复核了大量的文件，敲定了令人毫无喘息机会的时间表，我们很快就要行动了。

第一张多米诺骨牌会在星期日下午倒下。

尽管眼前障碍重重，但是我已经准备好了。我相信星巴克具有巨大的潜能可以重归伟大之列，公司的辉煌时代还没有到来。我相信星巴克品牌的力量，相信我们最初成立时的使命，最重要的是，我们相信自己。

我真的相信。

ONWARD

【第二部分】

信心

ONWARD

第 8 章
重唤信任

2008 年 1 月 7 日星期一，黎明前的几个小时，我开车沿着西雅图崎岖不平、绿树成荫的街道，来到了星巴克的第一家店。小贩们在派克市场狭窄的小巷里准备开始新一天的生活，我用自己的那把钥匙打开了店门，店里一片漆黑，非常安静。

浓缩咖啡机还没有开始运转，架子上摆着一袋袋咖啡豆、陶瓷杯子和玻璃咖啡杯。我用右手轻轻抚摸着原木货架，感受我的指尖下流驶着的星巴克 30 多年的历史。我沉浸在怀旧情绪中，就是在这家店，年轻的我学会了如何制作浓缩咖啡。这是很久以前的事了，在我的孩子出生前和“天天”咖啡馆成立很久之前的事了，比我收购星巴克、比我们首次公开发行股票、比日本和后来的数百家门店出现的时间都要早。

我站在一片漆黑里，对自己做出了两个承诺。

第一，我不能总想着过去的辉煌而回来重新担任首席执行官。我感觉我们必须回到我们的根本，但是如果仅是继承传统而没有改进和创新的意愿，那么我们必将失败。

第二，我不会追究过去的错误。这毫无意义，而且考虑到公司的销售额和股价在加速下跌，我们根本就没有时间去指责过去。作为董事会主席的我，应肩负起让星巴克在 2008 年直面危机的责任，并且还要从错误中吸取教训。但是，在未来几周或数月内，我们的首要任务是重新树立起我们对未来的信心。没有了信心，人们将失去动力。

不论星巴克的内部还是外部，质疑声都不断，我在伙伴们的脸上和肢体语言中看到了他们的紧张，顾客们的反馈中也透露出他们对星巴克的担忧。我们的股票价格仍在下跌，这一切都让我感到沮丧无处不在。如果置之不理，无疑将会削弱公司内部的拼搏进取精神，扼杀伙伴的创造力，使他们丧失大胆前进的勇气。

要想摆脱这种混乱不能仅凭战略、战术，尤其是在我刚刚接手的时候。激情，这个被很多商人所轻视的无形概念，此时显得非常必要。关闭派克市场门店的同时，我对我们需要做的事情有了个初步认识，从这一天开始：重新树立起人们对星巴克最初体验的信心——我们存在的目的和动机，然后重新将关注点放在顾客身上而不是公司的过快增长上面。诚然，信心是一种强求不来的东西，但我必须要向所有人强调这一点，最终拥有信心要靠日复一日的累积。

幸运的是，星巴克和我都有一定的根基，就是我所说的信任。不同于其他组织（比如说一家没有任何历史的新公司），星巴克有悠久的历史，并且已经把价值观和成功融入了它的文化之中。它是关于我们作为一个公司或者个体努力表现而留存的记忆，比如为顾客或伙伴们多做的那些事，这些还没久远到无法追忆。多年来，通过优厚的福利计划以及我们一贯尊重人的态度，我与星巴克之间建立起了足够牢固的信任。我已从中汲取了足够多的力量，但这不是长久之计。

我们要重燃对星巴克的激情、要更加自信，抛却多疑的思维定式。我想，这才是星巴克所有领导者应具备的特质，而不仅仅是我应具备的。

回到车上，在开车离去之前，我用力地做了一次深呼吸。

★★★

当天晚些时候，中午 12 点 45 分，在公司会议室，我站在长长的会议桌前，面对着星巴克的首席财务官、首席运营官、负责美国本土及国际门店运营的高层领导，以及我们的消费品包装部门、市场营销部门、伙伴资源部门、原料供应链部门和法律事务部门的高层领导。

“我绝对相信，我们必将扭转公司的局面，但这一过程将异常艰难，我会比以前更为严格地要求你们，而你们也必须问问自己是否仍能坚守星巴克的使命，是否也坚信我们能够做到这一点，是否已做好了即将战斗的准备！”

我的语气认真而严肃，我再次担任首席执行官不是为了讨人欢喜。事实上，我预料到了我的决定不一定能得到大家的赞同。“我不需要你们的投票支持，我只要你们做一件事，就是修理房子，因为它着火了！我要说清楚，”我说，“我绝不容忍公司现在的这种表现。”接着我又说，我也无法容忍公司里有任何不相信公司和我们核心使命的人的存在，“如果你没有这种信念，那么就让我们私下里好好谈谈，你可以卸下包袱轻松地离开公司。”这是我最不愿面对的情况之一，但它确实存在。

前一天，也就是星期日的傍晚，南希打电话给在家休息的领导团队成员，要求他们必须在晚上 9 点整准时到我家参加一个极其重要的秘密会议。“请不要告诉任何人。”南希要求道，她只说了这些。

电话铃声响起时，很多人都在家中与家人共度周末的最后一个夜晚。我不喜欢在这个时候破坏气氛，况且还未做任何解释。但是为了保密，南希不能直接说明这次会议的紧迫性，或者告知这些人其他领导者也需要出席。令我吃惊的是，有一个人直到南希通知了他三次才肯来。

星巴克的高层领导逐一驱车来到我家，他们的汽车把路上的石头压得嘎吱嘎吱响。当他们踏上台阶走进客厅时，吃惊地看到自己的同事。晚上 9 点零 5 分，大家全部坐定，一脸疑惑。

我开门见山，直奔主题。

“我有些重要的事情要宣布，我要重新担任首席执行官，明天生效。”这句话就像一堆砖头重重砸在地板上一样，“还有，吉姆 · 唐纳德已经离开了公司。”

房间里一片安静，气氛凝重，我想每个人都感到震惊。没有衷心的祝贺，也没有明显的愤怒。也许我的语气很清楚地表明，这个决定是无须讨论的。我总算成功了，心中的石头落地了。我们唯一的选择就是同心协力地开拓进取，我给在座的每一位发了一份新闻稿、第二天的日程安排，以及他或她在未来 48 小时内的具体职责。

他们有一个晚上的准备时间，以便在消息公布之前向他们自己的团队做出解释，并反思一下星巴克的新进程对他们自身的意义所在。领导团队中有几位是吉姆聘请或提拔的，几乎所有人都很喜欢吉姆，因此对我的回归，他们绝对有着极其复杂的心情。

但是，第二天在会议室里，他们似乎一致决定团结一心共同面对公司的问题，“我加入”的承诺声此起彼伏。尽管如此，我却认为事实上并不是每个人都适合登山，有些人不具备这一旅程所需要的那种坚韧不拔的品质，也不具备那种果断的判断能力，还有人对星巴克的品牌或者对我根本不抱信心。

★★★

45 分钟后，也就是当天下午的 1 点半，我站在 1 000 多个星巴克伙伴面前，他们挤在打通的八九两层的公共空间内，一个开放的楼梯连着两层楼，那里有敞开的天窗，能够看到阳光。伙伴们常在这里讨论业务，现在所有人都聚集在此，召开全体会议——在星巴克，这叫作公开论坛，当天上午宣布的通知，引起了大楼内人们莫大的好奇。这次论坛将向世界各地的办公室以及烘焙工厂转播。

我没有准备发言稿，只是凭直觉讲话。

“下午好，”我开始说，“唐突地让大家聚集在这里，在正中午打乱你们的日程安排，对此，我感到很抱歉，之所以这样做是因为我有一件重要的事情需要宣布。”房间里安静得只能听到迟到者小心走路的脚步声。“昨天，星巴克的董事会已经召开了内部会议，一致讨论并通过了我回来担任首席执行官的决议。”我停顿了一下，人群中响起掌声，这让我松了一口气。“谢谢你们，”我说，并咧嘴笑了笑，“人们总是想知道自己突然宣布这样的事情后大家会有什么反应。”人群中传出笑声，我悬着的心终于放了下来。

在接下来的30分钟里，我演讲的日的是争取让所有人明白星巴克正面临着生死存亡的危机，与此同时，我也要让他们有一种安全感。我必须证明我对我们的品牌影响力信心满满，就像我坚信我们能从失误中再次崛起一样。当然，除了激励鼓舞大家外，我也谈到了我制订的计划。

当然，我首先肯定了吉姆的付出。

★★★

前　天在我家时，吉姆·唐纳德已经知道了日后我会再次担任首席执行官一事。在我家开周末会议已经是司空见惯的事，但是在紧急关头召集伙伴是我从未有过的行为。然而，尽管是临时通知，吉姆还是在不明就里的情况下爽快地答应过来。门铃一响我就打开门，我们打过招呼，在穿过前厅的时候聊了下度假的事，他跟随我来到客厅，我们面对面坐下。

在我的脑海里，这样的情形已多次上演。

我知道自己应该说：“董事会一直密切关注公司的发展状况，并认为在这种情况下，我们必须采取行动，确保股东的利益。董事会认为这是我的责任，作为董事会主席和创始人，我必须负起责任来，再次担任首席执行官是最直接的方式，这样我才有权力制定必要的变革决策，并看着它们得以实施。”我难以表达我当时的感受，这种情况毫无疑问会造成不快，我想让吉姆知道我多么不希望有这样的谈话，我想让他明白我认为他是名杰出的职业经理人，也是一个了不起的人，我还希望他明白星巴克的人是多么欣赏他和喜欢他。但是最终，我们的谈话进行得太快了，我都不记得我到底跟吉姆说了些什么，他以一种失望和惊讶的神情（在我看来如此）看着我，签了几份事先为他准备好的法律文件，然后离开了我家。

与伙伴告别从来都不是一件容易的事情，尤其是在他们要离开星巴克时，何况这次这个人还是我真正尊重的人，即使我认为这对公司来说是个明智的选择。我与他在工作之外建立了友谊，但这种工作的变更几乎割裂了我们之间的情感纽带，我可以勉强接受这种代价，只是遗憾我将永远无法完全弥合我们之间的裂痕。这个过程对我来说很难以接受，对那些离开的人来说无疑更糟糕。

我去厨房冲了一杯新鲜的咖啡。我知道，星巴克的领导团队很快将听到这个消息。

★★★

“首先我要肯定并特别感谢即将离开公司的吉姆 · 唐纳德所做的一切，”在公开论坛上，我对着麦克风说，“这让人非常难过且于心不忍，他是与我们一同工作 5 年的伙伴和亲密朋友，更难得的是他得到了你们的爱戴、钦佩和极大的尊重。但我们的企业利益和责任重于一切——无论是吉姆、我自己还是这个房间中的任何人，我们对 20 万伙伴和他们的家人以及股东承担着更大的责任，董事会和我都认为我们需要真正的变革。”

20 年来，我在世界各地举办公开论坛，不管是在西雅图面对数百个伙伴，还是在伦敦面对一个门店的伙伴，我通常都不准备发言稿，只是讲一讲我在那一天的总体设想。在我发言之前，旺达问我是否有谈话要点，我告诉她没有。我只想真诚地与大家一起分享自己的感受，表明我真正理解他们的感受。每个人在离开该论坛时都应抱着星巴克会好转的信念，相信我能带领星巴克走出泥潭。当我发言时，我竭力强调公司的问题在我们能够控制的范围内。此次公开论坛不仅仅是公布领导团队的变动，更是要喊出我的战斗口号。

如果你像我一样诚实地面对自己，你会发现，在公司发展的道路上，我们已经失去了一些东西。但这不是任何人的错，也不必惩罚谁与责备谁，我们还是我们。问题的关键是，我们应该做什么，我们应该怎么弥补。

我想告诉你们，这对我来说不是一个突发情况，我在董事会上也是这么说的，我要百分之百地投入我的激情，为使命而努力。这是我一生中除了家庭以外最重要的事情，这是我25年以来生命中最重要的事，但我不喜欢现在的状况。

它没有好到可以让人们在未来“追溯”它，但是我们可以追溯一下过去我们所需要的，那就是找回我们公司的灵魂，找回我们的斗志。

很快，我将与领导团队磋商调整组织结构，我向你们承诺，我会竭尽全力让公司再造卓越。但要知道这并不是一个人可以力挽狂澜的，我们必须团结一致，共同努力，重新关注那些重要的事情。

最糟糕的可能是，你们开始害怕，开始恐慌。这绝非本次会议的目的，这次会议的目的是要开诚布公地承认我们面临的严峻挑战，寻找做事谨慎的人来帮助我们解决这些问题。我保证自己会冲锋在前，带领大家前行。

无论对内还是对外，我的发言都是公开的。我们的股票当天在东海岸停止了交易之后，我们的新闻稿很快就成了媒体报道的热点（“星巴克宣布战略举措以确保股东利益”，“董事会主席霍华德 · 舒尔茨将重任首席执行官”），我通过电子邮箱把备忘录发送给公司的各个部门。同时，我预录的语音留言也被发送至每一个伙伴的语音信箱。我们的网站上贴出了我写给顾客的信。

与此同时，南希和蒂姆 · 唐伦邀请在其他国家和地区负责我们门店运营的国际业务副总裁们和区域团队参加电话会议。蒂姆 · 唐伦是我的另一位助手，最初是在1991年作为星巴克的咖啡师为我工作的，像南希一样，他是星巴克的宝贵资产。南希也给那些我视为朋友和家人却没有同公司正式合作的人发了一封信。此外，在8楼，瓦莱丽 · 奥尼尔和她的团队正忙着安排一对一的采访，主要是面向消费者新闻与商业频道（CNBC）、主流媒体和网站的记者，以应对媒体的要求，回答如洪水般涌来的问题。

总的来说，当天的新闻基调主要是力图诚恳地承认我们决策的失误，并表现出我们对自我修正能力的自信。

公开论坛的尾声没有什么特别之处，也给了伙伴们一些提问的机会。伙伴们可以随便提问，我们事先没有审核任何问题。我环视四周，有一个人举起了手，他的问题不是关于吉姆、我、即将来临的重组或我之前谈到的新战略，他问的是关于行业里的其他巨头——我们的竞争对手的问题。

就在这一天，《华尔街日报》头版头条报道了麦当劳进军咖啡市场的消息，并分析了其可能对星巴克造成的影响。当时，只有800家麦当劳的特许经营商在美国经营浓缩咖啡，这种咖啡是由浓缩咖啡和牛奶经机器混合调制成的。该产品将很快进入麦当劳在美国的14 000多家连锁店，该公司同时投入了1亿美元开展大范围的宣传活动。麦当劳也重新筹集了10亿美元以改建它的众多门店，创建它宣称的麦咖啡连锁店。

星巴克的病源并不是来自麦当劳或邓肯甜甜圈的竞争压力。然而，随着经济状况持续对消费造成压力，麦当劳无疑会充分利用自身便利的经营模式和低廉的价格。尽管我们认为我们咖啡的品质和咖啡饮料截然不同——星巴克有自己的咖啡产地以及烘焙工厂，烘焙自己的咖啡豆，而麦当劳和邓肯甜甜圈则是把这些都外包了出去。但是，我们绝不能忽视这样的快餐店的存在。

我回答道："我们从来没有面对过这种威胁——来自本土的公司的挑战，它们有资源、有财力、有信誉。麦当劳开始进军咖啡市场，对此我们必须做好准备。"

我们一定不能也不应该忽视任何竞争对手试图抢夺我们顾客源的能力。在尽力使自己从市场中脱颖而出的过程中，这是一场旷日持久的肉搏战。"我坚信不疑的是，如果我们保护、保留并增强星巴克带给顾客的体验，以事实来证明我们与顾客关系的根基不仅仅是某项交易，让顾客了解到我们经营的不是快餐，让咖啡说话，我们是一定可以赢得胜利的。"

我们也不能因为竞争而改变我们的定位。我们必须采取攻势，通过充分宣传星巴克的价值观来界定自己：每一杯星巴克咖啡都意味着世界顶级的品质，咖啡豆的道德采购标准，咖啡师们的全面医疗保险体系和公司配股机制，咖啡农得到公平和人道的对待。此外，还有充满激情的咖啡专家，他们对咖啡的了解是其他咖啡公司的人所望尘莫及的。

"倘若我们做不到这一切，"我总结道，"这便是我们的耻辱，而竞争对手也理应夺去我们的市场份额。”我希望，对麦当劳等其他竞争对手的担心可以转变为星巴克前进的动力，我们有了竞争对手，我们的目的不仅仅是超越自我，更要打败竞争对手。

让我有一点儿惊讶的是，竟然没有其他问题了。于是我衷心地感谢大家，并以激励语结束了本次论坛，“我们赢得尊重和肯定的一个原因是星巴克人的品质。感谢你们为星巴克获得的成功所做的一切，也请你们尽可能地支持星巴克的新举措，帮助公司重获新生，重塑我们的地位，找回我们的灵魂，使我们的顾客与伙伴都为能与星巴克在一起而感到骄傲”。

每个人看上去似乎都对前景充满了乐观情绪。接下来，我开始准备下午两点半同金融分析师的电话会议，他们从来都不会没有疑问。

★★★

和我在西雅图支持中心所感受到的热情不同，我已预料到那些与公司利益息息相关的分析师和机构股东们将会冷嘲热讽，他们参加这次电话会议时依旧会固执己见：星巴克的杯子已经空了一半，因为在过去的一年，星巴克的股票下跌了近 50%。

据我所知，星巴克主要有三种支持者：伙伴、顾客和股东。这并不是按重要性来排序的。但是，在我看来，要保证股东的长期利益，公司必须首先为伙伴以及它的顾客创造价值。然而，华尔街的金融分析师们并不这样想，他们常常将长期投资视为短期颓败，从而损害了公司的利益。在这种心态的影响下，星巴克在很大程度上已经成为华尔街金融分析师的同谋：在过去的两年中，我们——我特别强调“我们”，因为不是一个人带头的——为了追求增长速度，我们尽可能快地建立门店，而不是关注可持续增长。

销售额增长很快，但在某种程度上，受各种各样原因的影响，这是不可能维持下去的，尤其是在当下宏观因素造成经济紧缩的情况下。

与金融界对话，我必须小心谨慎，避免表现得像个推销员。我不能过分承诺，必须直面眼前的现实问题，这些事需要时间来修正。我并没有什么锦囊妙计，我只有一张路线图，同时在心中下定决心要创造长期价值。

在大约一个小时里，我巧妙地回应了金融分析师的各种质疑，他们足以影响星巴克的价值。

“你的‘企业’的步伐开始放缓速度，差不多与其他零售商同步，”威廉 · 布莱尔合作公司的莎朗 · 扎克菲娅说，“你怎么区分哪些结果是外部经济原因造成的，哪些又是你自己的原因造成的呢？你觉得你为什么会有信心保证公司不受经济状况的干扰而继续发展呢？”很少有公司可以从日益临近的经济衰退中幸免。7 月以来，消费者信心指数就一直在下降，除了 12 月有小幅度增长外，那年 11 月连创两年来的新低。我告诉莎朗以及参加电话会议的各方，这其中包括星巴克的伙伴、顾客和媒体，我不会以经济因素为借口，我们会让顾客再次迷恋星巴克，并且打造与品牌高度相关的新产品。尽管当下的经济形势很糟糕，但我们将逆洪流而上，我们决定开发顾客更喜爱的产品。

瑞士联合银行的戴维 · 帕尔默询问我们，新产品研发是否遇到了瓶颈，“自从你们提出革新后，已经有很长一段时间了。”他说。戴维是正确的。过去 5 年多来，我们提供的新产品要么与咖啡无关，要么只是简单地将单一品种咖啡加以改良，既没有令人兴奋的新想法，也没有产生重要的影响，那些都无法同星冰乐和星巴克卡媲美。我的回答真实地反映了我的信念，“我们‘现在’必须要做的是为市场带来新的活力，即秉承公司传统的活力。”我没有再提及我心中所想的细节，我在考虑非常具体的事情。

来自贝尔斯登公司的乔 · 巴克利提出了数十亿美元的资金问题，他质问我们作为一家上市 15 年的公司如何计划把增长速度提高到过去的 20% 的销售额增长率水平，尤其是在我们放慢在美国本土开新店的步伐后。那天，我避重就轻地回答了乔的问题。再次担任首席执行官，我没有带着能让公司恢复元气的灵丹妙药，我是带着我们能做到这些的坚定信念而回来的，但是华尔街的金融分析师对此并不买账。

“有这么大的变化却完全没有考虑资金问题，这很奇怪，”德意志银行的马克 · 格林伯格质问道，“听到这样的消息后，投资者真正可以获得什么有关切身利益的信息呢？利润、收益、成本和提高回报？我们是和数字打交道的人，而你却没有给我们任何可以量化的数据。”由于星巴克正处在所谓的沉默期——在 1 月 30 日，我们公开宣布第一财务季度的收益之前，我们要遵守规定，不能透露具体的数据。

让我尝试用自己的方式来回答这个问题。我在星巴克工作已经超过 25 年了，

从各个方面见证了公司的成长和发展，但我很不满意，也许比今天任何一位坐在电话另一端的人都更不满意现在这个状况。我押上了我自己，还有我的希望……

在这里，我要说，我向你们承诺，我们将尽自己所能确保我们之间的关系，让你成为一名为星巴克感到自豪的股东，也让你们了解到我们正在制定正确的长期战略，正在采取果断行动将那些没有做到的事情付诸实施。

如果是在那天的电话会议后，我让分析师们投票表决他们对星巴克以及对我的认可，我敢打赌，他们大多数人都不会表示认可。说到底，他们并不真正关心我说了什么，他们只关心我们如何贯彻决策，在今后几个月以及几年中表现如何。他们是和数字打交道的人，他们只希望看到真实的数字。我打算投其所好，但是这需要时间。

与之相反，那天我的话对星巴克的伙伴而言却很重要，因为这给了他们信心，让他们有了贯彻决策所需要的动力。

★★★

星巴克那天举办的每场交流活动——新闻发布会、公司内部公布的备忘录和语音留言，同伙伴们、新闻记者以及华尔街金融机构的会谈，包括星巴克即将着手开展的三项战略革新，这些都是我在夏威夷度假时想出来的，那时，我还有时间去规划。

首先，星巴克需要改善它在美国本土零售业的现状。这是我们的出发点。美国本土门店的收益在全部收益中所占的比重很大，在2007年大约占到了70%。另外，美国本土门店的表现对全球门店起着示范作用。我们是国际性品牌，因此星巴克发生的事情不会只影响美国本土的门店。我们亟须意识到这一点，并快速地以完美无瑕的表现亮相，以便在门店所及的范围内增强我们的经济实力。为此，我们要立即放缓过去迅速开店的步伐，还要在经过评估后关闭一些表现不佳的门店。这将是戏剧性的一幕，星巴克从未关闭过如此多的门店。

与上述战略相比，我的第二个战略重点更难以把握但同样重要：我们将重燃顾客对我们的依恋之情。与其他出售咖啡的零售商不同，星巴克品牌的特点在于能让顾客自步入店门时就拥有独一无二的体验：咖啡的香味，星巴克的社会责任感，顾客与咖啡师们如家人般亲密的关系，顾客为购买我们的高品质咖啡并承担了社会责任而感到自豪。重新将星巴克的这种体验带给顾客将使我们与其他竞争者区分开来。

第三个战略重点是，我们必须立即开始制定夯实我们企业根基的革新策略，严格地重新审视我们的领导团队，并探索新的运营模式，寻找各种方式大幅削减成本，改善服务。一切都需要彻底的革新，从信息技术——星巴克可以追溯到20世纪90年代的老式结账系统——直到我们庞大的供应链，无一例外。唯一不变的就是针对我们伙伴的全面医疗保险制度以及咖啡的品质，无论别人给我施加多少压力，我都不会背弃这两点。

这三个战略重点并不是成功的决定性因素，只是我们近期的路线图，或者说是日后更全面、更简单易懂的"变革议程"的雏形。这三点也将是我重新担任首席执行官的"三把火"，这表明我们要做的不仅是权力的更迭——更是为了彻底重建公司而迈出的关键一步。

★★★

这一天很快过去了，当我意识到时，办公室外已夜幕降临了。

这一天的最后几个小时，我与记者和伙伴们交谈，查看大量电子邮件。来自股东的祝贺以及朋友和其他首席执行官们的支持，让我很高兴。有一封电子邮件，里面附着詹姆斯·迪恩在时代广场雨中散步的照片，"这是雨中独行的寂寞时刻，但你可以享受这一时刻"，一位了解当时领导团队现状的朋友这样写道，这种鼓励对我来说意味深长。

我最喜欢看的邮件是星巴克伙伴们写的邮件。他们中许多人都欢迎我的回归，但并不盲目崇拜我，他们承认公司存在问题，理解我背负着的解决这些问题的责任。

南佛罗里达州的区域协调员桑迪·托恩特在信中写道：

> 我从西雅图的一名咖啡师成长为星巴克的伙伴已达8年之久，这一年的确很艰难。我一直热爱我的工作，但今年，我却不那么热爱了！看着多年合作的伙伴离开公司，我的乐观情绪所剩无几。我深知我们门店伙伴工作时有多么勤恳。如

果没有他们，我们就不会有工作。但令我伤心的是，当我走进门店时，并没有享受到传说中的服务或问候。这不是站在吧台后面工作的咖啡师的错，保持公司文化的鲜活、发展以及繁荣应该是领导团队的责任。

这将是一条艰难的漫漫归途，成为那些愿意付出任何代价的人中的一员，我很自豪。感谢您让我振奋！

那天晚上，我独自开车回家。

路过巨大而空旷的露天体育场和一排排停放在那里的有轨电车时，我感到自己是如此渺小且卑微，但同时又觉得精力充沛。我渴望新的开始。一个月之前我用了那么多时间考虑自己回归后应采取的举措，我不是紧张，而是迫不及待。就像一个替补球员终于等到出场的机会，我渴望胜利，并坚信我们一定可以成功。谢天谢地，这不再是我一个人的渴望。

ONWARD

第 9 章
重塑咖啡特质

带着些许疑虑，我迈进西雅图皇宫宴会厅，参加一场为期三天的头脑风暴训练，这是由旧金山一家咨询公司主办的。从过往经历来看，我不热衷于企业顾问这类事，星巴克似乎不需要旁观者指出什么是自己需要的。

这是我再次担任首席执行官数周之后的事。当我走进酒店的宴会厅时，有人递给我一款黑色夏普，一款白色的iPod（苹果音乐播放器）和一小包索引卡。不像我想的那样，这里没有窃窃私语，十几个人已经在房间里了，他们大部分都穿着牛仔裤和运动衫，屋里非常安静。我按照说明将iPod别在腰带上，戴上耳机，《相聚》那熟悉的旋律为这个寒冷的1月清晨带来了惊喜。这很有意思，我心想，然后独自走到看上去贴满了广告的大餐桌旁。周围熟悉的面孔不停穿梭，每个人都听着音乐，还在卡片上信手涂鸦。我俯身想看看是什么如此吸引他们。

夜狂欢。

黄色潜水艇。

阿比大街。

遇见甲壳虫乐队！

桌子上铺着十几张放大的专辑封面和照片，在灯光的照耀下闪闪发光。它们再现了10年间甲壳虫乐队非凡的歌唱生涯以及音乐风格。这是那天早上带给我的第二次惊喜。我低头看了看发给我的那张卡片，上面写着："重新创造一个象征符号意味着什么？"

哇！在星巴克生死存亡的节骨眼上，再也没有比这更贴切的问题了，我当时不能保证可以给出答案。

★★★

在我再次担任首席执行官的第二天，星巴克的股价较前一天大涨了 8%，每股股价达到 19.86 美元。媒体延续着它们对备忘录泄露一事的报道套路，对创始人重新掌管世界最大咖啡公司所面临的诸多问题纷纷发表看法和猜测。《商业周刊》上一篇题为“霍华德 · 舒尔茨面临的巨大挑战”的文章指出，虽然回归的创始人有更多决定权，可怀旧主义也是很危险的。的确如此。当《金融时报》采访其他商界领袖，问他们星巴克管理层的变动对星巴克的战略意味着什么时，一个我从未听说过的银行家说，他认为我可能重组公司以便将星巴克出售给更大的公司。这根本不可能，卖掉公司绝对不是我想做的，我永远都不会卖掉公司。

赫布 · 格林伯格在道琼斯的《市场观察》专栏中引用了耶鲁大学管理学院教授杰弗里 · 索尼菲尔德的观点，杰弗里提出，那些再次担任首席执行官并最终获得成功的人都具备三种素质。首先，他们都不是很情愿地回归，没有威胁在职领导者权力的意图。其次，尽管他们的声誉可能会受损，可他们并不是要满足一些尚未满足的自我需求。第三，那些再次担任首席执行官的人们深知，他们第一次所建立的并不是信仰，他们承认这种变动是不可避免的。该专栏文章还列举了那些公司的前首席执行官们的回归以及他们取得的成功，比如苹果公司的史蒂夫 · 乔布斯，以及那些不太顺利的，比如捷威（Gateway）公司的特德 · 威特和施乐公司的保罗 · 阿莱尔。

那么我会是哪一种？

对我们所有人而言，这个问题比其他问题都重要。

除了匆匆浏览每日的新闻摘要以便了解市场信息和华尔街的动向外，我不会花很多时间去关注那些无处不在的关于星巴克的报道。这不仅因为我憎恨读到关于自己的报道，也因为我要做的事实在太多了。

事实上，我的工作习惯几乎是立刻随着工作的深入而逐渐转变的。我不能再随心所欲安排自己的作息时间了，尤其是当我了解到星巴克的内部问题有多严重时。无论在家或者在办公室，我开始将清晨安静的时光花在准备一天的工作上，这是我担任主席和几年前担任首席执行官时从未做过的。现在，在 6 点前浏览过新闻后，我会拨打我们国际市场办公室的电话，查收伙伴们的电子邮件，其中大多是对业务提出的建议。然后，再坐下来考虑我需要在这一天做些什么，以尽可能地对业务产生最大的影响。我让南希专门安排我的日程表，这对我很有帮助，它避免了我因外界因素而分心，比如一些公司董事的职务之事。

1 月前两个星期的每天上午 7 点，我都在办公室或会议室接待一个或者几个高层领导，我们以三项革新为指导原则，制定公司最需要的下一项决议。

我首先实施的变革之一就是任命一个可以和我共同决策的人，他将与我密切合作来确定我们的愿景，完成更全面、长远的变革议程。我任命了米歇尔 · 盖斯担任这一职务，她是星巴克 12 年的伙伴，当时也恰好是领导团队中最年轻的成员。米歇尔是一个精力充沛、干劲十足、很有创意的领导者，她勇于冒险，想法大胆，思维缜密。20 世纪 90 年代，在她的领导下，星巴克把星冰乐从一个只有两种口味的产品变成了收益达 20 亿美元的品牌平台。

米歇尔有很强的分析力，面对问题时能够兼顾多方平衡，她既能体察我们的文化价值，又能很好地理解风云变幻的世界形势。另外，她也敢于公然地反对我。

在任命米歇尔担任新职务之前，我让她再次审核我的变革议程草稿——内容还是那三大革新，24 小时后，她带着切实可行的建议来到我的办公室。几天后，我们让其他人也加入规划过程中，长久以来这还是第一次，星巴克的领导者不断辩论、不断驳斥，在展望未来时信心满满，我们对未来的设想不仅仅是开新店。

面对冲击，我们试图寻找一种微妙的平衡。

那就是传承与创新之间的平衡，意义深远的传统与现代创新之间的相关性。我们扪心自问：星巴克的哪些元素成了传统，哪些元素只是习惯而已？并非一切都需要颠覆性的调整或者抛弃，但是对于某些具体活动，比如电影促销，我们就不得不取消。而哪些是星巴克灵魂的核心呢？医疗保健、我们给予伙伴的公司股票期权以及我们对咖啡农的道义支持。在我们能够挑战安于现状的伙伴们并以新视角看待问题之前，我们必须重新理清我们现有的思路，通过超越自我羁绊来畅想新的可能性。

在我们开始界定星巴克未来的艰巨工作之前，我们不得不花时间先来看看。

为了更好地帮助我们实现上述目标，我让米歇尔组织了一次脱岗培训，让我们打破熟悉的空间，自由地思考我们是怎样迷失方向的，然后，我们再开始寻找新思路。为了安排好这次培训，米歇尔建议我找星巴克以外的人，她让我去找

SYPartners公司的人，这是霍华德·毕哈推荐的一家咨询公司，米歇尔已经亲自审核过了。“他们非常与众不同。”看到我挑起眉毛，米歇尔承诺道。本着开明接受新观点的精神，我同意了。几天后，该公司的创始人苏珊·斯库曼和基思·山下奇斯以及他们的同事戴维·格里克曼飞抵西雅图。

“放下你的笔，不要做笔记，只是听。”握手之后，我这样命令道。然后，我向他们简明扼要地介绍了星巴克过去一年的情况，从泄露的备忘录到直觉告诉我公司必须重回核心，实施变革和革新。“我想召开高层会议，不仅包括我们的领导者们，还要有20个左右视野更开阔的有着不同经历的人。”我告诉他们，这次会议的意义比单纯赚钱或者修正错误的意义要大得多。我们需要重新定义我们自己，想象一下我们要成为什么样的公司。

随后的讨论很是耐人寻味，没有PPT报告或者我事先担心的陈词滥调。苏珊、基思和戴维提出了深刻的、发人深省的问题，他们还讲了其他公司的例子——耐克公司、盖普公司、宝洁公司，他们用了星巴克惯用的语言，从公司名称中包含的“伙伴”到其“看，相信，想，行动”的理念。在将策略与规划、好奇心与兴趣融入商业生活方面，苏珊有着独到的眼光。

这给我留下了深刻的印象，足以改变我长期以来的偏见。如果星巴克要引进战略顾问的话，那么SYPartners公司似乎就是为我们量身打造的公司。我最终决定聘请他们，在很大程度上也是出于对米歇尔的信任。

“让我们试试看吧。”我承认，实在想不出能给他们提供什么帮助，毕竟他们只有几天时间来组织这次培训。

★★★

收起了iPod，我们围坐在一起，中间的地板上放着大量甲壳虫乐队的海报。围坐的人包括领导团队成员以及从公司选出来的各方代表，还有几个公司外部的人（我很认同他们的理念）。

有人提出：“约翰、保罗、乔治和林戈在艺术再创作上给我们带来了什么启发？”

每个人都陷入沉思，也都感觉很新奇。这次会议以音乐、令人兴奋的海报，甚至是手写纸条而非打印稿为开端，立即将我们的思绪吸引到了一个与众不同的地方，甚至让人有时光倒流的感觉。克里夫 · 伯罗斯是个英国人，在星巴克已工作 7 年，是星巴克在欧洲、中东和亚洲的区域总裁，应我个人的邀请从阿姆斯特丹飞到了这里。克里夫穿着白色立领衬衫，显得又高又瘦，他满腔热情地举起一张颇具迷幻色彩的设计夸张的海报，上面是一座砖砌建筑，他的眼睛闪闪发光，“这座建筑就在贝克街上，离我在伦敦的老家只隔两个街区，它附近的星巴克门店就是每天早晨我在上班途中都要进去的地方”。

虽然把星巴克的文化同甲壳虫的精神相比较对我们任何人而言都有些让人摸不着头脑，但有一点是共同的，就像克里夫评说的：它们都在人们的生活中扮演着令人难忘的角色。

其他人开始大声谈论对甲壳虫乐队歌唱生涯的看法。

“这支乐队敢于冒险。”有人说。

“在世界需要文化领袖的时候，他们引领我们前行。”

“他们从不妥协。”

“他们遵从自己的内心。”

“他们有信念：如果你有信念，你可以改变任何东西。”

“他们不停地改变，但与此同时，他们始终坚守着自己音乐的灵魂。”我说道。那一刻我想到了他们 1967 年的专辑《派珀中士的孤独之心俱乐部乐队》(*Sgt. Pepper's Lonely Hearts Club Band*)。

用甲壳虫乐队隐喻一个品牌，我认为，这实在很精彩。它令我们进入一种富于创造力的氛围，让我们在新的背景下审视自己以及公司。我们大多数人都欢欣鼓舞（虽然我注意到有几个人对这个活动并不感兴趣），像克里夫一样，我们也从座位上站了起来，去挑选我们最喜爱的海报。

我们发现，其他品牌也在发展，有些甚至是进行了彻底性的改变，但是它们仍保有自己在市场上的地位，有的甚至风靡一时，比如苹果、古奇、迷你库珀这些品牌，还有美国纽约。在 SYPartners 公司的指引下，我们开始寻找星巴克可以从中借鉴的地方，并概括出一些重点：

- 象征符号代表着一个时代的张力，它带给人们希望，甚至可以挽救文化以免其流于恶俗，这就像甲壳虫乐队之于20世纪60年代的人的影响一样。那么，星巴克在哪些方面可以帮助消除席卷全美的政治分歧、环境问题和经济不稳定带来的影响呢，尤其是在美国动荡的选举年以及似乎难以避免的经济衰退时期。

- 象征符号代表一种“文化权威”，有利于人们甄别看待自己所处时代方式的优劣。“社区”的概念是如何转变的，在网络中和生活中，我们要怎么应对它或者引导它。
- 象征符号不会把历史同遗产混淆，总能保护并强化它们自己的价值。星巴克如何通过自己的道德行为、肩负的全球责任和与顾客间建立的关系继续发展呢？
- 象征符号有时在被别人干扰之前会先陷入混乱。在竞争对手和评论家前所未有的监控下，我们如何发展，重塑我们的咖啡在业界的地位，也可能再一次改变整个行业。
- 不朽的象征符号宁可牺牲短期的流行，以博得长久的声誉。对于星巴克而言，这就意味着要在被奚落的风险下，做出艰难的选择，实施新的理念。

这些都是无法在一天内得到解答的深刻问题，但至少我们已将它们考虑在内。我为这群人提供了一些建议，以启发他们思考。“我们唯一可用来理清自己思维的应该是：这会使星巴克人感到自豪吗？这会让顾客有更好的体验吗？这会提升星巴克在我们顾客心中的地位吗？”

我提出了这些问题并指出了重点，给大家留下了很大的思考空间。

★★★

在我刚回归的这些日子里，我们不仅讨论了长期战略，还特别强调眼下的策略。切实的行动将会快速产生明显的效果。公司已经宣布，将放缓在美国本土开新店的速度，并关闭一些门店，同时加快在其他国家的发展速度。但是，我们也需要创新，并显著改善顾客在星巴克的体验。一些项目已蓄势待发，如果执行到位、定位准确，这将会激发出巨大的潜力。

我深知，没有什么灵丹妙药能让星巴克在一夜之间就彻底转变，但在内心深处，我一直在寻找新的创意。在星冰乐之后要推出什么产品？星巴克历史上下一个最成功的新产品是什么？这一新产品将解决星巴克的问题。说实话，我也很焦躁不安、不耐烦，这是我需要克服的弱点。

还有一个坚持要迅速、切实地改善业务的理由。一年一度的星巴克股东大会就要召开了，就在3月19日，已经只剩不到两个月了，6 000多名投资者和伙伴将齐聚马里昂 · 奥利弗 · 麦考大厅，这是西雅图宏伟的艺术礼堂，依偎在高耸的太空针塔旁边。作为一家上市15年的公司，星巴克的表现将首次令许多出席会议的人不满意，我们原本不应该让他们失望的。

除了为星巴克的发展现状向大家道歉外，我将2008年的年度会议看作推动我们前进的契机。这将是一次影响深远的事件，一个空前的时刻，具有安抚股东和伙伴的巨大潜力，他们都是星巴克的使命所在。作为首席执行官，我必须主持一场两个小时的报告会，但一想到自己将登上讲台，面对过去一年中几乎已经失去了一半资产的数千名投资者，我有点儿担心他们的反应，他们会欢迎我回来吗？他们会发出嘘声吗？我觉得，什么都有可能发生。

直觉告诉我，在会场我要真诚、乐观地面对一切，尽可能地控制局面。为此，我需要提供的不仅仅是令人信服的讲话和商业计划，我还需要证明我们的进步。

在我与其他人一起构想公司未来的同时，我也不断与我们的运营部门、财务部门、人力资源部门、供应链管理部门和房地产部门的人见面，以消除过去的错误对我们造成的影响。在这些会议中，我不仅更充分地认识到，我必须彻底改变我们的领导团队，也意识到还有无数的问题需要我们回答：门店的财务表现如何？到底有多少门店表现不佳？原因是什么？这些门店在哪些地方？我们在一个地方可以开多少家门店同时又能避免自相残杀的风险？我们的供应链可以达到多长？我们在哪里花了额外的钱却未收到同等或者更好的回报？我们是否让拥有特殊技能的人来掌控需要特别处理的事情？

也许改善日益下滑的美国本土业绩最重要的一步是再次激励我们的伙伴，特别是一线的伙伴：我们的咖啡师和门店经理。他们是星巴克品牌的真正代言人，真正制造浪漫的商人，取悦顾客的中坚力量。星巴克迫切需要咖啡师和管理人员重燃热情，并愿意每周多付出无数的努力。

不幸的是，我不断通过人们的邮件以及自己的观察发现，我们许多零售门店的伙伴们缺乏动力，他们对我们的咖啡和公司理念也知之甚少。我们的门店营业额过高，而新一代的咖啡师还没有得到切实有效的培训或者受到星巴克企业文化的熏陶，这不是他们的错。新伙伴往往收到一份厚厚的夹在三孔活页夹里的文案，里面包括公司规章制度、烘焙技术和咖啡的信息，以及一句简单的“读吧”。伙伴的考核和加薪往往不能挂钩，交班后的效率也很低下，有时一名伙伴要身兼数职，压力过大。对一些人而言，做咖啡师只是一份工作而已。

之所以会出现这样的问题，部分源于我们没有适当的激励机制或者恰当的店内管理机制来帮助门店经理像主人一样经营它，更有力地掌控门店的命运。由于我们开设新店的速度太快，咖啡师每隔几个月就要去适应一个新经理，矛盾实在太多。此外，我们的薪酬和福利计划几乎比任何其他零售商提供的都慷慨，但这却不是一种有竞争力的薪酬体系。重新确定21世纪零售行业的工资和福利待遇标准，对年青一代来说尤为重要。遗憾的是，将有意义的新方案真正落实大约需要一年以上的时间。

然而，在短期内，我们不得不做一些激励员工改善业绩的事情。

我迅速做出了两个决定。

首先，我们在浓缩咖啡饮品的准备环节上再培训135 000名咖啡师，技能从制作一杯完美的浓缩咖啡到正确地加热牛奶。我们要在年度股东大会之前实施这个计划。我早就意识到我们的培训是不够的，教授咖啡师更多的技巧和知识来改善工作，不仅仅有助于他们获得更好的工作体验，同时也将提升顾客的体验满意度。我让一组成员指出公司如何在数周之内完成这样一项重大的任务，他们最后给了我一个大胆的答案：在一天之内关闭我们在美国的所有门店。卓越浓缩咖啡培训项目正式展开，我们于1月11日发布了一份新闻稿，宣布我们将在2月26日关闭门店，进行“历史意义重大的店内教育和培训活动”。我们不只是试图掩盖我们的不足，私下培训星巴克人，更是公开颂扬浓缩咖啡的品质，大力宣传星巴克在业界的地位。

其次，我决定召开2008年领导团队会议，邀请我们的8 000名美国门店经理和另外2 000多名伙伴参加。星巴克有一个传统，每隔几年就在不同的城市举行盛大的集会，以激励和奖励我们的管理人员。但公司已经好几年没有举办过这种集会了。我不知道我们可以在哪里举办2008年的大会，或怎样向华尔街证明星巴克的价值。

为此花上数百万美元是值得的，但是，我的直觉告诉我，举行如此庞大的聚会，一旦成功，将让星巴克的门店管理团队情系星巴克，这种情感的维系是他们迫切需要与公司重新建立的纽带。

★★★

头脑风暴会议的第一天即将结束时，我们不是回家或者回办公室，而是分批去全市各个角落参观、拜访西雅图当地那些最引人注目的零售商。我们的任务是观察并回来汇报我们所看到的、听到的、尝到的、闻到的以及感觉到的事物。我体内的商业因子已经按捺不住了。

佛利蒙附近的西奥巧克力是一家温馨的“前店后厂”式商店，门店后面就是公司仅有的砖砌厂房。附近的街道都弥漫着巧克力香味，人们可以参观他们的工厂，而且可以免费品尝椰子咖喱和焦糖香草等甜点。此外，西奥巧克力是唯一获得公平贸易认证并坚持由可可豆制成成品的巧克力公司，这极大地吸引了顾客，也让他们的员工感到自豪。

我们还光顾了热锅甜甜圈，这家店内设有两层高的从地板直至天花板的木书柜，该店的广告语是“手工甜甜圈”。这使他们制作的甜蛋糕很快超越了快餐店的水平。

在派克市场，我冒险进入比彻的手工奶酪店，其创始人库尔特 · 比彻 · 戴蒙尔将天然奶酪引进店铺。我很喜欢奶酪，于是与站在柜台后面一位热情的女服务员轻松地闲聊起来。“你怎么能这么了解奶酪呢？”我问，当她告诉我说，她被聘用之前根本对此一无所知时，我彻底惊呆了——从一无所知到精通，她仅仅用了 6 个月的时间!

离开这家距第一家星巴克店仅几步之遥的店铺，我不禁想到我们的咖啡师，如何能让他们以拥有的知识展现出激情？我们的公司如何能更好地与人分享我们的咖啡知识，更完美地诠释我们的使命？有意地灌输自豪感会让我们的伙伴有主人翁意识，这对我或者我的大多数伙伴而言并不是新见解，但重新审视它对我们的意义或者至少通过它，让我更清楚地看到了我们的工作重点。我的眼界被拓宽了。

我再次想起甲壳虫乐队的象征意义。作为一个乐队，或者说是一个品牌，他们到底有什么样的勇气去坚持自己的音乐特质、走自己的路，同时又不断地引起整个世界的共鸣呢？我认为星巴克的品牌可以振兴的一个原因是，虽然现在的大众比以往更加焦虑，更容易怀疑一切，但我们的价值观仍然可以让人们产生共鸣，而且不仅仅是在美国。除了我们的价值观以外，星巴克的核心产品也一直被市场所接受。咖啡永远不会失去它的浪漫气息，在任何一个国度里，它总能将人们聚在一起，它是人们谈话过程中不可缺少的一部分，即使人们谈论的话题不停变换，但咖啡永远伴随其间。

我们面临的挑战就是赋予咖啡创造性的本质，在保证我们的规模的前提下，保持它的特质。我不希望星巴克只是被定位为拥有数千家门店或者数百万顾客的公司。比我们的规模更重要的是，我希望我们的品牌能够以咖啡品质及其所包含的价值理念而闻名于世。这些价值理念就是共享、联系、尊重、尊严、幽默、人文关怀和责任。

确保全世界通过这些价值理念注意到“我们”才是我们的使命所在。

★★★

这次培训不仅仅让我们迸发了创新思维的火花，也让我们的决策提升到新高度。其中有一点我特别清楚：星巴克必须占据咖啡领域无可争议的权威地位。没有卓越的咖啡，星巴克就没有存在的理由，在未来几周内我将着重关注我们的咖啡品质和革新。卓越浓缩咖啡培训项目已经展开，在培训中，我们确定了可以立即提升星巴克咖啡品质的更详细的举措，它包含的项目已经在公司内部开始实施了。

我对两个项目特别感兴趣，但如果要让它们产生实质性的影响，就必须立即实施、加快速度和扩大规模，最好能在年度股东大会上与投资者们共同讨论这两个项目。

ONWARD

第 10 章

战则必胜

当我品尝他们各自初次制作的最新咖啡饮品时，星巴克的顶级咖啡专家们屏住呼吸看着我的反应。

在品尝之前，我先闻了闻它的气味。接下来，按照传统的咖啡品尝程序，在咖啡流经味蕾时我大声地发出吮吸声。我睁大眼睛，这显然与星巴克曾经推向市场的口味迥然不同。

“它丝滑如黄油，”我说，“口感适宜，有点儿酸但是很清新，好喝，很舒服。”

虽然我个人觉得味道有些清淡，但这也恰恰让我觉得它很有特色，因为这种咖啡代表着：重塑星巴克形象所付出的努力，以及我们要有必胜的信念而不是失败。过去几年里星巴克已经有了太多的恐惧，主要是对失败的恐惧。公司采取这么多防御性措施，都是为了保护自己，我们的首要目标是我们的预期收益，而不是积极改善顾客的体验。作为首席执行官，我的工作是让伙伴们鼓足勇气，树立再次跨越瓶颈的积极信念——就好像我们的存亡取决于是否胜利一样。

在我还是个孩子时，这种心态就已经根深蒂固了。

我成长于布鲁克林的贫民区，每天下午和周末通常都进行些体育运动。那是一个视频游戏尚未出现的时代，任天堂游戏机和互联网还没有出现的时代。在那个时代，从黎明到黄昏，孩子们只要不上课，他们就在学校操场运动，棒球、篮球、足球、吊球、街头篮球，这些都是我青春时期的运动。

周围的同龄人都是些爱打闹的男孩，大家经常在一起玩，但很多时候我们为了逃避拥挤的公寓和经济压力，也独自玩，很少有孩子会把这里看作希望之地，并在此成长。但是每次当我猛烈地击打棒球，让它飞过社区和沥青马路并滑向本垒板，或者竭尽全力地触地得分打败那些比我高大、比我强壮、比我跑得快的男孩时，一切似乎都是可能的。几次战胜同伴的经历，令我体会到了荣耀并让我感受到了自己的潜能，之后我总是做出大胆的举动。除了全垒打，我什么都不要。

我刚刚品尝的咖啡就有着这种魔力。

★★★

每天，在星巴克5家烘焙厂附近的仓库中，一个个154磅重的袋子堆到了天花板那么高。每个袋子里面都装着数十万颗绿色的生咖啡豆，它们经由船、飞机或者卡车从世界各地运来。摸着那厚厚的带刺的袋子，我的手指仍会有阵阵刺痛感。这些咖啡豆来自偏远村庄的一个咖啡农场里，或是某个小岛、某座山上。

毫无疑问，咖啡从土壤到杯子的旅程相当让人震惊。

咖啡豆来自咖啡的果实，它是一种有着红色果皮的水果，成熟时并不比蔓越莓大，每个果实里面都有两颗绿色的咖啡豆，它们是由上百种物质混合成的化合物，它们潜在的风味取决于咖啡种植的地点和种植方式。例如，用拉丁美洲陡峭的山上的咖啡豆制成的咖啡，味道怡人，有着坚果或者可可的味道。而由其他地区的咖啡豆制作出来的咖啡则更浓郁，品尝起来有泥土和香草的芬芳。

无论在哪里种植，最好的咖啡豆都是有着令人着迷的风味和特性的。这种咖啡豆被称为阿拉比卡咖啡豆，在某种恶劣条件下生长，比如高海拔、酷热或者长期干旱的地方。这种恶劣的天气条件下可以产出高品质的咖啡豆，但是每株的产量很少，这使得购买阿拉比卡咖啡豆的成本较高，这也是多数普通的咖啡生产商选择购买较便宜的罗布斯塔咖啡豆的原因。这种咖啡豆生长在变化不大的温和气候中，单株产量较高，所以价格也较低。但是，大多数罗布斯塔咖啡豆的味道不好，有股橡皮的橡胶味。在近40多年的历史之中，星巴克从来没在我们的产品中使用过一磅罗布斯塔咖啡豆。

果实一旦被手工采摘，就可能发生两种情况：它们的果皮被剥除，残留在豆上的果肉会发酵；在对咖啡豆进行萃取之前，数以千计的果实先被放在特制的天井中进行自然风干。然后，在被装进袋子之前，我们的咖啡专家会先品尝，或“评测”小批量的咖啡豆，以确保其风味符合我们的标准。

全世界只有3%的最高品质的阿拉比卡咖啡豆才有资格进入星巴克。

★★★

虽然大多数公司都有权利与星巴克一样购买同样高品质的阿拉比卡咖啡豆，但是后续的事情将星巴克与其他咖啡公司区分开来。没有任何公司的技术和知识能与星巴克匹敌，因此没有一家公司能够超越我们的独特之处——我们在全球范围内提供的咖啡烘焙技术以及服务。

烘焙咖啡豆是一个微妙的过程，需要经过深思熟虑来严格控制时间和温度。任何真正关心质量的咖啡生产者都有一套烘焙理念。在星巴克，我们的理念是烘焙出品质最佳的咖啡，让咖啡豆的风味潜力得以发挥出来。这意味着星巴克烘焙咖啡豆的时间比大多数同行的烘焙时间都要久，这就是所谓的“深度烘焙”，这种方式将咖啡的醇香、苦涩和酸味或色泽都提炼了出来。

我们的专业烘焙师不断完善我们的烘焙过程。多年来，他们不断调试我们的机器，开发了控制烘焙过程的专用软件。我们对此极为自豪，我们知道，在咖啡行业中，没有任何其他企业拥有比星巴克更完美的烘焙过程。

像烘焙一样，调制特殊的咖啡饮品也是一门艺术，而我们的调制人才就好似主厨。多数咖啡公司将不同类型的咖啡豆混合在一起是为了掩盖劣质咖啡的味道，但星巴克一直以混合为契机来提升世界各地的咖啡的口感。有时，为了能将每种豆子的味道调至最佳，我们甚至在烘焙后才将不同的咖啡豆混合在一起，而不是将它们一起烘焙。当将不同地区的咖啡豆混在一起，烘焙得恰到好处时，就会产生单独烘焙一种咖啡豆所不具备的独特风味。

到 2007 年，我们烘焙的黑咖啡和原味混合咖啡赢得了大批忠实的拥趸。大多时候，我们的门店不停变换研磨的咖啡品种，这样，顾客就可以体验到多种口味的咖啡。遗憾的是，我们通过市场调查最终了解到，许多人根本都没有意识到我们的门店每天都在变换不同的咖啡口味。所以，如果有人每天早上在上班途中都购买“滴滤咖啡”，而咖啡口味每一天都有所不同，那么他可能会以为我们的咖啡品质不够稳定。还有些人认为星巴克的咖啡口味太重，尤其是与那些他们长期以来在餐厅或家里喝到的劣质咖啡相比。这就是美国许多煮咖啡嗜好者认为星巴克咖啡是“烧焦”的味道而不是醇香的味道的原因。但是，正如主厨不会因为个别顾客的意见而改变他的食谱成分，星巴克也不能抛弃星巴克之所以成为星巴克的原因：醇厚的口感。

不过，一些星巴克人仍希望能获得广大消费者的认同。事实上，星巴克的咖啡并不能适合所有人的口味，解决这一问题被提上了日程。2007 年，《消费者报道》

的口味测试报告显示，星巴克的咖啡排在了麦当劳的咖啡之后，我不是唯一感到震惊的人，一个坚持采购好的咖啡原豆并制作高品质咖啡的企业怎么能这样被快餐连锁店击败了呢？

2007 年秋，我们咖啡制作部门和销售部门的人员走出去亲自进行口味测试，以获得权威的资料，如果大多数消费者不喜欢我们口感醇厚的烘焙咖啡，那么他们真正想要的是什么——同我们的假设正相反，他们选择了口感清淡的咖啡。我们听到的以及很多人告诉我们的是，他们希望星巴克出售口感一致、味道均衡的煮制咖啡，每一天都如此。我们的一些伙伴开始相信，我们应该转变，这不会对我们的品牌造成影响。

而并非所有的伙伴都同意改变。许多纯粹的咖啡主义者，以及那些开始欣赏深度烘焙黑咖啡的独特的伙伴们担心，出售温和的烘焙品种等于向竞争对手妥协，削弱我们品牌的影响力。但是没有人能够否认星巴克正在失去潜在的顾客，而且已经到了需要创造一种适合大众口味的咖啡，然后进行推广的时候了。

2007 年 11 月，一群咖啡和烘焙专家在安德鲁 · 李曼（我们最有才华的调配师）的领导下，放下一切既定的日程安排，静下心来开发一种更符合大众口味的混合咖啡。他们努力钻研，利用自己所有的激情和知识，利用星巴克的烘焙技术，试图创造一种口感醇厚又稳定的独特混合产品，并且使其更大众化；一种为煮咖啡爱好者设计的口感更丝滑的咖啡，同时又不违背我们的传统价值理念。这是一种令星巴克自豪的咖啡产品，就像安德鲁说的：“你了解得越多，技术越好，越可以得心应手地调制。”他相信没有任何咖啡公司有能力调制出他们所调制出的均衡口味，并在全球范围内加以推广。这将是一种令我们的顾客每日都离不开的煮制咖啡。

该项目的代号是“稳定的配方”。

他们就在我办公室对面的品尝室里工作，透过品尝室大大的观景窗，任何人都可以驻足观看他们的调制试验。两周内，各种玻璃容器沿台面排列，我们的品尝师进行混合、烘焙和萃取试验，并且对样品进行品评。他们的第一种咖啡混合了来自哥伦比亚、危地马拉和苏门答腊的咖啡豆，他们尝试不同的烘焙温度，以找出烘焙的最佳时间和温度，二者关系被称为“烘焙曲线”。在最初的两个星期内，该团队试验了许多种组合。

有的咖啡酸度过高。

有的咖啡有着金属般的艰涩口感，或者纸一般的酸味。

到了月底，在对近30多种配方和烘焙曲线进行试验后，他们淘汰了它们中的大部分。

接着，在12月3日的消费者口味测试中，一种样品脱颖而出，成为上品。第19号产品口感丝滑，味道甜美。成功了……差不多吧。但是这还不够完美，因此从2007年的假期一直到2008年新年前夕，这个团队对19号产品进行了一遍又一遍的改进。

最后，在2008年1月，他们成功研制出了一种全新的口味，而且也没有背离星巴克的烘焙理念，无论是提供黑咖啡还是加奶油和糖，都更多地满足了人们的味蕾。这款成功的混合品既满足了人们对均衡口感的需求，又不失馥郁的味道。

我们将它命名为“派克市场烘焙咖啡”，它沿袭了我们第一家店的名字。我觉得这个名字应该能作为咖啡的象征。无论从理念上还是口味上，派克市场烘焙咖啡既是我们对过去的致敬，也是我们对未来的拥抱。对那些后来才认同星巴克的大众来说，这是我们创造过的具有变革意义的产品之一。我们热烈地欢迎它们。

但是，我们面临的挑战是要改善派克市场烘焙咖啡，让它不至于流于庸俗。在将派克市场烘焙咖啡推向市场时，要广为宣传，不仅因为它是新品，也更因为这意味着星巴克的回归，意味着我们要拼命夺回自己在咖啡行业的地位。

我们对派克市场烘焙咖啡的定位是，它决不仅是我们再次发明的鲜煮咖啡，而且它也进一步诠释了我们以往的声明，我们确实在重塑星巴克的星巴克体验。

再一次，我们在自己的门店研磨咖啡豆，这是我们曾经为了提供更快的服务而背弃的原则。现在，我们取消了在工厂研磨咖啡豆并将其放在密封袋送往各门店的做法，所有为鲜煮咖啡准备的咖啡豆都将被完完整整地送到咖啡师面前。为了进一步保持新鲜口感，鲜煮咖啡在出售前不会再放置超过一个小时。30分钟是最长的“保鲜时间”，任何放置超过半小时的咖啡都要被倒掉。最后，为了给顾客们提供他们想要的口感稳定的咖啡，派克市场烘焙咖啡——无论是普通的还是不含咖啡因的——都是我们首选的鲜煮咖啡，365天始终如一，而且口味总是有着更大胆的变换。

这些无疑给我们的业务运营方式带来了显著的变化，我们可以做好准备，但却无法完全预测突发事件。我们的烘焙工厂必须采用派克市场烘焙咖啡的新技术，我们必须为供应链建立新系统从而可以完成包装并供应咖啡原豆，我们的咖啡师也需要接受铲舀、研磨方面的培训，并且向顾客介绍这种新的烘焙技术，有效地突出它的特质。与此同时，市场营销部门和传播部门必须协调好日程，以保证2008年4月8日横跨美国本土的咖啡试尝活动顺利举行。我们只有几个月的时间，我们的伙伴们必须完成各自的任务。

我们绝不可以失败。

从战略上讲，派克市场烘焙咖啡极可能成为我们变革的有力证明。对于伙伴们来说，全新的配方是一种成就，这在这段日子里还是第一次。大家再次团结起来，享受并且赞扬着自己的工作。对顾客而言，派克市场烘焙咖啡重新让他们找回了星巴克的星巴克体验中早已缺失的那些香气、新鲜感以及烘焙表演。而从股东的角度而言，派克市场烘焙咖啡是公司积极重返咖啡行业翘楚地位的证明。

我决心要向我们的伙伴们展示，星巴克即将进行自我革新和改造，派克市场烘焙咖啡仅仅是个开始。

ONWARD

第 11 章

提升核心价值

“你们必须承认，顾客正在减少。”2008 年 1 月 30 日下午，我在星巴克的第一季度财报电话会议上说。

从 2007 年 12 月底到现在，我就已经预料到了这是艰难的一天，再次担任首席执行官的前三个星期，主持董事会会议时，我努力让自己乐观地面对众多不满情绪。

只有1%。这就是我们少得可怜的同店销售额——这对于衡量全面的零售业绩是否成功非常重要，它在我们财务年度的前3个月表现良好。但在连续16年的5%或更好的销售业绩后，现在锐减至1%，这是星巴克自1992年上市后最差的表现了。我个人的挫败感是我决心让星巴克重振雄风的动力，然而每天我都要面临新的挑战。我感觉到，倘若我和我们的团队都能争分夺秒地修复星巴克这艘巨轮，同时修正它的航线，使之扬帆远航，那么无论外部经济状况如何，都奈何不了它。

外界的金融机构似乎做什么都不可能挽救经济的颓势和持续的失败。由于亏损巨大，美国最大的抵押贷款机构国家金融服务公司被美国银行冒险以40亿美元收购。1月15日，银行业巨头花旗集团公布了其历史上最大的季度亏损报告，损失高达98亿美元。不到一个星期，股市出现了6年来的单日最大跌幅。紧缩的信贷政策、抵押品赎回权的取消、食品和汽油价格上涨以及失业人数的增加，这一切使经济状况更加不确定。消费者信心指数持续下滑，人们开始控制生活必需品的开支。

星巴克并不是唯一受到影响的零售商。家得宝开始关闭一些店铺，诺德斯特龙等高档百货公司的销售额急速下滑。即使消费者最爱的塔吉特百货公司和沃尔玛也都发布了低于预期的同店销售数据。

除了令人失望的销售业绩外，在财报电话会议上，我还要宣布两个出人意料的声明——这肯定会使顾客和投资者与我们的关系更加疏远。

第一个是我单方面做出的选择。

“到2008年财务年度结束时，我们将停止在北美地区门店销售加热的早餐三明治。”我不无得意地对着话筒说。这是一年多来我一直想推行的政策，但碍于董事会主席的职务却未能实现。不考虑三明治的忠诚的拥趸，不顾星巴克高管们的一致反对，我相信这个选择是正确的。“我们会以其他产品取而代之。”我再次向分析师们重申，他们会考虑三明治对销售额的影响，毕竟这占了 3 700 家门店约 3%的销售额。

第二个出人意料的声明引起的争议更大，至少在金融界是这样的。我提出，星巴克将不再公布同店销售额，我们将不再公布销售业绩。如果那些分析家们没有克制住自己的话，我想我很可能会听到众多的抱怨声，甚至还可能会有脏话。

“我真的很想知道，”瑞士联合银行的戴维·帕尔默直言不讳地问道，“为什么你认为此时宣布不公布同店销售额对星巴克的股票、公司、投资者或者其他人有利呢？”

我和戴维都赞同同店销售额可以作为衡量零售业发展健康与否的恰当指标。但是，对于星巴克而言，同店销售额并不能全面囊括公司在杂货店出售的袋装咖啡豆的收益，或者是在我们千余家特许经营店（比如超级市场、书店和机场）的饮料销售收入。在我们的蓬勃发展阶段，这种差距并没有多大意义，但如果我们在美国本土的同店销售额继续下滑，我们在其他地方取得的任何销售业绩都无法得到认可。

让我决定取消公布同店销售额还有一个更为重要的原因，这就是同店销售额是我们变革时期的危险敌人。我们几乎连续 200 个月都公布了公司内部的同店销售额，这在零售界是前所未有的。当我们在 2006 年和 2007 年以越来越快的速度增长时，为了保持内部财务增长而催生了拙劣的经营决策，最终导致我们偏离了核心。

从这种“同店销售额效应”中，我们可以看到无数的恶果，尽管它们看上去都微不足道。有一次，我走进一家门店，震惊地看到店内销售的毛绒动物玩具越来越多。“这是什么？”我指着一堆与咖啡毫无关联的可爱玩具，沮丧地问门店经理，该经理不假思索地说：“它们对销售额以及利润的增长有着极大的贡献。”这种心态已无处不在了，这非常危险。

取消公开同店销售额是我努力向星巴克的伙伴们传递的一个信息：我们将变革公司的主旨，忠于我们的咖啡核心业务，做那些对顾客最有利而不是对同店销售额最有利的事。

金融界并未因此而高兴，因为最新的波动让他们更难评估星巴克目前的表现，也更难预测星巴克未来的走向。许多人认为我们逃避现实。事实与之相反，我并未试图表现得傲慢、装糊涂或者圆滑。我只是试图在公司内部确立一种新的权威。

这两项决定——取消三明治和取消公开同店销售额——是值得冒天下之大不韪的，特别是取消同店销售额！同店销售额对企业的诱惑力是很难被夸大的，它有着确凿的存在理由，并可以压倒一切。让我们把自己从这桎梏中解放出来，特别是在我回归公司的这个非常敏感的时期，我们要向星巴克人表明事情确实在发生变化，“变革”不仅是我抛出的词语，也是能让大家自由地、全身心地投入咖啡和顾客需求的一种姿态。在这个舞台上，有太多的地方需要我们立即投入其中，除了即将在本土推出的派克市场烘焙咖啡，我还有其他与咖啡有着内在关联的倡议——在公布销售业绩时，采用一种非常私密的方式。

★★★

2004 年 3 月，西雅图年轻的师傅们开始着手改进煮制咖啡的过程。赞德 · 诺斯尔当时 32 岁，他辞去了在工业设计公司的工作，然后邀请投资者为他的梦想投资。赞德想发明一种咖啡机，它可以冲泡出最好的咖啡，其品质相当于法式压滤的咖啡。他的梦想更具雄心的地方在于，他发明的机器和压滤过程必须完美契合，这样才能制作出一种值得品味和期待的咖啡。这是一个大胆创新的想法。

赞德在找到几个相信他的投资者之前被拒绝了很多次，最后，他和搭档兰迪 · 哈利特——一名多才多艺的工程师——负责监督产品开发小组。他们在朋友的木工店的车库里建了一个实验室，这个车库在西雅图最肮脏的巴拉德附近，离星巴克的支持中心大约有 6 英里。他的团队开始制造咖啡机，经过几次失败以后，他们终于造出了样机，这款机器是由刨花板和塑料软管制成的，同法式压滤壶的工作原理相反，它有一个活塞把磨碎的咖啡豆向上推而不是向下压。

他们将自己的咖啡机命名为三叶草（Clover）。

到 2007 年为止，该公司已售出 150 台三叶草咖啡机，且全部机器都是手工制作而成。三叶草咖啡机将自动化技术与手工技艺完美结合在了一起，因此这种时髦的咖啡机深受客户喜爱，客户中大多是小的独立咖啡馆。三叶草咖啡机开始流行起来。

有一天，我和雪莉正好在纽约市，我突发奇想决定去感受一下之前听说的独立咖啡馆，于是我们跳上一辆出租车，来到一条绿树成荫的街道，然后走进那家有着原木和砖面外墙的迷人小店。我们进去看了看。

这个小店有着波希米亚风情，总体来说，它并没有给我留下深刻的印象，但是有一点激发了我的好奇心，人们排着长队等待购买现煮的咖啡。价目牌显示，这里的咖啡 6 美元一杯，比星巴克 1.5 美元一杯的价格贵很多，我决定尝一尝。

对我来说，煮制咖啡的最佳方法就是使用法式压滤壶。25 年来，我也是这样在家里煮咖啡的。不同于滴滤法，法式压滤壶的原理是将水倒在咖啡粉上，然后经过滤网过滤，压滤壶中的咖啡粉不断被水浸泡，这种完全浸泡后的咖啡有着滴滤法煮咖啡完全无法煮出的味道。

在排队等待时，我盯着咖啡师。我从未见过她所使用的机器，它看上去很迷人，尤其当她按照每张订单称量并研磨咖啡豆，然后将它们倒入不锈钢材质的黑色机器顶部时。她从机器顶端的银色管口注入热水，然后像变魔术一样，机器顶部出乎意料地产生了厚厚的、细致的、薄饼般平整的效果，真是美妙极了。

当轮到我时，我点单，看着，等着，最后喝了一小口。我惊呆了，这种咖啡的味道同我用法式压滤壶煮的咖啡一样馥郁美味，味道棒极了。

“这台咖啡机是什么牌子的？”我问咖啡师。

她为下一位顾客准备杯子时看了我一眼，“三叶草”，她说道，然后继续工作。

我走到外面，用手机打电话给我们西雅图的咖啡部门：“是谁制造了这种三叶草咖啡机？”不到一个小时，我就收到了电子邮件。难以置信的是，这种咖啡机就是星巴克附近的一家公司制造的。

我想不起来自己曾经目睹过三叶草咖啡机的工作过程，品尝过它煮出的咖啡，并在 2007 年年中会见过星巴克学习榜样的发明者。赞德回忆说，当时我告诉他，我从来没有喝过这样好的由咖啡机煮出的咖啡。大约在我品尝后的一个月，在我不知情的情况下，星巴克订购过一台三叶草咖啡机，并放在店中进行测试。

再后来，在我再次发现三叶草咖啡机后不久，我去赞德的临时实验室拜访了他，这时离我再次担任首席执行官之日只有三个星期。

这一次的见面，我希望星巴克可以收购三叶草公司。

它有几点令我十分感兴趣。

首先也是最重要的，三叶草咖啡机煮出了了不起的咖啡，集真空罐方法与法式压滤壶方法之大成。三叶草咖啡机是从底部将水吸上来，而不是从顶部倒进去的，它还使用了非常精密的过滤器，让咖啡在最大程度上保持其馥郁的咖啡脂。我绝不是想用三叶草咖啡机制作的咖啡替代我们的现煮咖啡，但它可以作为派克市场烘焙咖啡的补充，帮助我们提升咖啡的口味和星巴克体验。不是说三叶草咖啡机可以立即发挥效力带动销售，更重要的是，三叶草咖啡机将丰富我们菜单的内涵，为顾客提供更多的选择，同时为我们成为无可争议的咖啡业翘楚的使命做贡献。

其次，因为三叶草咖啡机的革新技术和优美设计，它为现煮咖啡爱好者提供了个性化服务，这具有历史性的意义，因为这一服务多年来仅限于为喜欢意式浓缩咖啡的顾客提供。当有人在星巴克点现煮咖啡饮品时，我们的咖啡师在柜台前背对着顾客倒一杯已经煮好的咖啡，然后再递到收银台。对于像拿铁或卡布奇诺这样的咖啡饮品，本质上，制作过程更加复杂：咖啡师制作浓缩咖啡，蒸牛奶，为面前的顾客定制饮品，然后将这杯独一无二的饮品送到高高的、整洁得更像一个舞台的柜台。总之，对于滴滤咖啡饮用者来说，没有多少像这样的视觉享受。

但三叶草咖啡机却提供了一个解决办法。三叶草咖啡机就好像意式浓缩咖啡机一样，但它更加小巧，可以放在顾客面前的柜台上，他们可以同时看到咖啡师操作咖啡机以他们从未看过的方法煮制咖啡。更何况，三叶草咖啡机的技术使我们能够提供更多地道、小批量的咖啡饮品，而它们复杂的风味往往是传统煮制方式所无法获取的。

三叶草咖啡机制作的咖啡的品质和口感不仅令人惊异，而且也引发了非常现实的竞争——每杯咖啡的价格更高。如此多的竞争和威胁令我更确信星巴克必须拥有它，就在此时此刻。

★★★

从纽约市回来后不久，当我独自一人走进三叶草咖啡机设备有限公司所在的大型车库时，我有一点吃惊。

“赞德，”我说，并面带微笑地伸出手，一个说话轻声细语，戴着眼镜的年轻人微笑着欢迎我。尽管我们曾见过面，但我仍认不出他来。多年来，我几乎每天都要不停地见许多人，我希望尽可能地记住每一张脸，但这几乎是不可能的。我和赞德聊了一会儿，旁边就摆着一些三叶草咖啡机的半成品，然后我们步行到Brouwer咖啡厅吃午餐。

赞德的话给我留下了非常深刻的印象。这个年轻人口才好、智商高，对咖啡充满了激情，而且是自学成才进入这个行业的。我充满敬意地说明了来意，“赞德，我们想收购你的公司，”我说，“我相信星巴克能给予你让你满意的东西。”这里的“东西”暗指的不仅仅是收购价格，还有星巴克对赞德、他的团队和三叶草咖啡机的尊重以及发展机会。

从他的表情可以看出，赞德并不打算立即出售。

“那我们现有的客户怎么办？”他问我，明确地表达了自己的顾虑。

“你必须谨慎地应对他们，”我回答，因为我知道，即使星巴克买断了三叶草咖啡机的使用权，现存的三叶草咖啡机使用者仍可以继续享受三叶草咖啡机带来的利益。

“还有我的团队怎么办？我们有 11 名员工。”

我承诺他们可以在星巴克工作，继续开发三叶草咖啡机。

握手分别后，我心满意足地离开了巴拉德。

接下来的一个月，我多次与赞德会面并商讨交易的细节。我们两个人常常在我的办公室或者家里面对面坐着，每一次的会面都能增强我们之间的信任。保持与他的紧密关系对我很重要，我不想赞德有一天因为信任我们或信任我而后悔。

与此同时，在星巴克内部，负责全球财务和商业运营的高级副总裁特洛伊 · 阿尔斯德和他的团队正在为收购三叶草公司而努力准备着。特洛伊在星巴克工作了 15 个年头，他不仅聪明绝顶，精通我们的全球业务，而且有着很好的沟通技能。特洛伊曾声称，自己从来没有对会计术语或者数字有过隐瞒，他的正直、博学以及人格都值得我们高度信赖。

特洛伊 24 小时的献身精神以及他同新加入的优秀年轻企业家的协同合作，让我相信，我们将会在非常短的时间内完成同三叶草公司的交易。

至于在星巴克的门店推广三叶草咖啡机，我们不打算操之过急。由于美国消费者信心指数下滑，以及三叶草咖啡机的手工制作进程，在星巴克充分发挥三叶草咖啡机的潜力，使之带来一定的收益，还需要一定的时间，但我觉得并无大碍。重要的是，在我看来，对三叶草公司的收购给伙伴、客户和股东们以信心，让大家相信，星巴克再次表现出了决断力，并依旧致力于咖啡创新。

ONWARD

第 12 章

陷入泥沼

我一直相信颇具力量的词汇或短语可以有效地传达企业的当务之急，并鼓舞士气。最好的词语从来都是言简意赅的，充满了情感和含义，不会让我对自己和对别人的期望心存疑惑。

在我的生命历程中，我很少主动寻找合适的词语，而是等它们来找我，通常是在令人痛心的时刻，也许是在向一屋子的人发表讲话的时刻，在发表慷慨激昂的即兴演讲的时刻，在私人会谈的时候，有时是独坐在厨房里喝着一杯咖啡的时候。我想，通过言语传达的意思也许听上去富有战略性，但词语本身却是我对星巴克的肺腑之言，是我在脱口而出之前所感受到的。

星巴克的首席董事兼彭尼公司的资深首席执行官迈克 · 乌尔曼曾表示，沟通很重要，在逆境时更为重要。确保沟通紧密、清晰并且在必要时重申自己的主张，更利于树立共同的愿景，赢得人们的信任。在星巴克历史上的混乱时期，我相信，我说的话和说话的方式，是激发伙伴的热情、重新唤起他们的信仰，以及让他们再次施展才华的关键。

★★★

对于任何运作良好的零售业务而言，都需要极其注重细节，特别是在创始时期。新兴的公司每天必须有所收益，否则就会面临关门的风险。任何增加或者减少销售利润的潜在微小因素——每个产品的质量、每个客户的反馈、每位员工的态度、每笔成本的支出——都需要坚定不移地加以关注。

2008 年，我非常强烈地感到，许多星巴克人不再专注于我们的业务细节。虽然当时存在着明显的局限，我们太过依赖这个价值数十亿美元的全球性组织的领导团队，而我们，作为一个集体，却与初衷背道而驰了。我们曾盲目过，例如，注重全美或全球的销售业绩和快速扩张，当我们的销售业绩上升后，我们假设物流、人力资源和整个地理区域等都是健康运转的。

就像一个医生每年都检测病人的身高和体重，却不检查病人的血压和心率一样，星巴克也没有在关系到企业长期发展的细节上自我审视。我们以每季度正式开业的门店数量来预测未来的成功，却没有花时间来探讨是否每个门店都可以实现赢利。我们只考虑到数百万名顾客以及上千家门店而忽视了每一位顾客、每一位伙伴和每一杯咖啡。

有了这样的自负心态——许多小事、危险的事情，都被我们忽视了，或至少不被我们承认。某杯不完美的咖啡，某个不合格的经理，或者某个位置欠佳的门店怎么能影响我们数万个门店提供的数以百万杯的咖啡呢？

我们忽略了“每一个”聚合在一起的力量。

让我们的领导者及我本人放弃宏观的视野，用更注重细节的心态来考虑我们的业务是我最初面临的挑战之一。一个价值近100亿美元的零售商根本无法理解某一个为生存而战的商人的经营理念，这一点很容易理解，但事实上，每个星巴克门店不都是一个商人吗？是的，以我的立场来讲，我坚定地认为，我们必须以这样的立场来考虑问题。

“当你开始创业时，起点不能太高，因为你承受不起，”一天，我对一屋子的高层领导这样说，“回归我们的核心业务，回归根本是极其重要的，”我不由自主地说，“这样我们才能从泥沼中走出来！”我真诚地恳求，并将双手放在胸前。我坚持使用这种方式，因为它蕴含着更深的含义，从那天起，我一遍又一遍地重复它，在不同的伙伴面前。

有一天，当我路过星巴克的设计师和研发师的办公室时，一张海报吸引了我，我停住了脚步。海报上是一双沾满污垢的手，掌心向上，上面写着一句话：“世界属于那些不怕弄脏手的少数人。”我向他们借用了这张海报，并将它拿到了8层，把它贴在我们会议室的墙上，这样星巴克的领导团队每次开会时都能看到它。

不怕脏、不怕泥泞、回归根本业务的信念很快在公司内部自上至下传开。我认为人们可以从自己的角度出发去解读它，并立即明白他们要做些与以往不同的事。这并不是需要他们必须做到，只是我们寄予的期望。

当然，光靠信念是不够的。我也感觉到，公司内部的人需要经常看到我并且能联系到我，我一定要有亲和力，并且无处不在。因此，我在星巴克的时间比以往在星巴克的时间总和还要多。

站出来，倾听伙伴的声音，与星巴克的伙伴们交流，是一个能让我重新树立权威的方式。

我再次担任首席执行官的第一件事就是邀请人们直接发电子邮件给我。第一个月，我就收到了约 5 600 封电子邮件。只要时间允许，我都会尽可能地回复。有时候，我不回复邮件，而是打电话给全美各地的星巴克伙伴们，回答他们的问题或问问他们的情况怎么样，我曾不止一次地告诉电话那头的人，“是的，真的是我在打电话”。我还视察我们的门店和烘焙工厂，每天我都不停地在我们总部的办公室走来走去，不停地上楼下楼，同在办公桌前工作的伙伴们打招呼，有时还会停下来和他们聊聊天。

为了更好地融入我们的伙伴中，我恢复了定期举办公开论坛的习惯。就像市政会议一样，公开论坛一直是伙伴们听取我或其他高层领导意见的机会，特别是在公布重要通告的关键时刻。我们的公开论坛极为简单，即席发言，任何人可以问任何问题，而不用担心遭到攻击。它让我们大家有机会面对面交流，有助于建立电话和电子邮件不能建立的情感纽带。多年来，我们通过论坛得到了很多创造性的想法和批判性的反馈，这对公司起到了良好的作用。但是在过去的两年里，公开论坛已不再经常举行。而现在，我们决定至少要每季度召开一次。

无论面对一个人还是数千人，我都极为关注人们对我所说、所做的是如何理解的。我在和谁说话、我的肢体语言，这一切都被大家关注着。无论我在微笑或抿嘴，我都不可避免地成为焦点，而我想好好地利用它。我努力表现得坦诚并在每场交流会上传递出乐观的情绪，是的，摆在我们面前的是无数艰难的工作和挑战，但我们会度过这个艰难时刻。

在早期，没有人能够预测到我们将面临何种程度的挑战，特别是在财务方面，但我自己的热情以及从早到晚的忙碌冲淡了我的恐惧之情。正如所有新的开始一样，婚姻、新生儿、任期……未来的困难必然会被此刻的劲头与被激发的潜力所克服。

写作能帮助我保持反省，帮助我维系与他人的关系。我重拾我最喜欢的沟通方式：频繁地撰写备忘录给星巴克的伙伴们。有时，这些备忘录告知人们最新的决定，比如领导的变更。有的备忘录加入其他人（比如旺达）发给我的数据，那段时间，我曾请求她临时监督星巴克的全球传播工作，重新确定我们的战略，重申我们公司当前的工作重点，即三大举措：改进美国本土业务、重燃对顾客的激情，制定对企业发展有利的长期变革措施。

每隔一段时间，我就会有感而发地写下一份备忘录，希望大家能分享我的想法。

亲爱的伙伴们：

当我坐下来写这篇备忘录时（星期日上午6点30分），我正享用着迷人的苏门答腊咖啡，这是用我最钟爱的方式——法式压滤壶制作的。我再次担任我深爱着的公司的首席执行官已经三个星期了，我想与大家分享我的真实想法。

1971年以来，我们就一直按道德采购标准购买咖啡豆，烘焙世界上品质最出色的阿拉比卡咖啡……我们服务于大众，并一直如此……我们的门店成为人们的“第三空间”——每天有成千上万的人们在这里喝咖啡……我们再次明确了自己的目标，我们将重新关注顾客在星巴克的体验，并重归我们的核心，重新确立我们在业界的地位。

尽管我们知道应该谦恭地应对局势的变动，也认识到每名消费者都面临着诸多选择，也仍会有批评家和评论家指责或评论，他们坚持着自己的意见和观点，然而，这份备忘录并不是针对他们或是竞争对手的。我将带领我们回到属于我们的地方，但每一步都需要你们的帮助和支持。我对你们的期望很高，对我自己的期望更高。

我很自豪能成为你们的伙伴，真的。

我大多时候用一个词来命名我的备忘录，阐述我们公司历史上生死存亡的历程以及我们所做的工作，这个词就是“变革议程”。

我的第一份备忘录，“变革议程备忘录1”在2008年1月7日发布，是我重新担任首席执行官的那一天。3月初，我写了十多份这样的备忘录，都以同一个词收尾。一个足以代表我们过去，并且暗示我们未来发展潜力的词，一个蕴含着激情、规划，证明我们有信心不怕严峻阻碍而开拓进取的词，一个表明我们不怕麻烦愿意永远昂首向前的词。

一个我 20 多年前第一次写下的词：一路向前。

ONWARD

第13章
变革议程

到2008年3月初，我再次引航星巴克已经不再是新闻了。公司外的人们——股东、分析师和记者——都在静观我们的变化，开始关注其他的东西，同时也等着看我们是否能扭转局面。许多人都怀疑我们的能力。

我每天都在不停地忙碌。引进三叶草咖啡机，策划推广派克市场烘焙咖啡，分析公司的成本结构，调整公司的领导团队，开拓新思路，考虑新策略。这些都是无形的压力，我没有时间可以浪费。让人失望的第一季度已经过去，但更糟糕的第二季度已经到来，我越来越有一种紧迫感，我们不可能长期让伙伴们保持他们的信念并点燃他们的激情。

我们已经准备召集 200 多名世界各地的高层领导者召开全球峰会，我们的副总裁及领导团队成员齐聚一堂，这在星巴克的历史上还是第一次。这是迟来的前所未有的聚会，这次会议有着重塑星巴克以及实现变革的重要意义。这次会议召开之前，我们未发布任何议程，并且高度保密，直到 3 月 4 日星期二的上午 8 点整准时召开这次会议。

星巴克的部门负责人和区域总裁从亚太、欧洲、加拿大、拉美以及美国各地纷纷赶到西雅图。场面相当令人瞩目。星巴克大中华区总裁王金龙和加拿大总裁科林 · 摩尔的座位隔得不远，后勤负责人就坐在建筑师身边。我们的顶级咖啡专家与市场部的高管坐在一起。每个与会者都带着对星巴克未来发展方向的疑问。

站在一个几英尺高的演讲台上，我无法分清乐观者和批评者，谁相信星巴克或者说谁信任我。我面对的是来自世界各地的伙伴们，我唯一能做的就是讲出肺腑之言。

"我想引用一句话，"我说，"那是保罗 · 麦卡特尼被问及他对甲壳虫乐队怎样开始走下坡路时说的。"然后我讲述了甲壳虫乐队在 1965 年夏天，第一次在纽约希叶露天体育馆演出的故事，这是该乐队规模最大的现场演出。在喧哗、混乱中，5.5 万名粉丝疯狂尖叫，甲壳虫乐队成员甚至都无法听到自己的音乐。他们的音乐被他们的流行势头掩盖了。这预示着这样的现实，保罗在回忆录里说，乐队开始走向衰落。

大厅里的人们焦躁不安。此时距备忘录泄露事件已经快一年了。公司的股票价格仍在下跌，我们的业绩也日益下滑，虽然同店销售已不再是我们关注的重点，但它仍然是衡量星巴克健康发展的标准，我们不能忽视它。

我以严肃的口吻，忧心忡忡地大声问道："我们什么时候开始听不到自己的'音乐'了呢？"

是因为向4万个门店的目标冲刺吗？我们是从什么时候开始忘记自己的业务是围绕着顾客和我们深爱的咖啡的？因为官僚主义和季度业绩吗？为什么我们不能坚守自己的运营方式以及咖啡品质的高标准呢？

没有正确答案。重要的一点是，我们都承认星巴克已经迷失了方向。

我的白衬衫上夹着小麦克风，因此我的声音在安静的大厅里显得格外洪亮。"让我们对着镜子说，'女士们、先生们，让我们诚实地面对彼此。我们曾这样做过，但后来再没有过，我们曾经坚守的特质已销声匿迹了。'"为了证明公司决定采取重大变革的承诺，我列举了7 000家美国门店为了再培训浓缩咖啡师而在一星期前停业的事实。"我不知道在零售业的历史上，或者在世界的任何其他地方，有哪个公司有勇气做出这样的举动。它耗费了我们数百万美元，并且让我们饱受众多支持者的质疑。但是当我们在未来某一天回过头来看的时候，我们会发现这不仅是正确的，而且是一个转折点。"

就像教练激励他的球队准备开始他们人生中最大的一场比赛一样，在此时加油打气以及指责过去都没有意义，此时，我们只需要诚实地面对自己的境况，更要乐观地相信我们会渡过难关。我一直相信我们可以，在这为期三天的峰会结束的时候，所有与会者——那些管理星巴克业务的人们——也必须相信。

他们要相信我们品牌的影响力、我们的宗旨，还要相信我们正要推行的全面计划。但除非我们最高层的领导者支持这样的变革议程，了解他们在执行中应扮演的个人角色，然后将任务布置给他们的团队，否则变革议程将无果而终。是的，我无法要求他们听从我的指挥，我唯一能做的就是坚持变革，请求或者赢得人们的支持。

那个早晨，我以下面这段话结束了我的发言：

一个星期前，我重新担任首席执行官，我的孩子们问我："爸爸，你为什么要复职，你没有必要这样做。"我告诉他们，我的家庭和星巴克公司是我生命中深爱的两样东西。我可以为家庭做任何事，我也可以为公司做任何事。

我将承担能够负担得起的最大责任。我将跨越每一个阻碍确保我们到达我们应到的地方……但是这个房间里没有人能单枪匹马做到这一点，包括我自己。在公司的历史上，我们从来没有像现在这样需要彼此。

台下的伙伴们注视着我，包括伙伴达布 · 海，他曾从事大宗商品贸易，也是葡萄酒爱好者，他在咖啡行业奋斗了 25 年，曾经到过世界最遥远的地区。还有伙伴彼得 · 吉本斯，他是一个务实的人，他出生于苏格兰，在一家全球化学公司工作了 22 年，曾三次拒绝了星巴克的邀请，最终在 2007 年加入星巴克，担任供应链管理部门总监。房间里的每个人都有自己的故事和主张。现在是时候让我们同心协力共同奋斗了。我说："我们之所以要在这里待三天，我想就是要确保达成星巴克为什么要存在的共识。"

★★★

当天午饭后的晚些时候，米歇尔 · 盖斯走到我们面前，向我们说明并解释了我们要充分实现的愿景。

在过去的 8 个星期里，得益于众多的探讨和辩论，变革议程从标志着我复职的三大支柱拓展成了更为全面而详尽的计划。这是一个清晰、具体的计划，确定了公司的远大目标并明确阐释了我们应该如何来实现这个目标。所有的计划都精简在一页纸上。或许最重要的是，至少在我看来，变革议程用语要简洁，要使公司的任何人——兼职咖啡师、门店经理、区域经理、部门主管——都能够读懂它，迅速了解我们的首要任务，并明白他们自己应该如何促成卓有成效的变革。我期望着议程能成为向着既定目标前进的有利的导航工具，能够产生可衡量的结果。我感到我们就要达到目的了。

米歇尔带头完善变革议程，与我、领导团队的其他人以及 SYPartners 公司密切合作。自第一次头脑风暴峰会以来，SYPartners 公司已经帮助我们厘清了我们的想法，并进行了多层面的讨论。除了苏珊·舒曼、戴维·格里克曼以外，战略家德维拉·汉利也加入了我们的团队。

变革议程能变成现在的样子，都始于那个令人瞩目的战略愿景。

我们的愿景

成为恒久发展的伟大公司，在全球创建最著名和最令人尊重的品牌，以激发和孕育人文精神而闻名于世。

在这一战略愿景背后是7个目标，我们也称为“七大举措”，每一个都有其获取成功的特定策略。

七大举措

1. 成为咖啡界无可争议的领袖

星巴克不可能有所改进，除非我们能在核心业务上表现出众并保持领先地位。我们要求每个星巴克人都能认识到我们在采购、烘焙和制作咖啡时所展现出来的品质和激情。为了实现这一目标，我们需要秉承我们的传统，改进我们意式浓缩咖啡饮品的品质以及服务，重新制作星巴克的现煮咖啡，推广创新饮品，扩大我们在家庭咖啡市场上的份额。

2. 吸引并激励我们的伙伴

从土壤到杯中的制作咖啡的每一个环节，每个伙伴都应该对其充满激情，并拥有技能和热忱，愿意与顾客分享自己的专业知识。我们将进一步为所有环节的伙伴提供有明显改善的职业技能以及职业规划方面的培训。星巴克将继续发展意义深远的、具有开创性的医疗保险、福利机制以及激励机制。

3. 点燃顾客的热情，与顾客建立情感纽带

因为对咖啡的青睐以及与他人交流，人际交往，人们经常光顾星巴克。我们要将顾客的需求反馈到体验中心，提供符合品牌定义的服务，开展活动，寻找并奖励我们的忠实顾客。在门店，我们会获得令人瞩目的业绩，寻求提供一流服务和完美饮品的新方式，与此同时还要控制成本，并保证伙伴们充分投入其中。

4. 扩大全球业务——让每个门店都成为当地社区的核心

我们希望继续扩大我们在世界各地的业务——星巴克在全球咖啡市场的零售份额不到1%——但是我们努力让星巴克的每个门店都可以为每个社区的文化提供服务和支持。加强我们同本地的联系，意味着我们必须重新设计现有门店以及新开的门店，提供符合特定文化氛围的新产品，并且伸出援助之手，通过志愿工作或捐款为当地的活动或其他事业提供支持。

5. 做道德采购和环境保护的领军者

星巴克一直强调要尊重每个咖啡农，尊重他们的人格，并且始终与一些组织直接合作，例如公平贸易组织和保护国际组织。现在我们正在扩大自己的影响范围，加强已有的合作关系，同时建立新的合作关系，减少每个门店对环境的破坏。我们还需要做更多的工作来同别人分享我们在这方面诸多努力的成果。

6. 打造与我们的咖啡匹配的创新发展平台

星巴克的发展将不仅要增加门店和咖啡的销量，也要将我们的品牌扩展到新产品领域，比如茶、冷饮、免煮咖啡、食品以及蓬勃发展的健康食品市场，填补我们的咖啡业务在这些市场上的空白。革新与我们的核心业务以及价值理念相关的产品，这将是我们变革的标志。

7. 建立可持续发展的经济模式

没有赢利的业务模式，前面的六大举措都将成为空谈。在我们重新专注于我们的顾客以及核心业务时，改善自己的经营和业务是必要的。我们可以通过削减成本、建立一流水平的供应链，创建一种可以持续提高品质、速度和管理成本的企业文化。第七个举措将会是公司变革阶段最痛苦、最乏味、最困难的部分。

通过在峰会上商讨议程，我们也希望能在最大程度上将之前公布的许多创新想法融入进来，这样它们就不会给人以突兀的感觉，从而变成与更大目标相关联的经过深思熟虑的倡议。派克市场烘焙咖啡和三叶草咖啡机，就是我们创新咖啡制作方法的例证。

变革议程不会迅速发挥功效，它是一种对公司主要关注点的表述，直到我们确保了业务的良性发展才能重新转而专注于利润的增长。这也是一张路线图，目的在于让人们自愿和创造性地执行变革举措。

变革议程带给我们的不只是商业计划，还有信仰。

峰会的前一天，星巴克宣布了一个让很多人惊讶的通告：美国业务糟糕的表现导致公司的美国业务主管离职——任职仅6个月，继任者是克里夫·伯罗斯，当时正担任星巴克的欧洲、中东和非洲区总裁。克里夫能力超群，和蔼可亲，他对零售业有深入的理解。

只是他从未在美国生活过，因此，公司的多名伙伴，甚至我们的董事会都怀疑我的决定。一个从来没有在美国生活过的英国人怎么可能把这个公司最重要的美国本土业务经营好呢？公司大约70%的收益都来自美国本土的门店。自从克里夫2001年加入星巴克以来，我曾多次同他结伴旅行，尤其是在2009年，这也让我对他的性格有了一定的了解。克里夫的成长历程完全出乎人们的意料。他出生于威尔士一个盛产钢铁的小镇，如果不是他父亲决定过上更好的生活，并去了南非的赞比亚的话，克里夫很可能会像他父亲和祖父一样，做一个炼钢厂的工人。克里夫在10岁那年独自远行，到5 000英里外的英国寄宿学校读书，一年仅回家两次，直到13岁他的父母回到英国为止。克里夫的父亲在工厂的一次事故中遇难，这使克里夫养成了独立的个性。他在大学上了一个学期后退学，开始从事零售工作。巧合的是，他15岁时的第一份工作就是在乌尔沃斯商店工作。每星期六，他都在地下室开始一天的工作，把捕鼠器上的老鼠取下来，然后晚上再为下一周安置新的捕鼠器。在23岁时，他拥有了自己的第一家商店。

他自己领导的区域有着清晰的组织结构，这给我留下了深刻的印象。对于美国本土这片因为经营不善而受到关注的地区而言，我直觉上认为克里夫能为我们确立一种从未有过的规范：能在门店落实我们再次提出的以咖啡和顾客为中心的战略。

在西雅图的支持中心附近，有家很受欢迎的越南饭店，我同克里夫在那里吃午餐时和他谈了这份工作。像其他人一样，他有点儿吃惊，但更多的是好奇。当我说完他将要做的事情后——我假设他会接受这份工作，克里夫考虑的仅仅是怎样回阿姆斯特丹告诉他的妻子，他们将会绕半个世界来到西雅图——这个很多美国人仍认为是落后偏远的城市。

高级领导团队的变更进一步证明了我会毫不犹豫地对组织进行巨大的改革。毫无疑问，这使得峰会处于一种紧张和不稳定情绪的氛围中。但是在之后的两天半内，随着公司的新战略逐渐清晰，伙伴们有机会直接听我讲话，并一同参与变革议程的改进工作，这种紧张的气氛才得以缓解。

与会的领导团队成员们积极地参与峰会的各项活动。就像我们几个星期前开的一次小会一样，他们走出会议室，走进西雅图最激励人心的零售商店：派克市场、比彻的手工奶酪店、洛矶山巧克力工厂和赞那度漫画。在这场“见证”活动中，他们不是从商人或经营者的角度出发，而是从顾客的角度出发感受零售店带给他们的体验。他们见到、闻到或听到了什么？非语言暗示增强了哪些体验？所有的伙伴们都将自己的观察记在笔记本上，然后拿出来一起分享。

这次活动使我们的领导团队成员回到了顾客的立场上，给他们以某种启迪和情感体验，这是我们在每一次会议和商业决策中都会强调的——以顾客为中心。如果我们想争取顾客，使其对我们产生情感依赖，我们就必须以顾客为中心，而不是不惜一切代价追求同店销售额的增长。

★★★

星期四下午的晚些时候，峰会的部分议程——巡店、工作午餐和分组会议——就结束了。我们一起共度三天，商讨重生大计，对变革议程进行了小小的调整，还讨论了该如何在营运以及各区域层面执行的问题。我们亲自走出去体验了现实中顾客的感受，并且听到了鼓舞人心的演讲——玛蒂 · 阿什比和比尔 · 斯克兰迪的演讲，他们以自己的方式传递着人文精神，通过爵士乐，通过社会变化，通过发现人们的潜能并为他们提供机会。总而言之，这是充满情感的、充满智慧的旅程。充实的议程让大家感到由衷的兴奋，也让人不免有些疲惫。

从这三天的会谈和偶然听到的只言片语，我强烈地感到一切尽在掌握中，大部分人已经认识到了变革的必要性以及他们自己需要做的事情。我始终对星巴克保持乐观是源于我对它的了解，我知道当我们交给伙伴们任务，并且给他们恰当的工具和资源时，他们的成果将会超出我们的预期。在看到我们的领导团队开始相互协作并接纳我们的新变革议程时，我感到了前所未有的乐观，希望其他人也能同样行动起来，并再次对星巴克的未来做出承诺。

在会议结束之前只剩一件事情没有做。

我穿着休闲牛仔裤和暗灰色的毛衣走上讲台，在一把红色沙发椅上坐下，在左边的椅子上，我放了些重要的文件。我背后的巨大屏幕上，展示着我们的变革议程——我们的愿景、七大举措的概要以及我们的行动战略，在过去几天有所更新。我轻松地靠着椅背，双手紧握放在腿上。

两天前，当我们在这里开始时，我说过一切的关键是接纳我们过去几年中做过的工作，但与此同时又要意识到革新的必要，我们要挑战自我以跳出窠臼，勇往直前。

如今的压力来自经济困境和竞争间的矛盾、地方和区域间的矛盾、本土和全球间的矛盾，这些都是真实存在的，我想，我们不得不重新审视自己，尝试不同的领导风格，以不同于以往的全球视野带领公司前进。

因此，在过去的几个星期里，当我们推敲这两天想对你们说的话时，我们注意到了那份已经有了25年历史的星巴克的使命宣言。

星巴克的使命宣言绝不只是贴在公司墙上被装裱起来的一张纸。我们比其他公司更重视这样的宣言，多年来一直把这使命当作确保指导原则正确的试金石，指导我们怎么样运行才能保护企业利益，衡量公司是否与其成立时的目标相一致。我们最崇高的目标是激发和孕育人文精神。

我们的使命是确保公司在新天地驰骋，沿着新的道路前进时，每隔一段时间，我们都会看看后视镜以确保自己始终如一地前进，没有偏离既定的轨道。

这就是我们坚守的使命。

想到我们的变革，我们一致认为我们的使命需要有所改变，要展现我们对未来的热情，同时也尊重过去，让已经在星巴克的人和那些今后将加入星巴克的人以一种新的方式看待公司的发展。

正是此时我意识到，现场的所有人中，只有一个人与我一起在1990年谱写了星巴克最初的使命，他就是戴夫·奥尔森。我总将戴夫与公司的良知相提并论，20多年来，戴夫关于咖啡、咖啡烘焙的知识令我们自豪，也鼓舞了数以千计的伙伴和顾客。戴夫是每天都践行着我们使命的人之一，也是星巴克的元老。

我很高兴在公司提出新的、更大胆的使命时看见他，这使命反映了我们更大的雄心。自从戴夫同我一起工作后，星巴克已经发生了天翻地覆的变化。

我想试着以比较严肃的方式和你们分享我们所坚信的是正确的：我们的新使命宣言将会取代我们现有的使命宣言。而且我认为，当你们听到、读懂它或者按它的要求工作一阵子后，你们就会认为那些确立这些新使命的人做得很好，它涵盖了我们的价值观、历史以及公司的文化传承，并在一定程度上与过去、现在保持和谐一致，最重要的是同未来以及我们前进的方向相一致。

我拿起旁边椅子上的一张纸，"我要开始给你们读一下，阐述使命宣言主旨的总纲，我希望有人可以接着读下去。"我站起来大声读了第一行。

星巴克的使命宣言：激发和孕育人文精神，从每个人、每杯咖啡、每个街区开始。

然后，在没有人提醒的情况下，负责门店设计的副总裁从听众席中站了起来，通过话筒朗读了下一条使命，她平稳的语调在大厅中回荡。

我们的咖啡：我们一直追求卓越品质，并将永远如此。我们致力于通过以道德采购的方式购买高品质的咖啡豆，精心烘焙，并提高种植者的生活水平。我们积极地关心着这一切，我们的工作任重而道远。

当她坐下后，我们负责人力资源的英国副总裁站起来，用独特的苏格兰口音大声读出了下一条。

我们的伙伴：我们称彼此为伙伴，因为这不仅仅是一份工作，而是我们的激情所在。我们拥抱多元化，一起创造一个可以自由工作、发挥特长的场所。我们永远相互尊重，维护对方的尊严。我们将始终以此作为彼此相待的标准。

之后，一个接一个的，另外4个伙伴站起来了，拿起麦克风，大声朗读。

亚太地区的总裁　**我们的顾客：**我们全身心投入，我们和顾客真诚沟通，分享快乐，并提供振奋人心的生活体验——哪怕只是片刻时光。当然，这一切都是从承诺制作一杯完美的饮品开始，但我们的工作还不只如此，我们工作的真正核心是连接彼此。

加拿大的市场总监　**我们的门店：**当我们的顾客感受到一种归属感时，我们的门店就成了他们的港湾，一个远离外界纷扰的空间，一个与朋友相聚的场所。它使人们得以享受不同生活节奏带来的快乐，时而悠闲自得，时而步履匆匆，任何时候都充满了人文气息。

美国中南部地区的副总裁　**我们的社区：**每家门店都是社区的一部分，我们认真承担邻里之间应尽的责任。无论我们在何处营业，都希望受到社区的欢迎。我们可以成为积极行动、带来正面影响的一股力量——汇合我们的伙伴、顾客和社区共同创造出美好的时光。我们向更好的方向前进的潜能——我们能变得更为强大。世界再次把目光投向星巴克，期待我们树立新的标准。我们一定不负众望，领导行业前行。

中国香港办公室的伙伴　**我们的股东：**我们知道，随着我们实践上述这些承诺，我们也享受着成功回馈股东所带来的喜悦。我们能够做好工作的每个环节，我们完全值得信赖，让星巴克以及和星巴克相关的每一个人都能深受裨益，大展所长。

在伙伴们诵读每部分使命时，我没有微笑，只是像初次听到它们一样倾听着，思索着我们这一时期的历史变革。在诵读结束时，我站了起来，并低声说“谢谢”。掌声响起，但是，这却是一个引人深思的时刻，我甚至看到有几个人哭了。我们还不能向全公司披露新的使命宣言，我们必须等待恰当的时机。现在，我们的领导团队必须对此保密。

接着，在房间后面，巨大的滑动式幕墙缓缓拉开，出现了一个出人意料的场景，没有人知道那是什么。SYPartners公司制作了一个了不起的交互式显示屏，将我们刚刚听到的使命宣言提高到了另一个层次。“请走过去并享受它吧，”我指着房间的后面，“充满希望地接纳它，因为它属于我们。”

人们纷纷从自己的座位上站起来，伴随着甲壳虫乐队的《麦当娜女士》，好奇地走向7英尺宽、11英尺高的三维显示屏。这个显示屏是由硬纸箱堆积起来的，箱子上面用黑色字体印着每一条使命宣言的核心意义。

“伙伴”的展示部分中有从我收到的信件和电子邮件中摘录的话语，这些话语被张贴在有一群穿着工装在门店工作的咖啡师的照片旁边。

在“顾客”部分，100多个醒目的咖啡杯整齐地摆放着。每个杯子上都写着人们品尝星巴克咖啡时的感受,“我觉得像是有人了解了我”。一个杯子上这样写着。“我在为未来担忧”“我想到了晚餐要吃些什么”“我和一个流浪的孩子玩着爱情游戏”“我写了一封情书”……星巴克带给人们的就是诸如此类的时刻。

人们在这些富于传奇色彩的展板面前陷入沉思，仿佛置身于博物馆里，轻声念着或者默默琢磨着这些文字，他们拿出相机按下快门，他们面带微笑。

接下来发生了我在公司里遇到过的最意外也最感人的事。有人走过来要让我在他复印的新使命宣言上签名。接着是另一个人，又一个人，慢慢排成了一队。中美地区的副总裁瑞奇 · 纳尔逊排在第四个。他身后是罗森 · 威廉姆斯，从得克萨斯州移居到阿姆斯特丹的加入公司刚三年的伙伴。应所有人的要求，我与新老伙伴们握手并表示感谢。最后，我必须在150多份使命宣言上签名，面对在我面前铺开的充满感情的承诺，整个过程多少令我有点儿目瞪口呆。

最后，签名结束了，音乐停止了，剩下的伙伴们开始离开，准备回家。

这次峰会是成功的。我觉得它鼓舞了很多星巴克人，在接下来的几天里我收到了很多邮件，他们也都表达了同样的感受。

最后，得益于这次峰会，我们的全球领导团队在重要的两大议题上达成了共识：列出每个星巴克人应做事情的变革议程以及时刻提醒着我们为什么这样做的使命宣言。

ONWARD

第 14 章

慈善之心

在东京一家狭小的星巴克店里，门店经理北村真弓通过日语翻译告诉我，她门店的伙伴们为盲人开展了咖啡品尝活动。真弓的同事千种小川和由纪子想出一个主意，每年两次邀请盲人团体前来品尝咖啡并了解咖啡豆的起源。因为曾有盲人光临门店，并点了滴滤咖啡，他说他只知道这个产品。她们发现她们的门店就位于东京盲人福利协会以及日本盲文图书馆的旁边，千种小川从盲人那里借来了盲文印刷器，并手工制作了盲文菜单，摆放在吧台上专门供有视力障碍的顾客使用。

我用拇指摸着这个菜单，感觉非常奇妙。“这就是我希望顾客能在星巴克体验到的。”我对着6个系着绿色围裙围坐在桌子边的伙伴们说。

一周7天，星巴克的伙伴们都以令人瞩目或不易察觉的方式奉献着自己的劳动。我听到过的一个最感人的例子，是一个叫桑迪·安德森的咖啡师的故事，她扮演着母亲、妻子、祖母以及星巴克的咖啡师等多种角色。有一天，她发现她的一个老顾客——安纳玛丽·奥森斯，正在等待肾脏移植，于是桑迪亲自去做了配型测试。当安纳玛丽走进店里点了每天必点的滴滤咖啡时，桑迪说，“我的肾脏和你的很匹配，”并握住安纳玛丽的手，“我想捐献给你。”在那之后没多久，两位女士到西雅图的弗吉尼亚梅森医疗中心做了检查，移植手术非常成功。“生命短暂，活着才能体味生活的美好，”桑迪解释她的行为时说，“如果我这么做能帮助别人，那就是件好事……人与人之间的联系本就应该如此。”

诚然，我们的伙伴们提供的不可能总是器官，但他们会发自内心地为顾客服务。有的门店经理自己准备圣诞贺卡送到顾客家中。许多咖啡师都有个人笔记——“克里斯蒂娜惊呆了，因为我们美味的晨间咖啡。”我们的伙伴们的态度和行为潜移默化地影响着顾客，让他们感到愉快，也许是想要笑，或是感激、感恩等特别的感受。当然，我们的伙伴们可以使顾客感觉良好的唯一缘由，是伙伴对公司的感受，包括自豪、鼓舞、欣赏、照顾、尊重、体谅等。

我并不是暗示星巴克在某种程度上已经毫无争议地成为完美的工作场所或者理想的零售商。多年来，我们也不可避免地犯过很多错误，但是，我们着眼于长远目标，同时，我们对自己也有很高的期望，因为我们尝试着通过孕育人文精神来管理公司。

没错，星巴克的咖啡是优质的，但情感联系是我们价值观的真正主张。

这种理念很微妙，微妙到了许多商人都无法复制，很多批评家们也无法欣赏。情感的投资回报是什么？他们想得到答案。但对我来说，答案一直很清晰：

像桑迪这样的伙伴为公司而感到骄傲——因为他们信任公司，认同公司的价值观，认同别人对待他们的方式，认同他们对待别人的方式，认同我们的道德观念——他们心甘情愿地通过每一次服务、每一杯咖啡为每位顾客提供完美的星巴克体验。

我一直对星巴克体验中所包含的情感联系的力量满怀信心。这是星巴克文化的特质，是我们最原始且不可替代的无形资产。每当我在生活中感受到这种情感的力量时，我都会扪心自问，作为领导者，我们自己是否配得上像桑迪这样优秀的伙伴？

我在星巴克的工作，不会永远是制作咖啡，或者在柜台一端为顾客提供饮品，或日复一日地为顾客提供完美的体验，但我却能够为正确而伟大的星巴克体验设立标准，选择对的产品，为新项目大开绿灯，或者对已经上马的项目提供便捷，这将使星巴克人对自己所就职的公司感到满意。我可以坦诚地说，大多时候，是我的直觉左右了公司的决策，比如公司的力量要集中用在什么地方。在我复职前的几个月，尤其如此。我们推行的每个针对顾客的项目计划，从卓越浓缩咖啡培训到推出派克市场烘焙咖啡，其意义在于重新建立伙伴们同星巴克之间的情感纽带，让我们的伙伴们感到自豪一直是我心中所想的事情。

★★★

鉴于设定的公司使命，以及维持社会良知和商业利润间的微妙平衡，星巴克早已享有“与众不同的公司”的声誉。但如果你要就此问起别人，他们很难指出我们究竟做了什么。尽管我们做了这么多，而我们的伙伴们也都付出了极大的努力。

经过多年的研究，我们与供应商共同研发了含有10%再生纤维材料的星巴克热咖啡杯，并在美国和加拿大开始投入生产，预计每年可以少砍伐78 000棵树木，节省300万磅的固体废物。它的意义在于，美国食品和药物管理局（FDA）在以前从来没有给予任何公司使用回收纤维直接包装食品的安全许可证，但星巴克获得了这一许可证。另一方面，多年来星巴克基金会也捐出数百万美元支持门店的善举和咖啡种植地区的发展。在我们门店出售的Ethos瓶装水，每瓶将会有5美分的收益用来为儿童提供干净的饮用水。在一次前所未有的行动中，我们将医疗保险覆盖面扩展到了数以千计的兼职伙伴身上。此外，星巴克也是世界上公平贸易认证咖啡的最大买主之一，保护了无数的咖啡农和他们的家庭。诸如此类的举措让我引以为傲，但无论在公司内部还是公司外部，懂得欣赏我们努力的人却不多。我们做的的确不错，但我们没有很好地将我们的故事公之于众。我们的营销部门一直在试图解决这个问题，并打算在2008年安排一次活动，讲述星巴克在社会责任方面所做的一切，我们将用非凡的、充满激情的声音，宣传我们的道德采购、对环境保护和社区所做的贡献。但这次活动却半路夭折了。

作为首席执行官，我明白，再次让伙伴们为公司而骄傲对我们承担对社会和环境的责任起着多么关键的作用。因此在2008年1月10日，我会见了本 · 派卡德，一位聪明能干、彬彬有礼的伙伴。本非常热爱户外运动，从大学起，他所从事的所有工作都致力于保护环境。在拿到工商管理硕士学位和环境管理方面的资格证书后，他于1998年加盟星巴克，以其热情和专业知识为我们工作，我感到很幸运。

"本，"当我任命他为公司企业责任部门的临时总监时，我语重心长地对他说，"我们必须要讲出我们的故事！"我们有很多事要做，但现在，我要求本首先要巩固我们与公平贸易组织和保护国际组织之间的关系。

本和我们市场营销部的高级副总裁特里 · 达文波特一起离开我的办公室，安排了同公平贸易组织和保护国际组织的第一次会谈。我们10年前与非营利环境组织的协议已失去了效力。会议上，第一个需要考虑的问题由来已久，保护国际组织的人说出了他们最担忧的事：气候变化。

展开地图，他们指着赤道附近的一些区域，那里是所有濒危动植物的家乡。这些生物多样性显著的"热点"地区，正是受气候变化影响最大的地方。而麻烦的是，这些生态系统不仅面临着被人类砍伐森林而破坏的风险，更有甚者，世界上20%的碳排放量都源于那里的树木焚烧——相当于全世界交通污染释放的污染物总量的两倍多！

星巴克最珍贵的咖啡豆的产地就在这些地区。

旧协议失效了，新的协议正在酝酿中。

三年内，星巴克将重新与保护国际组织联手合作，并投入750万美元的资金。在下一阶段的合作中，首先，我们会衡量“咖啡与种植者公平规范”所造成的影响，以确保当地的人们与环境间的关系得到积极的改善。其次，我们会将小农户与全球碳市场联系起来。再次，我们将与保护国际组织并肩合作，更积极地宣传、分享我们努力的成果。

我感到非常兴奋。只需寥寥数笔，星巴克就能够利用自己的规模影响力促成有益的事情发生。我知道我们的伙伴们将感到非常骄傲，我非常想告诉他们以及我们的顾客，我们正在致力于伟大的事业。但我觉得这一消息更适合别人将其公布出去。我拿起电话打给保护国际组织那备受尊重的创始人彼得·塞利格曼，请他亲自宣布我们加强了合作关系。

★★★

当我们希望重新唤起顾客对我们的咖啡的热情时，我要求星巴克人鼓起勇气，大胆行动。然而公司财务和后勤目前面对的最大挑战是，升级两万台左右的浓缩咖啡机。一个酝酿多年的想法就要开始付诸实施了，只差有什么人推动一下了。

围绕着手动与自动浓缩咖啡机，我们展开了激烈的辩论。独立的咖啡馆依赖着手动浓缩咖啡机，但对于像星巴克这样的大公司，优质的半自动浓缩咖啡机则有着无可比拟的稳定性，它们每天都能制作数量颇多的高品质的浓缩咖啡—不管温度、湿度、气压如何，而这些因素都会影响咖啡豆到浓缩咖啡品质。

手动浓缩咖啡机有着丰富、浪漫的历史，备受我们喜爱的拉玛佐可咖啡机早已是星巴克顾客体验的一部分，我知道拉玛佐可咖啡机有一批充满热情的拥趸。但是随着星巴克的客流量越来越大，销量直线上升，重复的动作让咖啡师感到身体不适。我永远不会忘记那次同几个门店经理在会议室召开的会议，他们坚持并且没有任何商量余地地要求换用更自动化的咖啡机。最终的结果是明确的。提供半自动咖啡机是唯一正确的选择，而我们将面临挑战——保证制作的咖啡的品质。

2000年，我们的门店用威里斯莫（Verismo）咖啡机替换了拉玛佐可咖啡机，威里斯莫是斯摩公司（Thermoplan）生产的最先进的半自动咖啡机，斯摩公司是瑞士韦吉斯的一个家族企业，坐落在琉森湖岸边一个不到 5 000 人的风格古朴的小镇上。我认识这家企业慷慨、勤劳的主人——多米尼克和埃丝特·斯坦纳，他们在 1974 年创建了斯摩工厂。斯摩工厂在这个小地方很受人尊敬，他们为建筑业、公园建设捐钱，甚至在 2006 年世界杯之前，为巴西国家足球队提供了临时训练场地，此举为韦吉斯赢得了国际关注。

斯摩工厂的威里斯莫是科技界的奇迹，但我总是对机器放在柜台上的高度感到不满。

有段时间，我们设备开发部门的小团队在保罗·卡莫若的领导下，曾与斯摩工厂密切合作，共同研发了星巴克的新一代咖啡机。他们要求的标准很高，在公司侧重增长的时期，整个研发过程不断延后，且让人充满了挫败感。但到 2007 年年底，他们即将成功，在我再次担任首席执行官时，我看到了咖啡机的样机。2008 年 1 月，我批准了它可以推广使用，但是我希望我们的咖啡机尽可能卓越，可以成为顾客在星巴克店体验的一部分，所以我要求把它设计得更加巧妙、优美。

斯摩工厂最终设计出了一台完美的机器，名为玛斯特里纳（Mastrena）的浓缩咖啡机。

它镀着铜粉，金属外壳闪闪发亮，而且设计符合人体工程学，这才真正是优雅的化身。在机器的上半部分，透明的容器中盛有新鲜咖啡豆，静待着被研磨。每个部件在设计时都将星巴克的咖啡豆考虑其中。玛斯特里纳带给我极大的快乐，它比原先的机器低了 4 英寸，这样一来，咖啡师和顾客都能在柜台前看到彼此，进行交流。它还赋予我们的咖啡师更好的控制能力。通过调整咖啡豆研磨程度与制作时间，咖啡师可以创造“自己”的浓缩咖啡。改良后的蒸汽棒也让他们可以慢慢地、放松地蒸牛奶，调制顾客深爱的浓密而细腻的奶沫。

咖啡师的工作并不容易。每天他们都要站好几个小时，根据复杂多样的订单调制饮品。队伍排得越长，咖啡师的工作强度越大，也越容易精疲力竭，这就是他们要对这份工作感到自豪的原因。随着世界一流的玛斯特里纳咖啡机的投入使用，我相信他们一定会为自己的工作感到自豪。

我急于宣布将玛斯特里纳推向市场，但时机尚未成熟。关于玛斯特里纳的介绍，以及我们同保护国际组织之间的关系加强的新闻，还需要等一等才能公布。

ONWARD

第 15 章

重新思考产品本身

迈克尔·戴尔打开他的笔记本电脑。“看看这个，霍华德。”说着，他将我的注意力吸引到了一个网站上。

这是 2007 年 12 月 23 日，在我重新担任首席执行官之前，迈克尔和我刚刚骑了 30 英里的自行车，我们和一群朋友在夏威夷度假时几乎每天早晨都要骑上一圈。不仅仅是锻炼身体，这些日常活动已经成了自我调整的方式，特别是迈克尔和我习惯借此段时间交流我们各自面临的挑战。

就是在这天上午，我终于向他透露了一个秘密消息，我将重新担任星巴克的首席执行官。当我们回到他家后，迈克尔先让我看了看戴尔公司的变革议程，很快我就将它用在了星巴克。他还给我看了他电脑中的创意风暴——“创意统治的地方”。

戴尔公司的网站邀请个人电脑用户为他们的公司献计献策。迈克尔解释说，戴尔公司用创意风暴来建立与顾客在线交流的渠道—十分有用，这提醒了我，星巴克也需要这样的自我展示。我被深深地吸引了。

我一直相信，创新是对关系本质的再思考，而不是重新思考产品本身，就像迈克尔所说的创意风暴是如何帮助戴尔公司听取客户意见并改进产品和服务的。这里肯定有一些对星巴克有用的东西，有重新与我们的顾客建立感情纽带的机会。

迈克尔立即发电子邮件给Salesforce.com的创始人兼首席执行官马克·贝尼奥夫，该公司的客户关系管理应用软件是戴尔公司网站的基础。马克正好也与家人在夏威夷度假，第二天早晨，尽管是圣诞节前夕，我还是利用早餐时间和他会了面。他的智慧和远见给我留下了深刻的印象，他大致给我讲述了互联网上社区论坛的力量，我们都认为创意风暴中有一些元素可以供星巴克借鉴。

早餐结束时，我已经与马克尽可能地进行了深谈，我也知道有谁可以进一步帮助我。我拿起手机，拨通了西雅图的一个电话。

★★★

这是公司内部的一个公开的笑话。无论何时伙伴们说自己在星巴克工作，其他人的反应更多的是，为星巴克列出待办事项清单，“你知道你们应该怎么做吗？”紧跟着是一连串的新想法，似乎每个人都对星巴克有着自己的建议。在我看来，利用人们的这种本能，是重新建立我们与顾客之间感情纽带的另一种方式。

虽然进入社交媒体领域对我们这些在钢筋水泥建筑中工作的伙伴来说，似乎有些匪夷所思，但若不抓住潜在的机会，我们就是愚蠢的。进入这一领域的成本并不高，同星巴克一直想避免的全国性广告成本相比，简直不值一提。但与社交媒体相关的风险也会不合时宜地显现出来，如果没有经过深思熟虑，它可能会损害我们品牌的影响力。

星巴克当然有自己的网站，但它目前需要超越现状。我们真正走上虚拟世界的旅程，发展我们自己的社交媒体和数字网络，是从2007年12月24日开始的。

回到西雅图时天已经黑了，克里斯 · 布鲁佐的手机响了。他十分敬业，是个充满活力的领导者。克里斯最近刚从亚马逊网站来到星巴克工作，可以帮助我们更好地理解网络世界。

“克里斯，我是霍华德，你现在有时间吗？”

听到我声音里隐藏不住的兴奋，克里斯毫不犹豫地退出了家庭聚会，走进他在家中的办公室。“我刚和Salesforce.com公司的马克 · 贝尼奥夫进行了一场美妙的会谈，”我解释道，“克里斯，你得同马克联系，就在今天！”我总是按捺不住我的冲动，这在公司已经广为人知了——大体上是能被理解的，偶尔也会让人们感到沮丧，但是克里斯理解我的这种急迫心情。他曾经帮亚马逊网站建立了互动社区，在让顾客评论书籍和产品之外，也为顾客提供了网上参与的新方式。克里斯察觉到，越来越多的消费者已经开始通过网络关注他们喜爱的品牌了，这是一种新趋势。他也明白星巴克的顾客很乐意同公司分享想法、创意和体验。

挂上电话以后，克里斯拨通了正在夏威夷度假的马克的电话。他们在平安夜的对话将在新年里带来实际行动。

★★★

一个星期后，也就是我任命本 · 派卡德负责公司企业责任的那个星期，我又让克里斯担任星巴克的临时首席技术官。我对克里斯的第一个要求是：着手创立星巴克自己的创意风暴网站。

克里斯让他新任命的数字媒体总监亚历克斯 · 惠勒来监督他们称为“绿色风暴”的项目。星巴克的 6 名工程师和Salesforce.com的 12 名工程师立即团结起来实施“绿色风暴”项目，效率很高。在所有星巴克正在进行的新项目中——派克市场烘焙咖啡和将玛斯特里纳咖啡机被推向市场，这是一个我确信能够而且应该在 63 天后的年度股东大会上公布的项目。

数字团队全身心地投入到了工作中，他们很快就有了一个明确的指导理念：比了解顾客想法更重要的是在了解顾客想法之后的讨论。每个想法都是一扇门，打开了就顾客关心的话题展开专题讨论的大门（比如回收利用或者推出低脂食物），那么新的网站将不仅仅是一个单向的建议箱，我们把这些建议看成是向顾客学习以及了解顾客反馈的机会，这将是一个真正的互动平台。

可以理解，邀请顾客进行毫无保留的、即时的交谈以及批评，会令公司内部的一些人紧张。如果人们发布虚假信息呢？如果人们诬蔑我们呢？如果伙伴们说了些不合适的话呢？如果一切不能满足我们设定的期望呢？我们反驳说，互联网上已经出现了关于星巴克的讨论，在那些我们知之甚少或者几乎没有参与讨论的网站上。

数字团队先将两个关键决定提了出来。

首先，我们不是指定一两个人专门负责管理网站，而是在全公司范围内物色了 50 名伙伴，他们每周花 8 小时监管互联网上的帖子，分别负责他们了解的专业知识领域——咖啡、食品、环境保护等。让我们的伙伴们与顾客直接接触似乎有风险，但它却是最真实、坦诚的沟通方式。

然而，就算星巴克集结了 50 人的团队亲自回应互联网上的所有帖子，我们也仍然面临人手不足的问题，更不用说将那些好主意付诸实施了。然而，我们又不想因为邀请顾客参与但是却忽略他们而导致彼此间关系疏远。该怎么解决这个问题呢？我们决定让网站的社区投票来决定我们应该特别关注哪些建议。任何登录网站的人都可以推荐别人的建议，人气最高的建议以及点击率最高的话题，将会得到我们负责人的关注，他们会回答具体的问题，或者将这种想法落实在行动中。

讽刺的是，最艰难的挑战不是技术，而是人，比如说服整个公司的领导为新的网站团队提供一些资源，以及消除星巴克面对各种肆无忌惮的批评的恐惧，这或许会在市场上掀起一股热潮，但也有可能使网站被憎恨星巴克的人所利用。数字团队还必须培训我们的50个管理员，以保证他们在回答问题时不会在无意间冒犯大众或者泄露私人信息。

我们没有时间去讨论每个假想的可能性，最后，我们认定可能带来的影响只有这么多。星巴克应该有自己的信仰，坚持建立网站并鼓励参与者，就好像招待晚宴上的客人，既要表现得庄重又必须保持距离，在互联网上，要鼓励优秀的想法，尽量避开没完没了的恶言恶语。

“绿色风暴”项目小组在7楼夜以继日地工作，操作过程中不可避免地会出现一些小问题，但都被星巴克和Salesforce.com的人联手克服了。他们都相信自己正在建设新鲜、有趣的东西，可以将星巴克同顾客联系在一起。这就是网站的作用，利用社交媒体的影响力，在客流量减少的时候，带动我们门店的客流量。项目小组所面临的问题与我并无直接干系——况且事无巨细也不是我的风格，特别是涉及技术的时候——我只能给他们自由创新的空间，但又要对他们负责。“我希望这不是个短命的项目。”早些时候，我便告诫过克里斯，我们必须一举成功。

2008年3月中旬，克里斯十分自信地让我们看了星巴克的第一个虚拟社区，它不再叫“绿色风暴”，它已做好准备同时在互联网上以及我们的年度股东大会上亮相。

ONWARD

第 16 章

大胆举措

春天即将到来，但是 2008 年 3 月 19 日的严寒天气并没有表现出冬天即将离开的迹象。天还未亮，我就来到麦考大厅进行排练。现在，就快到上午 10 点了，我独自一人在后台思考着。

在这巨大幕布的另一边，成千上万的人正走进礼堂，参加星巴克的年度股东大会。在前几排就座的是公司的领导团队，从全美各地飞来的董事会成员以及我的家人。在他们身后，一排一排的观众席坐满了星巴克成千上万的股东和伙伴们。在这里——有孩子上了大学的中年人、退休和孀居的老人以及其他顾客——那些自星巴克上市那天起就持有我们股票的人，还有阿尼 · 普伦蒂斯、辛西娅 · 斯塔姆、史蒂夫 · 里特、卡罗尔 · 鲍勃、加里 · 斯特尼尔和哈罗德 · 高瑞利克——他们从 20 世纪 80 年代起就一直给我投资。

对我来说，每次的年度股东大会都有点儿像 20 世纪 50 年代的《这是你的生活》（*This Is Your Life*），这里聚集着那些曾在我生命中出现后来却消失在人海中的人。这种聚会绝不只是商业性的，它不可避免地带有私人感情。

不同于其他上市公司，星巴克的年度股东大会从来都不是选举董事或者进行投票决议的沉闷的会议。多年来，我都把这看作建设星巴克品牌的机会，因为公司那些充满激情、忠诚的股东和顾客全都聚集在这里。以至于在这些年里，我们不得不安排多出来的成千上万名与会者在与西雅图支持中心邻近的展览大厅里通过大屏幕观看会议现场，多年来一直如此 。

公司的出色表现一直让我们在每次会议上都如鱼得水，我们为股东创造了这么多价值，以至于多数星巴克人都被奉承和喜悦所淹没。我们最大的挑战就是利用会议表达我们的谢意并给大家以惊喜，通常我们会请在星巴克门店出售唱片的艺人来表演。有一年是托尼 · 本内特献唱；还有一年，保罗 · 麦卡特尼通过卫星直播为我们表演；今天表演节目的是我的好朋友K · D · 朗。

然而，这次会议也要达到某种战略目的。除了对于品牌的建立有好处外，它还将是一股推动力，可以推动公司将各种项目投入运行。

没有哪一年比2008年更需要推动力了。

2008年，我下定决心借此来重建我们对未来的信心。我们将公布6个面向消费者的变革项目举措，每个都源于变革议程的七大举措，它们有着各自的优点。我希望，这6个倡议综合起来可以涵盖星巴克的焦点问题。

坐在后台的我感到十分焦虑，我们公司的营业额以及股价第一次下跌——与去年同期相比，股价下跌了44%！星巴克正在遭受冲击，鉴于我们一反常态的低迷表现，股东有理由失望，我不能预料听众们会有什么样的反应。

那天，我坚持不用任何演讲稿，这让我们当中的一些人感到紧张——在台上的任何表现都可能被听众中的记者和博主注意到，并立即将之发到网上，但是我的理由很简单，无论结果是遭受蔑视还是得到大家的真诚相待，我都想让我说的每句话是当时心情的自然流露，在这个微妙的时刻，这比对着电子提词器照本宣科更能让我与同人们真挚地联系起来。

一个女人的声音让礼堂安静下来，“此次会议正式开始，请督察员清点法定投票人数”，她宣读了所有股东会议开头所必要的免责声明，瞬间，像每年一样，我在后台等待时想起了我的父母。

毫无疑问，这是星巴克历史上最重要的年度会议。我做了最坏的打算，但却希冀有最好的结果。

★★★

“哇！”

当时我脑海中的确只有这一个反应，听起来可能令人迷惑，但它却发自内心。当我穿着深色的西装走到舞台中心时，台下爆发出了热烈的掌声和口哨声。在耀眼的舞台灯光下，我几乎看不到全场的听众，“谢谢你们，”我平静地说，既惊讶也觉得放松，“真的谢谢你们，”我感到自己的情绪激动起来，我试图使人们安静下来，“哇，我真的预料不到会发生什么。”人们笑了，就在这个时候，我明白了，星巴克和我有着股东们的支持——至少在接下来的两小时里是这样的。

该说正事了。

我不确定我们是否开过这样的会议。一方面，我们正面临着真正的经济深渊，许多人都说消费者信心指数正在下滑，就在本周，艾伦·格林斯潘说，经济正面临第二次世界大战以来最严峻的挑战。

另一方面，公司的业绩并没有达到你们期望的程度，同样也没达到我的期望，请先允许我这样说，我能够理解并体谅你们的忧虑和对公司的失望，公司的表现将直接影响你们对星巴克的投资。我在此保证，这种情况不会持续太久。

无论在公司内部还是外部，我们都必须应对诸多挑战，但是我们专注于顾客和顾客体验，竭尽所能将星巴克与其他同行业竞争者区别开来……是时候向你们和其他那些没有出席的人们表明，你们完全有理由再次相信星巴克。这正是我今天所要说的。

我花了一点儿时间来介绍我们的董事会成员，在我念出他们的名字时，他们依次起立致敬。接下来，我感谢星巴克退休的首席财务官，忠诚地为我们服务了12年的伙伴迈克尔·凯西。

“我们在世界各地拥有近20万名伙伴们，很显然，他们今天没有全部都来到这里，但也有许多人来了。星巴克的伙伴们，你们介意站起来一下吗？”掌声响起，人们挥着手臂站了起来。

“好了，”我说，“让我们开始吧。”

★★★

我站在被黑色幕布盖着的神秘物体前面。

“我要向你们展示的是，”我向听众解释道，“一台能让星巴克的咖啡保持首屈一指品质和稳定性的新设备。”

幕布升起，玛斯特里纳咖啡机展示在所有人面前。为了向我们的股东证实它的厉害，我邀请安·玛丽·库尔茨上台与我站到一起，她是加入我们团队17年的伙伴。她最开始是星巴克的兼职咖啡师，现在她是我们咖啡部门的专家，所有推出的咖啡品种都必须得到她的认同。红色边框的眼镜后面是她微笑的眼睛，她优雅地操作着玛斯特里纳，制作出两杯浓缩咖啡。

“您想尝尝吗？”

“非常荣幸，”我将咖啡倒入杯中，“我听到的是什么声音？”

“这就是研磨声，”安·玛丽温和地回答，“每次制作浓缩咖啡时，咖啡豆都是刚刚被研磨成粉的，这就是最大的不同。玛斯特里纳与老式咖啡机的最大区别在于，它每次都能提供新鲜研磨的浓缩咖啡。”

她递给我一杯，我尝了一口。

玛斯特里纳将赋予星巴克一种与众不同的市场竞争力。到2008年年底，这台瑞士制造的机器将覆盖30%的公司直接经营的美国本土门店，并在2010年覆盖我们的大部分门店。我向多米尼克和他的家人点头致敬，他们就坐在前几排，我请他们起立。“这不只是一台设备，”我说，“它是令人难以置信地提供口感始终如一的高品质咖啡的工具，它是世界顶级的咖啡机，它将改变我们顾客在门店喝咖啡的体验。”

我对安·玛丽的帮助表示感谢，然后打开了开关。

★★★

“我先谈到了咖啡，”我对听众说，“现在让我来说说土壤的问题，并真正地向你们解释一下我们同世界上发展中国家的咖啡农和种植者的关系，以及我们与保护国际组织的特殊关系。请和我一起欢迎保护国际组织的首席执行官彼得·塞利格曼。”我在他走到舞台上后拥抱了他，他将以自己的方式向星巴克的股东们做演讲。

> 我们1998年开始与星巴克合作，这家公司通过在树荫下种植咖啡，通过为农场工人提供合理的福利和安全的工作条件，帮助保护生物的多样性。我很自豪地同霍华德站在这里，宣布我们将通过成功的合作，来解决人类在这个星球上所面临的最紧迫的问题：全球气候变化。
>
> 保护森林是应对气候变化的第一个重要举措。保护国际组织和星巴克合作的重点将放在保护环绕和孕育了世界上最重要的咖啡产区的土地、水和森林资

源上，我们将与咖啡种植者们合作，并激励他们保全森林的完整性。

我们正处在历史学家所说的“开放时刻”，当全社会的力量都团结在一起时，真正的变革才可能到来。星巴克让市场上数百万名消费者和土地以及咖啡农联系起来的能力是至关重要的。通过此次合作，星巴克正在加速提高咖啡农的生活水平，保护生态环境，引导消费者，使这三个方面都能成为气候变化解决方案中的一部分。

然后，我举着一包咖啡豆宣布，到2009年年底，我们希望所有星巴克的咖啡豆和以浓缩咖啡为基础的产品，都将有资格使用我们设计的、阐明我们实践的新标识：“负责任地种植，以道德采购的方式交易，满怀自豪感来进行服务。”这是我们的最终目的。

★★★

我把右手伸进胸前的口袋，拿出一张小小的塑料卡，“下一个针对消费者的倡议是……回馈计划”。忽然爆发的掌声似乎是在说“正是时候”！他们是对的，是时候回馈我们最忠实的顾客了。如果没有星巴克卡（正如有人所说的，为自己或他人把25美元花费在哪里都无所谓），星巴克算什么。

自我复职以来，我所听到的重要的建议之一，来自我在西雅图的一位亲密朋友，也是全美最好的零售业主管之一——吉姆·塞内加尔，他是好市多（Costco）集团的创始人之一兼首席执行官。“保护并且留住你的核心顾客，”当我邀请他讲话时，他告诉我们的营销团队，“失去你的核心客户之后再试图让他们在经济下滑的背景下支持你们的代价，要远远高于试图留住他们所花费的成本。”

当我们的业务在2007年开始变得疲软时，我们的营销团队在米歇尔·盖斯和特里·达文波特的带领下，开始关注顾客行为，并且发现了一些令人惊讶的事情。人们不是在某天早上醒来忽然决定不再去星巴克的，他们依然会来，只是不再那么频繁了。例如，那位曾经在清晨散步时点一杯拿铁并在下午路过时点一杯摩卡提神的女士，她下午不再光顾星巴克了。

这是一个很大的发现：我们的顾客并没有抛弃我们，他们只是来的次数比较少了。

市场调研以及常识告诉了我们其他一些事。相当一部分顾客都有着自己最爱的饮品，而且他们更习惯以自己的方式定制咖啡，对于我个人而言，这是我在创办星巴克时根本想不到的。“我想要冰的大杯拿铁，脱脂牛奶只加到最下面的刻度线，冰和厚重的奶泡一直加到杯顶，形成一个拱形。”这是黛安每次光临我们华盛顿库克里克门店时一贯的要求。贝尔维尤的顾客布雷特则迷恋双倍浓度、特别热的干卡布奇诺。

定制饮料不仅是星巴克体验的一部分，也是激励和回馈我们最忠实顾客的绝佳机会。

2008 年 4 月开始，我告诉我们的股东，他们和其他星巴克顾客可以使用星巴克回馈卡获得多项优惠。每买一磅咖啡豆将免费得到一杯饮品，鲜煮咖啡可以免费续杯。而且，星巴克还可以免费提供饮品定制服务，免费添加额外的东西，对豆奶和调味糖浆之类的添加物不收取费用。

回馈卡是对我们最忠实顾客的认同和奖励，同时也满足了在经济萧条、顾客手头拮据的条件下，顾客对价值的要求。这让那些不再像以前一样经常光临门店或者因为便宜而将定制咖啡换成鲜煮咖啡的顾客减轻了一点负担。

假设我们投入市场的回馈卡发挥了功效，其独特的力量将会让我们很快适应经济环境，并促使业绩迅速增长。而成功推行消费者回馈计划的最大障碍是如何让人们拥有它。但是，我们也意识到，有 500 多万人已经有了星巴克卡！他们需要做的就是在网上注册——这对我们热爱上网的顾客来说根本不算什么，这样他们的星巴克卡就能立刻变成回馈卡。特里喜欢把它比作特洛伊木马，它能很快使星巴克从首批奖励计划中受益。

“星巴克的回馈计划将在 4 月中旬启动，”我对我们的股东说，并将卡放回口袋，“这仅仅是个开始。”

★★★

另外 4 个伙伴那天也上台与我一同宣布我们的新计划。

克里斯向我们的股东公布了我们的新网站：MyStarbucksIdea.com。然后，他同时在台上和互联网上正式发布我们的网址。幕布后面，亚历克斯 · 惠勒坐在一台笔记本电脑前上传信息，那是早晨股东们进入礼堂时口头表述的想法。在办公室里，我们的管理员已经准备就绪开始回答顾客的问题。在网站开通后的短短几分钟内，顾客们的建议如潮水般涌来——“让顾客在生日那天享受免费咖啡”，“向所有人免费开放无线网络”，这些建议是那些通过会议直播或者滚动播出的博客文章得到消息的人们提出来的。在接下来的24小时，7 000条建议被发布在了MyStarbucksIdea.com上。7 000条！这对星巴克的影响将是巨大的。

安德鲁·李曼系上绿色围裙，与他的伙伴莱斯利·沃尔福德一起站在咖啡品尝桌子后面介绍派克市场烘焙咖啡，我们一起宣布星巴克将再次在我们门店内研磨咖啡原豆。令我惊讶的是，安德鲁还播放了一段简短的视频，记录了股东们那天在进入麦考大厅时品尝派克市场烘焙咖啡时的情景。他们自然的反应——“丝滑”“完美的口感”“清淡”“不刺激”——在我听来好似美妙的音乐，那正是我们希望这款新的咖啡所能达到的效果。

最后是三叶草咖啡机。“如果一家公司可以建立一个商业模式来复制法式萃取，取得的成功会怎么样呢？”我先向听众提问，然后桑德尔才谦逊地向大家介绍了他的公司发明的这台机器是如何制作出如此美妙的咖啡的，他通过大屏幕向所有人展示了三叶草咖啡机的萃取过程，他还从来没有在这么多人面前演讲过呢。

就是这样了——6个变革议程的新举措。

- 玛斯特里纳咖啡机
- 保护国际组织
- 回馈卡
- MyStarbucksIdea.com
- 派克市场烘焙咖啡
- 三叶草咖啡机

“我希望你们可以看到，我们全身心地投入到了工作中。”我望着观众席说。

然而就在我讲话的同时，公司的状况还是日渐恶化。我们的股票价格，当天以18.34美元开盘，收盘价为17.50美元。日复一日，销售额持续下降。美国的经济指标——消费者信心指数、失业率、新房开工率也是如此。唯一增长的似乎就是劳动力成本和生活必需品的价格，这进一步削减了我们的利润。一场暴风雨正在酝酿之中，世界金融体系也到了摇摇欲坠的边缘。我认为情况会变得更糟。在它好转之前，任何人，无论是最聪明的经济学家还是联邦政府，都不知道它到底会变得多糟糕。

但是，心怀对未来的恐惧而前进并不能让我们的公司兴旺起来。一些公司的兴起或者重建，靠的是以数据为基础的商业计划和程式化的战略。它们可能会成功，但缺乏灵魂。而星巴克在其创立之初，就有着与众不同的特性。毫无疑问，我们的公司要走向成熟，就需要更严格的规范来发展全球业务，就需要聘请更有经验的人才，需要外部咨询专家的帮助。但对于这个组织，变革不能是只做表面文章。如果我们不去感知，如果我们不坚持自己的价值观，不相信我们所从事的事业是在我们的咖啡种植园、在我们的办公室、在我们的门店、在我们的社区建立人与人之间的联系，那么公司将难逃覆灭的厄运。

我们必须珍视自己的人文精神。

为了公司能开拓进取并走向胜利，我一直在试图重燃我们伙伴们的爱和自豪感。多年来，它们一直是星巴克前进的动力——这就是过去十几个星期对星巴克如此重要的原因：在我们的首场头脑风暴会议上讨论甲壳虫乐队、史无前例地召集星巴克的200多名领导团队成员举行峰会、举行公开论坛、写备忘录、精心制定的变革议程以及推行新的使命宣言、举行年度会议。所有这些都是引导我们走向不可预知的未来旅程的神奇工具，每件事情都是一个里程碑。

“我希望你们可以看到，我们今天想要做的一切就是宣传我们的公司，宣扬我们对顾客的热情，宣扬我们的咖啡、我们的伙伴、我们赋予了生命的东西……我认为，我们对公司的宣传是很有必要的。”麦考大厅内掌声雷动。

这是一个美好的早晨，为我们注入了信心，这是伙伴们一直渴求的。

然而，它只是一个早晨。

我们介绍的每项举措都预示着我们将回归自己的核心——咖啡、顾客、创新、价值观，但是这些还不足以使星巴克胜利回归。我们已深陷泥沼，我们要从中摆脱出来，双手不得不沾满泥土。

ONWARD

【第三部分】

痛

ONWARD

第 17 章

混乱时期

星巴克进入了一个混乱的时期。

2008 年前半年，我们将新产品和新项目推向市场，这其中不乏许多还不太成熟的决定，它们大部分源于我的直觉。公司试图控制很多东西，但是还有许多是我们无法掌控的，比如经济状况、市场竞争和各种批评。

每个人都渴望看到进步，但是在私底下，我们的伙伴们担心我们是否过于专注于为顾客改变，来让业务取得实质性的进展。是不是要求太多了？我们是不是走得太远了？我们是不是对咖啡师太苛刻了？这些举措都能发挥作用吗？有没有一个举措能发挥作用？

我一晚上很少能睡够4个小时，因为我总在夜里预想着第二天会面临什么，机会、成功还是两难的困境。

★★★

我带着一个小团队飞抵博洛尼亚，驾车前往意大利北部的一个小镇。几天前，一个朋友邀请我来这里品尝一种意大利冰饮料，甜甜的，口感润滑，但它不是冰激凌、果汁冰糕或者果昔，而是混合了水果、牛奶或者酸奶的饮品，喝起来绝对美味。这在美国是品尝不到的，我被这种饮料深深吸引了，但是在西雅图有太多的工作要做，我犹豫着是否要出国一趟，于是我让其他人先代我过去。“霍华德，你应该过来一下，”代替我去的人在亲自喝过这种饮料之后说，“我们也许找到了下一个‘星冰乐’。”

我飞到了意大利，亲自来到了生产该饮料的公司总部，它的规模非常庞大，办公室的设计很是别致，工厂和研究设施也很先进，公司老板非常热情地欢迎我们的到来。

克里夫、米歇尔和我一起在品尝室里尝了一杯加乳酪的冷饮，非常可口，我想每个人都会这样认为，它是独一无二的。在这次旅行中，一些简单易得的数据和产品潜在的利润率很难让人忽视。我们发现，它的原料简单，制作过程也很容易，如果定价合适的话，利润率可以高达70%。不过必须认真考虑物流的问题——我们要将原材料从意大利空运到美国，找到一家美国公司对原材料进行加工——一旦我们处理好了这个产品的所有细节，它有潜力取得巨大的成功。

美妙的味道和潜在的赢利，以及我迫切想刺激销售和激发品牌活力的愿望，最终使我们决定在这个夏天推出这种饮料。

我一直关注着这种意大利饮料的发展和现状。我们没有挑选极个别门店悄悄测试这种产品，统计它的销售情况，并让伙伴们对推出这种产品的可行性进行投票，相反，我们加大了推广力度，在加利福尼亚州的洛杉矶和奥兰治县的300多家门店全面铺货，这里是美国下一代提神饮料潮流兴起的理想市场。我们把它命名为雪芭（Sorbetto），并对它寄予厚望。

★★★

2008年4月，年度股东大会的热潮刚过，公司本部的伙伴们已全力投入工作，去履行我们的诺言。我们为自己制定了远大的目标和紧迫的时间表，我已对《今日美国》夸下海口："在未来的18个月里，星巴克将大规模地向市场推出创新产品，数量将超过以往5年的总和！"

对于我们在年度股东大会中公布的6个举措，公众的反应不一。让我从惊喜到烦恼的是，那些传统媒体和网站的大部分报道都对此冷嘲热讽。

那些专业博客写手的语言尤其犀利，不过听上去还不算太离谱。BloggingStocks.com的萨拉·吉尔伯特这样写道："看起来，就算新的混合咖啡和全自动的咖啡机也没法成为拯救星巴克危机的'灵丹妙药'。"他认为我们的做法是"狗急跳墙"。"还不如老老实实经营他们擅长的东西呢，"托德·沙利文在SeekingAlpha.com上写道，"星巴克似乎想要急切地寻求更多的出路"。《华尔街日报》引用一位投资者的话："我早该抛掉的。"，这位股民估计自己的星巴克股票已经损失了8万美元。

"他们不能再这样自以为是了。我们都很清楚——这可不是什么脑部手术，只是咖啡罢了。"一位企业顾问在《今日美国》的一篇文章中写道，这篇文章刊登在专门让那些一知半解的专家发表建议的侧栏。除了少数几点内容外，这篇文章读起来就像摘自我们宣言的内容一样：味道更好了，面向那些新新人类，回报顾客的忠诚，让大家变得更健康，抛弃与星巴克品位不符的食物，整理店面，恢复“带给顾客的星巴克体验”，少开门店，出售套餐，赠送咖啡。把这些加入自己的业务中可能并不能被称为“脑部手术”，但是局外人也无法感知到服务业中精神激励的微妙之处，尤其是对星巴克这样充满情感联系的品牌来说。星巴克不仅是一家服务大众的咖啡公司，更是一家提供咖啡的人文公司，人文关怀比改变任何松饼烹饪的方式或者营销战略更具挑战性。我的许多决定之所以让人们感到疑惑，只是因为他们不明白代表我们公司文化的无形价值所在。

其他方面，关于三叶草咖啡机的公关宣传开始了，当几个独立的咖啡馆听说三叶草公司被收购后，纷纷发表声明，说将出售他们的机器，并抱怨说他们不愿意付钱给星巴克来保养设备。

对我们的首个网上交流社区MyStarbucksIdea.com，人们也是褒贬不一。“我对这个网站的怀疑在我登录的一瞬间烟消云散了，”IntranetBlog.com的托比 · 沃德说，“这个网站很简洁，并且容易操作。”不那么热衷网络的人指出，星巴克建立这种无法操控的意见箱是要冒很大风险的——这是我们必须依靠自己来克服的情感障碍。

时间能告诉人们什么是对的，而从我们的愿景来看，MyStarbucksIdea.com的表现已经超出了我们的预期。Salesforce.com定制的技术以及我们的管理员们，共同掀起了一股顾客参与的浪潮。网站开通后一个星期，就有10万人参与了投票。前两个月内，41万条建议涌入。“把音乐声调小一点儿”，“给老顾客提供免费饮料”……克里斯的团队把这些建议转达给其他部门，产品团队、研发、公共事务以及营销部门，还有我和领导团队。其中一个主题开始浮现出来，对价值的进一步渴望——人们希望用同样的钱可以获得更多的服务；另一个主题是，忠诚的顾客想获得一种对他们频繁光顾星巴克的奖励。这些发现让我们对即将紧随新产品推出的回馈计划——派克市场烘焙咖啡的前景越发感到乐观。

★★★

在曼哈顿寒冷的早晨，能喝一杯热咖啡是再惬意不过的事情了。星巴克正式推出了它的“日常”咖啡新品：派克市场烘焙咖啡。浩大的全国性宣传活动从东海岸延伸至西海岸，成为全美最大的咖啡品尝活动。

4 月 8 日，我飞到纽约参加了一场活动，我与克里夫和雪莉一起来到布莱恩特公园，该公园位于纽约公立图书馆后面，公园里绿树成荫。在公园的正中央耸立着按实际大小复制的星巴克最早的门店。我太喜欢它了！艾米 · 卡凡纳和她带领的爱德曼团队——我们的公关公司，把西雅图的门店搬到了东海岸。我们甚至请这家店最早的经理简恩 · 西蒙斯也飞到这里，在这一天经营这家模拟门店。

在我们的周围，咖啡师们推着小车，为旁边的人们送上了热气腾腾的咖啡试饮样品。与此同时，从加利福尼亚州到缅因州，全美的 7 100 家门店里，伙伴身穿印有“醇厚”、“清新”、“丝滑”字样的T恤衫，组织着免费咖啡品尝活动。另外一个值得注意的细节是，咖啡杯上绿色美人鱼的标志被星巴克早期那个棕色的略带性感的美人鱼标志所取代。

派克市场烘焙咖啡的发布活动是迄今为止星巴克进行过的最大规模的营销活动，因为公司从来没有为全国性的广告活动做过预算。我们从各地零星的营销活动费用中抽出资金来负担这些费用，与其他全国性零售企业通常的花费相比，我们的预算实在不值一提。以如此快的速度大规模地推广产品需要后勤人员和创意英雄。在这一天以前，我们曾经无比焦虑。我向人们施加压力，米歇尔、特里、克里夫和旺达也都向手下人施加过压力，但是每一个相关部门全都在曾经觉得不可思议的截止日期前完成了任务，就好像我们只有一家门店，共同为着一个目的而努力一样。

站在布莱恩特公园里，我和克里夫都觉得自己做了正确的事情。一段时期以来，这是第一次星巴克的伙伴们在为了一个使命而努力，而不是单纯地追求增长。这次的促销活动并不是搞公关噱头，更像是一种发自内心的庆祝活动，弘扬星巴克的传统，专注于咖啡，并让我们所有人都投入其中。

从派克市场烘焙咖啡，到重新定义鲜煮咖啡，给了我们一个能共同为之努力的意义深远的管理目标。这对我们正在进行的变革历程是十分重要的。

当我站在摄像机前接受采访时，寒风刺骨，而我只穿着西装，系着领带，后来克里夫坚持让我穿上他的大衣，虽然这件衣服的号码比我的要大一两号。裹着他的大衣，我查看了一下电子邮件，我收到了我们全美各地伙伴们发来的信，他们正与顾客们分享咖啡样品、与他们互动。还有些好消息，顾客们喜欢派克市场烘焙咖啡的口味，在得知这一品种将持续供应时，他们都非常高兴。那一天鲜煮咖啡的销量很好，到处都是关于星巴克的报道，仅报纸和电视的报道就值几百万美元的广告费。

那天下午我们飞回西雅图，在派克市场的第一家星巴克店里参加了另一场活动。在5小时的旅途中，我们讨论了派克市场烘焙咖啡前景看好的原因，我们可以把这个经验推广到将来的项目中去。最终，我们得出了结论，无论是产品本身，还是我们将产品推向市场的方法，都符合星巴克三条重要的成功准则：

对我们的伙伴们来说是正确的，而且让他们参与其中。

对我们的顾客来说是正确的，而且满足了他们的需求。

对我们的事业来说是正确的。

不幸的是，我没有意识到，在那一季度中，公司所做的一切并非都符合这三条重要准则。

★★★

2008年4月底，我们看到了星巴克第二季度的财务数据，它让人非常失望。

与2007年同期相比，这个季度的营运收益只有17.8亿美元，下跌了26%，令人难以置信。总赢利只有10.9亿美元，同比下降了28%，营业利润从10.7%缩水到7.1%。更恐怖的是，星巴克的总体同店销售额史无前例地呈现了下滑态势。仅在美国，客户交易量就下降了5%，而每单交易额，即每位顾客每次光顾的消费额只上涨了1%！怎么形容这些数字带给我们的震惊都不为过。在过去的16年中，同店销售额年增长率至少为5%，如今这低迷的表现是前所未有且难以预料的，几乎让人窒息。尽管我们不再向华尔街汇报我们的同店销售数据，但财务报表上的赤字已经铭刻在了我的脑海里。

面对这样的结果，星巴克的高管们需要更多的信心坚信我们可以真正地改变公司。我相信，曾与我共同完成变革议程的米歇尔和克里夫也会同意我的看法（但是并非我们团队中的所有人都会相信）或是有能力执行我所提出的计划。我记得当我再次获得对公司的控制权时，另一位再次担任首席执行官的人告诉我："你的大部分领导团队成员将在一年内离职或更新。"

他的预言已经应验了。除了让克里夫主持美国业务，任命米歇尔为全球战略主管，任命克里斯 · 布鲁佐为临时首席技术官，任命切特 · 库奇纳德为人力资源部门负责人外，我最近还说服了星巴克最有才华的前领导者之一兼出色的建筑师亚瑟 · 鲁宾菲尔德再次担任我们全球门店发展部门的总裁，负责我们的房地产规划、新门店的设计和创意理念方面的工作。他最紧急的任务是审查我们目前的门店架构，这项工作的结果——关闭门店——可能会给公司内外的很多人造成巨大的痛苦。

这是个混乱的时期。领导星巴克仍然需要保持微妙的平衡，在我授权投资改善顾客体验、提高销售业绩的同时，还要坚持降低成本和管理费用，特别是在那些同我们的核心业务没有直接关联的领域内的开销。

在第二季度的财务报告电话会议中，我甚至有点儿要精神分裂了。一方面，我在承诺星巴克的复兴，另一方面，我报告的数据好像预示星巴克正走向了慢性死亡的道路。

在解释公司本周早些时候宣布的另一个重要决定（对许多人来说是非常突然的决定）之前，我告诉金融界，“没有什么东西是神圣不可侵犯的”。

星巴克将要调整其娱乐产业战略。

削减在音乐方面的经费对我来说是特别痛苦的，特别是作为董事会主席，我从一开始就看好娱乐产业，将它看作一个品牌的自然延伸，后来与唱片公司签订协议，参与电影业和其他与咖啡不相关的产业。现在我们大部分人都很清楚，娱乐部门目前的发展同我们的新使命和经济现实极不相符，而且分散了我们的精力。该部门的总裁确实很有创意，曾经取得过许多成功，但现在他已经离开了公司，其他许多有才华的人也都离开了公司。

我并不打算放弃星巴克已经建立起来的文化主导者的身份，各种各样的音乐和书籍仍然是星巴克体验的一部分。我们必须接受一个重新界定的更有投资效率、物有所值的娱乐业定位。同时利用现有的合作关系——与AT&T（美国电话电报公司）合作无线上网服务、苹果公司的门店内技术、康科德唱片公司的唱片、威廉–莫里斯经纪公司的图书综合在一起。我让克里斯 · 布鲁佐监管娱乐部门，并同意重新将其重心放在数字技术、唱片编辑和书籍上。

第二季度也有一些亮点。我们门店的消费品销量——主要是在杂货店销售的烘焙咖啡和泰舒茶的销售额——都在增长，所以消费品业务部门的营业收入也在增长。自三个星期前派克市场烘焙咖啡推出以来，鲜煮咖啡的销售也有了明显的上升，尤其是在鲜煮咖啡最受欢迎的市场——东部地区。派克市场烘焙咖啡已经成为我们销量第一的全豆咖啡。

至于竞争对手，我们的内部研究表明，我们没有输给任何一个公司，比如麦当劳。这是个好消息，但我们必须意识到，我们还需要同公众的观念以及快餐业巨头咄咄逼人的营销策略做斗争。

我们的研究还表明，星巴克自身的问题不是销售额下降的主要原因。“经济萧条是人们不再频繁光顾星巴克的主要原因。”当雷曼兄弟公司的分析师杰弗里 · 伯恩斯坦追问经济困境对顾客在星巴克消费的影响时，我如是说。

会议期间，我注意到一件极具讽刺意味的事情。雷曼兄弟公司是美国第四大投资公司，当时因为市场对其财务稳定性的质疑和股票的持续贬值而身处危机之中。除了雷曼兄弟公司外，美国其他巨型金融机构，像AIG（美国国际集团）和贝尔斯登也处于崩溃边缘，它们的风险投资是席卷全美的信贷危机产生的原因！华尔街不仅自己正在走向崩溃的深渊，还把我们所有人一起拖下了水。

那么，为什么我感觉星巴克像一只出气筒？

“4 美元的拿铁”——这个不真实的口号让星巴克在节俭时代成为浪费的标志，它并不是消费者在这个经济动荡时期的敌人，但它肯定很容易成为人们的攻击目标。

即使有时感觉自己就像在风中失去了方向，但我仍然拒绝屈从于不断增多的外部压力，我要专注于一切能让公司走上正轨的事情。

ONWARD

第 18 章

致命的问题

每个星巴克门店都有自己的特色。

乍一看，它们有着相似的外观和声音——音乐、色彩、菜单，你在度假地光顾的星巴克店可能和你家乡的星巴克店看上去差不多。但是，同任何地方的咖啡馆一样，每个星巴克店又都有点儿不同，原因很简单，就是人的不同。

在柜台的两端，那些经常光顾星巴克或者在星巴克工作的人，无可非议地都是世界上独一无二的。

2008 年，即使我们的客流量和销售额都有所减少，但每星期星巴克依旧为全球数以千万计的顾客服务。无论他们在哪儿，无论他们是谁，他们都可以在 8 万多种不同的产品组合中挑选自己喜欢的咖啡或浓缩咖啡，他们可以在早晨上班途中或中午休息的时候、在相亲或会友的时候、在为考试而奋斗的时候、阅读星期日的报纸的时候或写一本书的时候，尽情享受一杯星巴克。

多样性——各种各样的人类行为中的习惯、冲动和期望——始终是星巴克的特点。

同那些他们为之定制多样化饮料的顾客一样，我们的门店伙伴们也不尽相同。穿着统一绿色围裙的星巴克人几乎能代表每个种族和宗教，我们聘请二十几岁的孩子、上了年纪的中老年人、需要医疗保险的单亲妈妈和需要付租金的艺术家。对一些人而言，星巴克只是谋生的权宜之计，而另一些人则希望能与公司共创事业。无论是兼职的或全职的伙伴，他们中都包括为上大学攒钱的高中生，在读的大学生和应届毕业生，寻找自己梦想的人，前任高管以及发誓再也不在办公室里工作的人们。

“每名咖啡师背后都有一个故事。”一张悬挂在我们西雅图支持中心大厅的海报上这样写道。这是真的。

在每家不同的门店中，都会有一个人负责寻找伙伴们的共同点。有一个人要为创造令人舒适且温馨的宜人环境做出贡献。

这个人就是门店经理。

星巴克最好的门店经理是集教练、老板、营销人员、企业家、会计师、社区联络员和商人角色于一身的人。他们乐观，善于解决问题，是有着创造能力和分析能力的门店经营者，他们能调动激情、开启智慧，从而推动门店销售、伙伴忠诚度和门店利润的增加。最好的经理凡事亲力亲为，将门店当作自己的财产来对待。

管理门店的挑战不亚于表演一场魔术，在我们的变革阶段，我深知星巴克人处于强大的压力下。当我倡导将我们的注意力放到满足顾客需求上时，我也努力设身处地考虑我们门店的伙伴们，体谅他们在公司与市场间左右为难的感受。

我们都意识到，公司的门店经理是星巴克最有影响力的人，因为他们打造了星巴克的体验。然而，我们却没能帮助他们，使其成为他们能够成为的最好的管理者。

★★★

2008年夏天，克里夫在美国旅行，四处考察星巴克的门店，会见区域经理和门店经理。他观察的越细致，问的问题越多，他就越来越担心，越来越意识到星巴克门店运营的不足。

“这不是情感上的问题，”克里夫向我指出，“我们的伙伴们是热情的，并且希望能有所作为，尤其是从价值的角度来看。”

但是我们的许多伙伴虽然充满热情，却缺乏经营技巧和相应的工具。这并不少见，例如，一个经理向大家报告他或她的店是非常出色的，而实际上这家店却抓不住增加收入的机会，只能勉强维持收支平衡，甚至亏本。进货多少毫无规划，地板和桌子往往很脏，陈列的食品正随着时间流逝而逐渐变质。

我们还观察到，有的门店过于浪费，太多的咖啡被倒掉，点心常常不是脱销就是积压，导致了销售额的损失或产品的浪费。经理们常常花好几个小时来安排每周的工作——根据门店的客流量安排咖啡师的工作时间，但是门店仍然常常人手不足，或者伙伴们的效率不高。

星巴克人的时间和精力也被浪费掉了。当克里夫走进门店时，他总能看见伙伴们努力地工作，他们总是手忙脚乱、跑来跑去，但不知何故，长长的队伍和等待被蓄满的空杯子似乎暗示着我们还不够努力。这表明，我们的努力和产出之间严重脱节。

服务的速度是星巴克价值理念中很重要的内容——即使顾客打算只在这里坐一会儿，在这方面，克里夫相信我们可以做得更好，我们也必须做得更好。潜在顾客看到门店长长的等待队伍后会掉头走开。

这不能归咎于我们门店的伙伴。他们正在利用手头的资源和培训所传授的技巧做自己分内之事。为了让品牌营销取得最大的成功，星巴克需要一个具有更加严格规范的运营机制以最大限度地发掘我们的赢利潜力。

★★★

我们挖掘得越深，发现的问题就越多。

其中最突出的就是落后的技术。

2008年，作为一家大公司，我们还没有给我们的区域经理提供便利的技术工具和工作软件，以便他们在旅行期间仍然可以与门店保持密切联系——而世界上大多数专业人士早都已经在利用这些来管理业务了。我们的区域经理在旅途中甚至连上网都很难，很多人利用个人的电子邮箱或者拖着笨重的电脑到处奔走。

安置在每家门店的台式机太笨重、太破旧了，桌面甚至没有任何时尚的图案，也不具备多媒体功能，只是黑色的背景。我相信我们一些年轻的伙伴们都不会认为它是一台电脑！这太令人惊讶了。在2008年时它竟然还无法上网，也无法运行如电子表格、Word和PPT等基本软件，更不用说能帮助伙伴们运行复杂的数据分析程序了。门店经理不能自如地与公司以外的人互发电子邮件，这使得发送和接收附件变得非常困难。音像资料，比如卓越浓缩咖啡制作培训的光盘，甚至都不能在我们店内的电脑上播放（这就是我们不得不向每个门店分发DVD播放机的原因）。

简而言之，一家星巴克门店相当于一家年收入100万美元的企业，但它拥有的全部技术应用能力还不如一部苹果手机。

我们门店的销售系统，也称为电子收银机，是在古老的微软DOS平台上运行的，微软公司早在20世纪90年代中期就已经淘汰了这项技术。多年来我们不断升级我们的应用软件，但是该系统太过复杂，需要花6周的时间来学习。它也很不智能，如果咖啡师没有按照特定的顺序正确输入饮品的成分——规格、饮品名称，接下来要额外添加一份浓缩咖啡豆奶的话，他或她就只能重新输入了。而且，因为顾客很少能一次将自己对饮品的要求表述清楚，所以在点单处发生混乱是司空见惯的事。

任何懂得一点技术的人在向星巴克申请工作时——或者几乎每一位不到30岁的人，都毫无疑问地会被这个老古董吓到。更糟糕的是，我们的伙伴们曾提出过这个问题，但我们却没有理会，它让我们既付出了高昂的代价又处于尴尬的境地。

星巴克也许已经开始了咖啡革命，但是当技术革命来临时，我们却没能及时跟进。

一家价值100亿美元的全球性公司怎么会走到这一地步？这不是因为星巴克从未在其核心业务上投资，恰恰相反，公司领导在早期就颇有远见地在人员培训、制作流程和设备上大力投资，新的烘焙工厂也是早早就建造好了，这是我们成功的重要因素。但是有些东西，比如门店的技术，已经落后于时代了。其实这种情况并不是那么可怕，因为它给我们带来的既有问题也有机会。我们现在有机会改善我们的门店体验，使我们的伙伴们以及顾客都享受到更多的方便和愉悦。

克里夫很快意识到，如果星巴克要改善顾客体验，就必须在我们的门店进行大胆的变革，就像我们在西雅图开展的活动一样。然后他打响了重塑公司组织架构的战役，并踏上了改善门店运营的漫漫长路。

对我来说，这一现状令人无法忍受。我们必须改进门店内部和面向顾客服务的技术，使其更具有战略意义和前瞻性，并且必须从组织的最高层开始进行转变。过去，我们的首席信息官向首席财务官汇报，现在是时候让信息技术部门的负责人成为最高层领导团队的一部分了。所以，我已经开始物色果断、有远见以及认同星巴克理念且能将星巴克带入21世纪的信息技术部门的领导者。

我看到了弥补我们经营缺陷的一线希望，事实上，有两个。其一，我们的门店经理们能成功地应对各种挑战。其二，一旦他们拥有了恰当的技术和知识，那么，我相信他们的工作就能取得显著的进展。

不幸的是，并非所有的门店都可以进行改革。虽然我肯定要关闭一些门店，但我不知道究竟要关闭多少。

★★★

美国门店发展部门的高级副总裁亚瑟·鲁宾菲尔德和公司最有经验的门店房地产专家之一迈克·马朗向星巴克的董事会建议，公司将关闭近200家公司直营的本土门店，这让坐在会议桌前的我呆若木鸡。

“你确定这就够了吗？”董事会的一名成员问。

亚瑟和迈克 · 马朗对视了一下，转而又看向我。我们都知道，这个数字对零售企业而言相当巨大，何况是有史以来只关闭过寥寥几家门店的零售企业。此外，我们估计在本财务年度会注销 5 000 万美元的资产，此举注定会影响每一个部门，引发个人的痛苦，扰乱金融市场，让我们的竞争对手有机可乘，也会在互联网上引起巨大反响。

在董事会会议之前，亚瑟和迈克 · 马朗先向我提出了同样的建议。这是我在星巴克参加过的最严肃的会谈，我们所有人都很紧张。随着消费者信心指数创下 16 年来的新低，其他零售商们也在经历着销售业经营状态低迷的痛苦，但都从未采取过这样的应对措施——至少目前没有。更何况，我们已经取消了开设 348 家新店的计划，这本身已经是万分艰难的抉择了。但是这次不同，不是改革，而是要关闭如此多的门店，我感觉这就是失败，即使它是为了保证公司健康运营的正确决策。我希望弄清楚，作为一家公司，星巴克是怎么走到这一步的。

“如果你们的提议是对的，”我们坐在我的办公室，“给我做出解释，让我明白是什么原因让你们做出这个决定的。”

亚瑟和迈克 · 马朗通过分析，甚至动员了我们的营运部门和财务部门一同说服我，首先他们阐述了那些我已经知道的事实：

星巴克有能力建立和运营可赢利的门店，并且多年来一直很成功，这是因为我们始终坚持一个既简单又具有雄心的经济模式——销售投资之比为 2∶1。星巴克门店投入运营的第一年，投入 1 美元就可获得 2 美元的收益。例如，公司在门店租赁以及装修费用上支出了 40 万美元的成本，那么我们预计在运营的前 12 个月至少会有 80 万美元的收益。从星巴克的历史来看，星巴克在美国的门店平均每年能获益 100 万美元左右。这些所谓的门店效益已经是公认最好的了，因为很少有零售企业能够拥有像星巴克一样年复一年的辉煌。

但是在 2008 年，星巴克在历史上第一次出现了数百家门店无法达到这一销售投资比例的情况。门店延长了营业时间，但销售额仍难以弥补劳动力成本的开支。我们从研究中得出一些原因，人们不再在下午来喝咖啡了，即使来了的人也不再消费那么多了。在某些情况下，一家门店销售额的下滑是因为被另一家星巴克门店抢走了顾客或者因为位置不佳。更糟糕的是，大多数表现不佳的门店都是近两年新开张的，由此暴露了我们在门店选址上的失误。在我看来，这是我们狂妄自大的绝佳例证。

我又深吸了一口气。自从我担任首席执行官以来，公司经营快速下滑的场景一一浮现在我的脑海中。追求增长就像一种致癌物，当它成为我们最根本的工作目标时，也就使我们的关注点从收入和成本节约的机会上转移了，我们也没能有效地控制不断上涨的建筑成本和新设备的额外投资，比如烤箱。继而，随着消费者减少开支，我们面临着致命的打击——销售成本上升和收益的下降，这意味着星巴克的经济模式已不再可行。

诸如此类，再加上其他强加给公司的压力以及每个门店自身存在的问题，它们一起把我们拉进了一场由外部压力和自身失误引发的暴风骤雨之中，这造成了我们为求生存而被迫多战线作战的局面。

对我们现状的深入了解像突如其来的风暴一样淹没了我。

★★★

回到会议室，听到迈克 · 马朗和亚瑟的计划后，迈克 · 乌尔曼发言了：“你敢肯定需要关闭的门店就这么多吗？”詹姆斯 · 申南对此也持同样的看法。

房间里一片静寂，迈克 · 乌尔曼的话并不草率，现在是时候对业务做出最激烈的改变了。如果星巴克公司不得不关闭门店，如果我们不得不裁掉数百名伙伴，如果我们不得不注销数百万美元的资产，导致伙伴们士气低落，不得不损毁品牌在市场上的声誉，那么，我们的努力最好可以一步到位。

董事会要求我们回去后，再次更严格地审视为了支持整体业务我们应该关闭的门店数目，有人提出了假设性的问题：“假设我们不考虑公司门店的发展，不考虑自己的行为会给他人造成什么影响，只关注利润，那么，我们将要关闭多少家门店？”

我明白这个道理，但我、迈克和亚瑟都不可能不带任何感情地面对这个问题。这不仅是要关闭我们的门店，更将会扰乱我们的生活，对吧台内外的人而言都是如此。

在星巴克被无处不在的批评狂轰滥炸时，几乎每家门店都还保持着一种热情面对内部或外部压力的态度，这种热情就是我们的灵魂。每关闭一家门店，无异于抹去我们的记忆，而这是我不能忽视的现实。

ONWARD

第 19 章

艰难抉择

建设一个伟大而能够持续发展的公司需要有全局意识，并在关键时刻有果断决策的勇气。对于星巴克而言，2008 年 7 月正是我 26 年来首次面临不得不做出抉择的时刻。

600 家门店。

这就是最终我们决定在美国本土关闭的门店数量，是当初向董事会提出的数目的 3 倍。总之，它代表着美国公司自己拥有和经营的门店架构的 8%。最令人痛心的是，这涉及约 12 000 个岗位，或者换句话说，公司在全球 7% 的伙伴将被裁掉。

6 月 30 日，在公开宣布这个消息的前一天晚上，我又将其他星巴克事件的影响仔细思考了一番——泄露的备忘录、我重任首席执行官、暂时关闭 7 100 家门店进行卓越浓缩咖啡制作培训、我们在年度股东大会上公布的 6 个举措。所有这些可能导致的后果或非议，与永久地关闭 600 家门店以及随之而来的裁员将诱发的剧变相比，根本不值一提。

我把预定关闭的门店的名单看了一遍又一遍：堪萨斯州的威奇托开张仅一个月的直营店；华盛顿联邦路那家曾为顾客服务了 18 年的老店；我们将关闭得克萨斯州的 57 家门店；纽约 39 家；明尼苏达州 27 家；阿肯色州将关闭 8 家；密西西比州和内布拉斯加州各 7 家；还有北达科他州 4 家。一共有 234 家直营店和 72 家开设在商场的门店。总共要关闭加利福尼亚州 14% 的门店和佛罗里达州 10% 的门店——不巧的是，这两个地区都受到了房地产次贷危机的打击。几乎每个主要城市都将至少失去一家星巴克门店，我们所在的城市就要关闭 7 家店。

我们是根据同店销售数据决定要关闭哪些门店的。如果我们计算出它难以实现应有的收益，甚至在改善运营模式或者经济形势走上正轨后也无法扭亏为盈，一旦我们确定这一点，我们就很可能将其关闭。

此外，星巴克预计将付出 3.4 亿美元的税前费用，其中包括两亿美元的资产核销费用，以及 1.3 亿美元的店面租赁费。这些都是改进美国本土业务的必要成本。

然而，有一项统计数据让我大为恼火：所有待关闭的门店中有 70% 都是在过去三年中创建的，在我们急速前进的成长时期，星巴克竟然开了 2 300 家门店，这真的令人难以置信，我们将关闭近20%新开的门店！我们曾认为自己要做的只是炫耀成功，我心中暗想。我盯着名单上的600家门店，得到一个教训：如果你把扩大规模看作成功，那么这种成功必将会失败。曾令我着迷的大规模扩张（4万家门店），其实不是什么大问题。唯一有问题的是数字“一”，一杯咖啡，一位顾客，一个伙伴，每一次顾客光临后的体验。我们必须再次着眼于最紧迫的事情。

我摇摇头，想要睡上一两个小时。我并没有为我们过去的成就而感到自豪，我深切希望公司现在开始采取行动，让我们将来为此而骄傲。

★★★

星巴克增加关闭美国直营店的数量是变革战略的组成部分。

星巴克大约要关闭600家表现不佳的门店，公司为改善长期利润增长迈出了令人瞩目的一步……

7月1日，星期二下午的1点零5分，恰好是太平洋东海岸股市收盘后5分钟，我们发布了这样一篇新闻稿。

下午1点15分，我们媒体事务和投资者关系办公室的电话铃声不断，但星巴克正处于下一财务季度的沉默期，不允许我接受记者或者参与分析师的后续采访，也不允许任何星巴克人向他人做任何多余的解释，我们所能做的就是重申官方声明或者展示已在美国证券交易委员会备案的8–K报表。

我们的沉默毫无疑问给了大家揣测的空间，这种风险也是巨大的。我们怎样才能保全自己的品牌以及一贯奉行的人文精神？毕竟我们扰乱了这么多人的生活，我们承诺尽可能地为离职伙伴提供新的工作，这是我们计划中至关重要的一部分，也是领导团队和我一直坚持的。如果有70%的门店伙伴们能继续留在公司，我们至少能从中得到些安慰。其次，我们会提前30天通知因门店关闭而失业的伙伴们，因为这是前所未有的大规模裁员，特别是在零售业。我们也聘请了专业的员工援助人士，以解决每个伙伴面临的不同问题。

下午1点17分，我写给所有星巴克人的备忘录，通过电子邮件发送给全公司的伙伴们。我争取让星巴克人在一种真诚互信的氛围中，面对我们真实的境况。

回顾公司的历史，我们一直渴望以人为本。这使我们关闭门店的决定变得更加困难……与此同时，我们认识到必须要做出加强美国门店架构的决定，以使我们能够在2009财务年度提高营运效率，提升顾客满意度，确保我们的伙伴和客户的利益最大化。

到目前为止，这是我在星巴克25年来做出的最让我焦虑不安的决定，但我们也明白，向前看的能力是公司变革过程中应发展的一部分，包括追求创新和反思过去。我们过去做出的决定，现在看来是好坏各占一半。

1点45分，Starbucksgossip.com上充满了各种谣言和匿名的网友提出的意见。

下午2点30分，克里夫与各区域主管和地区经理召开了内部电话会议，与此同时，我们的首席财务官也召集分析师召开电话会议。

下午3点，我在9楼举行公开论坛。站在大厅主席台上的我深深明白，我们最大的挑战之一不是战略问题，而是情绪问题。

公司外部，投资者的态度正在转变，公众也有自己的看法。明天将有铺天盖地的新闻报道出现，激起更多的负面情绪。

星巴克关闭门店的计划可以看作公司变革承诺的延伸，但有些人可能会觉得我们在自掘坟墓。

★★★

消息宣布后6天，也就是2008年7月7日，我们的股票跌至52周以来的低点，每股价格为14.95美元。华尔街希望能看到星巴克更大的变动，而不仅仅是关闭门店。

“短线投资者大多可能会关注重组主题这一声明，”高盛的研究报告指出，“不过，长线投资者可能需要进一步了解当前的业务走势。”

“第一步是承认自身存在问题，”摩根士丹利的约翰 · 格拉斯写道，“理智的决定是受欢迎的，但也并不能解决近期面临的根本性挑战。虽然我们相信星巴克的品牌力量仍然可以影响美国的消费者，但这并不足以快速地使该公司扭转局面。”

几乎每家报纸、商业网站、新闻媒体和全国性广播电台的报道都印证了我们对媒体关注的焦点和态度的预期。

“从超大杯到大杯，星巴克主动缩减规模。”《时代周刊》网站以较为中立的态度这样写道。

“星巴克的全球垄断地位是否在走向衰落？”这一疑问最早出现在英国的媒体报道中，随后被《西雅图邮报》转载。

《福布斯》的网站上写道：“星巴克的低谷。”

《财富》报道：“星巴克无奈的新计划。”

Motley Fool旗下的报纸断言：“甜甜圈店与快餐店的组合，以及食品宅急送，将星巴克挤出了市场。”而《旧金山纪事报》则指出，星巴克600家门店的关闭是美国经济衰退的证据。“美国人已经决心放弃他们4美元的拿铁了，”文章写道，“2008年，再没有比这更能定义‘衰退’了。”

《基督教科学箴言报》指出：“为什么星巴克失去了它的魔力？”它猜测星巴克陷入麻烦是因为我们通过“给美国中产阶级那些他们正想要的”的方式打造了一种“酷”的感觉，这引发了市场上其他群体对这种所谓社会地位的嫉妒。这种狭隘的观点激怒了我，因为他们故意忽视（或者嫉妒）星巴克的使命以及对社会的实际贡献：建立人与人之间的联系。是的，这令批评家们皱起了眉头。对某些顾客而言，星巴克是一个有吸引力的品牌，甚至是一种自豪感的象征，但后者是我们最初无心插柳的结果。

星巴克从不想变得“酷”，我们的目标是和我们的顾客紧密联系在一起！

没有什么事情比这种人与人之间的联系更重要，尤其是在全球动荡、前景不明的情况下。

星巴克从不鼓励我们的咖啡师要“酷”，而是要“友好”，而且要求他们了解我们的咖啡，鼓励他们和顾客一同欢笑。星巴克公司不是为了“酷”才愿意在医疗保险和咖啡的道德采购标准上付出更多的，这只是我们认为正确的经营模式。

公司陷入困境，我们不能简单地将其归咎于某个原因或者某些流行文化的渐渐消亡。我们逐渐明白，我们即将面临的考验以及磨难远远没有这么简单。

★★★

2008年7月9日，《华尔街日报》报道了一个全国性的现象，这也是我们在西雅图所面临的："当地的星巴克是否继续营业，令顾客和雇员忧心忡忡。"文章这样开头。

在全美各地的星巴克门店中，不仅咖啡师担忧他们所在门店的命运，我们的老顾客也在担心他们的日常习惯是否会被打破，他们向我们的咖啡师提出了一连串问题，"你们会关闭吗"，"什么时候"，"你们会做什么"，"那我该去哪儿喝咖啡"，但星巴克人也无法给出答案。一名网友猜测哪家店将被舍弃，市场越来越恐慌，星巴克因没有披露完整的停业门店名单而受到大肆批评。

很显然，我们低估了大众对门店关闭的焦虑。出于尊重，我们本来想悄悄地告诉那些因门店关闭而被解雇的伙伴们，也是为了在停业前的几个月里，防止门店的伙伴流失或对顾客有所怠慢。本来，我们原计划先在7月中旬披露前50家即将停业的门店，然后再在以后几个月里陆续披露将关闭的门店。但是，自从意识到公众的焦虑程度后，我们非常迅速地改变了计划，在7月17日公布了全部名单。

接着，具有讽刺意味的是，不同寻常的事情发生了。那些曾说星巴克是昂贵奢侈品的人，马上转投阵营，同我们的顾客和全美各地的社区一起呼吁"拯救我们的星巴克"。他们的呼吁形式多种多样，电子邮件、信件，甚至还有堆在克里夫办公桌上的请愿书，在Saveourstarbucks.com上，这些呼吁从未间断。

"星巴克不只是咖啡馆。"一位积极保护加州奇诺岗门店的女士写道：

> 你在星巴克会见朋友，在炎热的夏天为孩子点一些冷饮，你在这里学习，用电脑工作，阅读或者仅仅在舒适的扶手椅里安静地打发时间。这家星巴克已成为我们小社区的一部分，我们希望尽我们所能帮助它。

俄亥俄州奈尔斯的一位顾客写道：

> 请不要关闭北卡门的星巴克门店，我和妻子每天都去那里喝咖啡，我们同那里的员工非常熟悉，早已成为朋友了。

印第安纳州的一位居民写道：

> 请不要关闭印第安纳州伯蒂奇6号的星巴克门店!!!!!这是我们到过的最好的星巴克，它干净整洁，那里的工作人员，所有的工作人员，始终

都特别友好，他们都为自己的门店而骄傲……我们经常光顾这里……我们爱这里的每一个人，他们真的在加倍努力使每个人都高兴……请重新考虑!!!!!!!

一位明尼苏达州的女士总结了许多我们常常听到的：

我无法相信“我的”星巴克就要关闭了。直到你将要失去它，你才知道它有多么重要。

我的私人邮箱中也充满了更多相同内容的邮件，但我注意到了其中的一封。

尊敬的舒尔茨先生：

过去两年来我常常光顾佛罗里达州杰克逊维尔菲利普斯大街上的星巴克店。这里的工作人员非常不错，他们每天都非常热情、亲切。因此，我觉得，这家店一定会赢得你的青睐。

像这样的反映还有很多。最值得注意的是那些发自内心的、理解我们对社区肩负的责任、支持每天为顾客提供星巴克体验的星巴克门店经理和咖啡师的言论。从我的角度看，我认为这些顾客的态度很好地证明了伙伴们的成功，而且我也不是那唯一的，抑或是最重要的品牌大使。

在西雅图，克里夫、亚瑟和迈克他们花大量的时间阅读那些饱含真诚的电子邮件，有些人热情承诺他们将给自己最喜欢的门店带来更多生意。我们和全美各地的市长，或者至少是一位州长、城市官员举行电话会议，并且他们也一对一地同那些在“安全”门店工作的伙伴们交换意见，这些人都坚持要帮助那些即将关闭的门店的伙伴们。

迈克曾在自己职业生涯中经历过无数次零售门店关闭的事，有一天，迈克对克里夫说：“你知道，关闭门店时有这样的外界反应在其他公司是不可能发生的。”

这对每一个不得不将个人感情从工作中剥离出来的人来说都是一种挑战，我们都收到过为每一家即将关闭的门店而写来的恳求信。因此，迈克的团队重新进行了一次财务审核，但得出的数据真的根本不足以改变我们的决定。要坚持决定真的很不容易，但迈克和他的团队心中有着更大的目标：尽可能快地调整星巴克的门店架构，以确保公司未来的健康运转，保障仍继续营业的 6 500 家本土门店的未来。

★★★

几个月来，在一间会议室里，迈克和他的由房地产专家、律师和外部顾问组成的 6 人团队，不断地通过电话与数百名房屋出租方解除法律关系和租赁关系。这是困难且复杂的工作。

20 多年来，星巴克一直是不错的租户，对同一地区的租户而言，我们就像是吸引顾客的磁石。由于我们公司的资金实力，开发商总觉得与星巴克签署的租赁合同比同其他零售商签署的更安全。现在我们的业主中不乏那些与星巴克伙伴们建立了深厚感情的人，当他们看到星巴克的新计划后，他们的态度从冷静合作变得难以应付。每个开发商或物业公司都有自己的经济难题。大型公共地产开发商、房地产投资信托，都必须对自己的股东负责。对于个体出租者来说，一间空置的房屋，可能意味着无能力支付房贷或者延迟退休。我们尽了最大努力保证公平交易，花费了数百万美元争取最好地应对所有糟糕的情况，尽可能设身处地为业主着想，并采取了能加快进程的相应措施。

当迈克的同事挂断一个交换条件特别苛刻的谈判电话后，迈克提醒他，通常变更租约的零售租户很少能像星巴克做得这么多。“大多数零售商只需走进去，把钥匙扔在桌上，然后离开。”

然而，公司也只能为减轻不可避免的伤害让步至此，有些愤怒的业主将事情告知当地的媒体，污蔑星巴克变更租约的条件是不公平的，星巴克没有践行自己的承诺。还有些人甚至对星巴克提起诉讼。我的私人电子邮箱就收到了暴风雨般的投诉和中伤星巴克的邮件，但是伙伴和业主受到的伤害更大。

与此同时，我看到了一线希望。那是来自顾客、星巴克人对门店的挽留，甚至另外一些业主也承认星巴克是一股积极的力量，是许多社区的中流砥柱。无论在公司内部还是外部，从来没有这么多人，充满激情地同时站出来，自发地拥护我们的存在。

“如果是本地的邓肯甜甜圈关闭会有这么多人站出来吗？”《华尔街日报》社论版的副编辑丹尼尔 · 亨宁格这样写道，“这是怎么回事？这不可能只是因为咖啡。”

亨宁格的文章着实抓住了问题的关键，我想，这是因为每家星巴克门店都有着保持微妙与细致平衡的精神。

> 一个朋友说，星巴克关闭门店让她想起了那些抗议关闭社区教堂的人。的确，这些门店就像世俗的小教堂，墙上没有标语说你必须保持安静、礼貌或沉思，但是人们却自觉地这样做了。这样的例子比比皆是。另外，还有拒绝多走两个街区光顾附近星巴克门店的人。辉煌岁月里，城市中每10个街区就有一座教堂，没有人会去自己街区以外的教堂，他们需要自己的教堂，他们不知不觉地走进了不同地方的天主教或基督教长老会，但那种感觉都是一样的……我并不会那么频繁地光顾星巴克，我也不经常去教堂。不过，我为我们在每个地方都有一家星巴克而高兴。

我从亨宁格的比喻里找到一些安慰，我很高兴公司外的人能欣赏星巴克给社区带来的独特价值。在我阅读每封信时，在之后的几个月里我走进门店开始我的倾听之旅时，在召集伙伴或者顾客举行会议时，我都会想起星巴克的价值观。

有一天，在华盛顿州塔科马港市附近的莱克伍德镇中心，一位穿着紫色圆领毛衣的老妇人举起了手，“我有几个意见，”她说，“我有个16岁半的孙女住在密西西比州的麦迪逊，当她知道我今晚能见到你时，她跟我说：‘奶奶，跪下祈求他不要关闭麦迪逊店吧！’”然后，她站了起来，在其他顾客的掌声和微笑的鼓励下，她真的在我面前单膝下跪祈求我。我能说什么呢？我微笑并承诺要去密西西比的门店看看，我们的确这样做了，但可悲的是，和其他门店一样，它无法再维持下去了。

我的心情很沉重，但我坚信星巴克不仅仅是咖啡的信念却从未如此强烈过。

ONWARD

第 20 章

没有灵丹妙药

“一段时间以来，我们一直在寻找一种新冷饮，希望它能创造新的、独特的、让顾客兴奋的口感，就像 10 年前的星冰乐那样。”我在 2008 年第二季度的财务报告电话会议上说，那时还没有确定这款新式意大利饮品的名称——雪芭。

我敦促人们尽快将这种美味的饮品推向市场，希望它能给夏天注入新的活力。“我们找到了最终能带我们回归传统的东西。”

我描述着雪芭丝滑细腻的如冰激凌般的口感，对这款味道极好的产品，我大加赞扬，乐观、自信地相信它有潜力吸引客流回归。

直觉告诉我没有特效药能拯救公司。好市多公司的吉姆 · 塞内加尔和该公司的创始人兼首席执行官莱斯 · 维克斯纳都是值得信赖的朋友，他们在与我探讨变革时便谈到了这一点，其实我自己也明白，但在内心深处，我仍然非常急切地希冀有一件事情能奇迹般地解决我们所有的问题。到 2008 年夏天，我将这种希望全部寄托在了雪芭上面。

★★★

在我们力图拓展市场需求的时期，雪芭并不是那一季度星巴克唯一的主打产品，尽管它才是星巴克很长一段时间里才在市场上推出的真正新鲜的有创意的饮品。的确，在我们过去的营销历史中，一款款应季饮品层出不穷，有时甚至一次推出好几种。星巴克的新品推广并不总是与战略同步，顾客和咖啡师常常感到应接不暇，例如，新的混合咖啡，新的泰舒茶，新的食品争相吸引着他们的注意力。如此一来，就很难有某种产品可以突显出来。

那年夏天，除了雪芭外，还有两个潜力特别巨大、能扩大需求的策略：星巴克的首批忠诚顾客回馈计划和新兴的健康产品平台。

我在年度股东大会上宣布并赢得了掌声的回馈计划，在4月份首次推出时反应平平，这完全归咎于我们同时还在门店里推出了派克市场烘焙咖啡，这使得回馈计划的推进被放到了次要的位置。尽管我们的忠实顾客要求回馈他们的呼声越来越高，但是却未得到我们咖啡师的重视和积极的推广，星巴克回馈卡被忽视了。

2008年6月，我们重新启动了这项计划，单独地推广这一计划，并对伙伴们进行了更充分的培训，顾客上网注册即可获得免费饮料，它最终得以广为流行。2008年7月，已有数百万人在网上注册了，为他们的星巴克卡再次充值的总额达到1.5亿美元。

尽管该回馈计划不像新款意大利饮品那样具有内在的浪漫气息，但仍然是星巴克强大有力的新开始。每7名顾客里就有1人使用星巴克卡，这让我们有意将此项目以及相关的价值促销提升到一个新的高度。而且一旦我们破译了忠诚和价值的密码，就将实现多重目标。

- 销售额上升
- 回报我们的核心顾客
- 在经济不景气时为大众提供他们寻求的价值，同时不损害品牌的价值
- 减少信用卡交易，从而节省数百万美元的手续费
- 发展成本相对较低的在线业务，加强与顾客的联系

得益于MyStarbucksIdea.com，我们无须等很长时间就能看到顾客对星巴克卡和其他提升价值项目的反馈，顾客通过网络社区坦率地告诉我们星巴克的失误以及他们的喜好。那个夏天，我们还在少数城市开展了另一项提升价值的收据回馈计划，并得到了积极的响应。早晨在门店购买任何产品的顾客，在下午两点后购买任何冷饮时，都可以用收据抵消两美元。刊登在MyStarbucksIdea.com的帖子要求我们在全美开展这项活动，这有助于我们增加下午的客流量。

星巴克卡和收据回馈计划成功地迎合了顾客对价值回报的要求，另一项计划则适应了另一种消费偏好的趋势。

★★★

世界各地的人们，包括我在内，都开始注重健康的生活方式：更经常地锻炼

身体，选择低脂肪、低糖的天然食品。在社会力量和医学力量的推动下，星巴克也迎合了这个趋势，这不仅是明智的营销策略，也符合我们的价值观和使命。

作为一个消费者信得过的品牌，星巴克在进军利润丰厚的健康产品市场，以及促进其发展方面，处于独一无二的地位。早在2008年1月，我们就悄悄地开展了健康产品方面的创新，并着手改进我们现有产品的营养价值。现在，我们已经在减少核心饮料、点心中的热量和脂肪含量方面取得了进展。但我认为我们可以更进一步，我暗自考虑着星巴克该如何挤进这个市场，也许甚至可以推出属于我们自己的产品。

我们在美国、英国和加拿大推广健康产品的第一个项目于2008年7月中旬展开：营养丰富的Vivanno。

Vivanno是星巴克对优雅的诠释。它是一种浓稠的冷饮，由一整根香蕉、特制的乳清蛋白粉、乳品或者豆奶混合冰沙制成。实际上这种饮料已推广了8个月，有柑橘香蕉芒果和香蕉巧克力两种口味。它混合了水果、15克蛋白质、5克纤维质，热量不超过270卡路里——不添加人造色素、糖精或者高果糖玉米糖浆。

Vivanno在吸引顾客方面面临着两个障碍。首先，我们在加州推出雪芭的同时将它推向了市场，因此，正如回馈计划被派克市场烘焙咖啡抢了风头一样，在我们大肆宣传了意大利新饮品后，Vivanno也就有被忽视的风险。其次，也是更复杂的问题，就是加入Vivanno中的香蕉必须新鲜，这是第一次对易腐水果的运送提出了要求，我们必须保证将新鲜的香蕉送达各个门店，这给我们的物流和后勤出了难题。

新健康产品以及忠诚回馈方案，不仅仅在促进业务增长方面有着巨大的潜力，同时也满足了顾客的需求，符合星巴克的品牌价值观。

尽管如此，我仍然将赌注压在了雪芭上。

★★★

就在雪芭计划推出的前两周，克里夫忽然想到，“利润从哪儿来呢？”他想知道答案。

2008年7月15日，酸奶雪芭、柑橘沙冰雪芭以及这两者的结合体——浓郁柑橘沙冰雪芭，这三种口味的雪芭将在300多家南加州门店出售，该产品的原料已经从意大利运到了我们的仓库中，伙伴们正在接受制作这种饮料的培训，店内的产品广告鲜艳而夺目。

但我们还没为该产品定价，克里夫正为他听到的报价以及可能的回报率而心烦意乱。有人建议 10 盎司的雪芭售价为 1.95 美元，只略高于中杯咖啡的价格，这会令利润率下降至 16%，就算售价为 2.25 美元，利润率也只有 24%，离我们兴高采烈地从意大利回来时盘算的期望值——70% 的利润率——相差甚远。

事实是，利润额已经被比预期更高的成本以及难以预见的问题大大削减了。虽然我们计划在美国本土生产原料，因为目前我们横跨大西洋的采购和空运需要巨大的支出，况且美元对欧元的汇率差价也是一笔高昂的费用。更重要的是，为了保证饮料的口感一致，公司不得不购买数百台新机器，只为制作以乳品为主的雪芭饮料。这些投资都不是我们在从意大利回国时能预料到的。

但我们来不及后悔了，加州数百家门店里已开始宣传这种饮品，色彩鲜艳的超大“样品图”已经摆在门店的橱窗和地板上。一份 10 盎司雪芭，盛在定制的容器中，只卖 2.95 美元（实现预定利润额基础上的定价）。在最初的几个星期里，它的销量很不错，每家店每天至少可以卖出 40 杯。

然而，问题很快就出现了。

第一，大量的雪芭被倒掉，而不是被顾客买去了。

第二，我们购买的制作雪芭的酸奶混合机在每天营业结束时要花一个半小时进行清理，大大超出了伙伴们的预期，也让咖啡师对该产品的热情不断冷却。我们门店的伙伴喜欢雪芭的味道，可他们不喜欢清理工作，尽管我们后来将清理时间压缩至 45 分钟，他们还是很烦恼。但是，根据我们推广派克市场烘焙咖啡的经验，新品推广要想获得成功必须得到咖啡师们的支持。

第三，雪芭含有大量的糖，虽然美味却使其无法满足顾客对健康食品的要求，也不符合我们重点推广健康食品的战略。

夏意渐浓，面对雪芭销售低于预期利润额的局面，我们不得不承认，它所增加的销量不足以弥补其复杂过程中付出的劳动以及高昂的成本。

除了失望，我也觉得自己需要对此负点儿责任，我和克里夫达成共识，我们应该放弃它。

换个时间，换个环境，或者将雪芭的销售规模缩小一儿点，或许再调整一下产品。毕竟，它还是十分美味的。但我们选择了减少自己的损失，毕竟还有更多的问题需要我们关注，所以我们决定放弃雪芭。

到底发生了什么？我问自己。是我被创新的渴望蒙蔽了吗？星巴克曾经特别善于创造那些立即就能满足消费者需求的产品，雪芭也是按照这个思路开发的。

我执着地相信雪芭是拯救星巴克的灵丹妙药。

但是根本没有这种东西。

增长的同店销售额不是，新的混合咖啡产品不是，忠诚度或价值回馈计划不是，健康的食品和饮料也不是。

是的，实行变革让星巴克实现可持续的赢利性增长模式的机会比比皆是，但拯救公司不是某一次行动、某一种产品、某一次改良、某一个人就能做到的。我们只有做到所有这些，才能成功。星巴克的变革是个复杂的难题，我们要把我们所做的一切拼接成一个整体。我们要把重点放在做正确的事情上，放在与伙伴们、顾客、股东以及我们品牌相关的事情上去。

ONWARD

第 21 章
拯救星巴克

“我很抱歉，”在 1 000 名星巴克伙伴面前，我说话的速度比平常慢了一些，“如果这个房间里的任何人认为过去几周发生的事情，特别是我们昨天做的那些事，让公司的文化和价值观蒙受了损失，那么我道歉。”

9层支持中心挤满了我们的伙伴，有些人甚至站到了楼梯和8层的公共区域，他们有的席地而坐，有的抱着双臂站在那里，他们凝视着我。

“这是我们不得不做出的决定，”我解释道，“虽然我们也觉得很遗憾。”

截至前一天，7月29日星期二，星巴克公司已经削减了1 000个非门店岗位，整个企业有550人被辞退。其中180人是西雅图地区的伙伴们，许多人曾在支持中心工作过。

我们尽可能地对每个离职伙伴进行面对面的引导，整整一天，各部门的经理与我们的人力资源专家一起，进行了一系列他们职业生涯中最艰难的谈话，温和地通知各位伙伴或朋友不用再来星巴克工作了。被解雇的伙伴们回到自己的办公桌前，在几小时内收拾好各自的物品，从自己的电脑中下载那些他们需要的信息，最后道别。如果他们愿意，也可以在周末回来收拾自己的物品。我们允许他们自己安排离职前要做的事情，没有派人员监督他们。同时还为他们提供再就业援助，帮他们重新找到适合自己的工作，并引导他们向前看，给予他们新的电子邮件账户和访问伙伴援助方案的权限。我们公平地对待他们，根据他们的职位和工龄向他们分发各自的离职金。可是这一切还是如此艰难。

我在自己的办公室里与几个要离开的伙伴谈了谈，然后在公司里走了一圈。人们含着泪水，与要离职的伙伴拥抱告别。

“这不是针对个人的。”我们告诉离职的伙伴们。

当然，解雇伙伴是关乎每个人的事。这对于那些决策者和消息传达者来说，有切身的感受，对于那些许多年来一直为建立品牌做贡献的人以及刚刚加入公司的人来说，也有切身的感受，对于数百个无疑将受到影响的家庭，对于那些有抵押贷款、欠费账单以及孩子们生日即将到来的父母，对于那些打算买房子或者仅仅是买日用品的夫妇，对于那些自己养活自己的男人或者女人，对于那些需要还清贷款、补给家庭成员或为退休而储蓄的人来说，感受都是切身的。还有，对于那些指望着星巴克的医疗保险或者幼儿补贴的人，或者梦想着靠401（k）账户以及公司股票生活的人来说，感受也都是切身的。

我不能够设身处地地为他们着想了。我只能告诉你们，我必须承担起这个巨大的责任，带领星巴克度过这从未有过的、自1月我复职以来经济形势一直持续恶化的、最严峻的时期。

由于美国当时的工资水平基本与之前持平，消费者的债务居高不下，天然气成本增加，失业人口日益增多。2008年6月，美国的失业率已攀升至5.5%，达到了自2004年10月以来的最高水平。星巴克不是唯一重组的企业。人们最后一次收拾好财物，拿着证件等在电梯旁，生命中再也没有什么事比工作日中途回家、面对一个不确定的未来更让人难过的了。

这次裁员对那些留下来的、今天仍站在我面前的伙伴们来说，也是一种冲击。我演讲时并不感到紧张，只是注意安抚这个非常苦涩而悲伤的局面，同时意识到公司正经历着现实中紧迫的挑战，星巴克人需要继续前进的信心，我们一定要翻过这一页。

不同于其他时期，对星巴克公司而言，这是个决定性的时刻，也是个艰难而令人难以平静的时刻，所以我才在昨天专门处理这件事。让那些充满激情的、才华横溢的、应得到帮助的伙伴们离开我们的公司，这个决定是我没有预料到的，它也令我措手不及……我知道人们会愤怒和悲痛，我也知道人们会失去理智，但考虑到公司未来的可持续发展，我不得不做出这个艰难的抉择。我们的收入和利润都必须同较低的成本结构挂钩，否则我们会陷入更糟糕的情形。我们这个月的客流量已经比上个月减少了，而上个月的又比前一个月的少。我们没有看到新顾客光临我们的门店。

那么，我们该如何应对呢？

★★★

除了正在实施的刺激顾客需求和增加客流量的许多举措外，我们还必须控制公司的成本。关闭门店和提升效率只是个开始，我们需要更大程度地削减开支。

星巴克没有站在那些自恃势力强大而不担心倒闭的国际金融机构的阵营中，我们从来都不是不负责任的公司。但或许是我们自以为是了，自认为不至于倒闭，所以我们的工作或者运营才会失控。我们很少认真地花时间去回顾与反思过去，也很少质疑自己是否让资源优势得以充分发挥。

西雅图的情况类似于克里夫在门店目睹的情况。我们的领导和伙伴总是忙得不可开交，长时间将自己置于越来越大的压力下，但他们的工作——像等待被填满的空杯子——仍做不完。在门店，我们不是重新考虑如何提升咖啡师制作咖啡或调制饮品的质量，而是常常增加伙伴来分担工作量，或者在有些情况下让顾客容忍不太完美的饮品。同样，为了配合新店的开张步伐，面对短期的压力，我们常常做出招聘伙伴的决定。更确切地说，每一家新店开业，我们的供应链管理部门就承担着更多的提供材料和设备的压力。由于这一部门的运转速度太快，它根本没有时间权衡成本效益，以最恰当的方式同供应商合作发货。这一部门没有错，它也不是唯一出现这种情况的部门。我们的多数业务部门都在奋力追求他们满意的最佳目标，但并非都采用了最佳的工作方法。

在吉姆 · 唐纳德任首席执行官的两年间，他已经认识到星巴克的成本管理缺乏力度，并敦促公司“改善管理”，压缩开支。但大幅度的削减从来没有完全实现过，部分原因是没有推行紧缩政策的迫切需求，直到现在。公司销售额的急速下降——7月份销售报表显示又下降 7%，这让我蒙羞——暴露了我们僵化的无效率运营。领导团队和我一致认为星巴克只能从我们的永久性成本账户上果断地削减数千万美元资产，这就意味着要缩减我们的伙伴队伍。

那个月早些时候，为期一天的会议在紧张地召开，领导团队排除阻力，艰难地做出了决定，让各业务部门降低其成本百分比。没有人规定某人或多少人应该离开。为减轻痛苦，我必须让自己坚信，我是在牺牲一小部分人保全大部分人来拯救我们的公司。如果我要提升公司的长期价值，我就不得不做出这个艰难的选择。最终，我下定了决心。

接下来的日子里，每个部门的领导都闭门工作——这在他们的伙伴中已不是秘密，开始评估谁可以留下而谁将离去。当我拿到那份辞退名单时，我希望看到每一个名字，绝不允许任何一个人名被工号代替。我要知道每个被辞退的伙伴的姓名和职务。我想知道他们是谁，他们在公司工作了多少年。在多数情况下，伙伴们是公司的中流砥柱，他们有着良好的业绩，只是我们再也无力负担他们的薪水了。在某些情况下，我亲自核查，以确保没有因人为原因或者幕后操纵而被列入辞退名单的伙伴，我会询问这个伙伴离开或者留下的原因。

我同领导团队都清楚，裁员对公司来说是残酷的，甚至可以说，是绝对残酷的事情。即使我们尽可能地表现出同情，但我们的行为似乎也仍是不公平的。

但是，无所作为带来的悲剧会更加残酷。

★★★

“为什么你不干脆卖掉公司？”星巴克公司以外的人提出了一个尖锐的问题，这暗示着有一个更大的企业可以接手来控制局面，并让公司扭亏为盈。

公司内部的伙伴们可能不知道的是，作为首席执行官，大幅消减成本的压力从四面八方向我涌来。媒体或网络上各方人士坚持认为星巴克的好日子已经过去了。投资者希望星巴克放弃公司直接负责经营门店的模式，引入特许经营机制，让其他人拥有并经营我们的门店，然后向星巴克支付特许经营费。表面上看，它具有经济价值。特许经营将给予我们更多的现金以应对竞争，也可以显著提高我们的资本回报率。但是，如果星巴克割让门店所有权给上百个个体，会使我们更难让伙伴们对公司保持基本的信任，反过来最终会影响到他们与顾客已经建立起来的信任与联系。特许经营在其他公司运作良好，但是，我认为，它会冲击我们独特的企业文化，以至于让我们成为完全不同的星巴克。

“你们能烘焙多少咖啡？”有人问。

“每年4亿磅。”

“哦，如果你仅仅降低5个百分点的品质，没有人会知道的，但这将节省几百万美元！”这是一个严肃的建议，但星巴克永远不会为节省成本而牺牲产品的质量。

我们即将召集近万名门店、地区以及区域的经理开会，有些人坚持要我取消这次会议，因为会议的开销非常巨大，但是我认为，为了伟大的目的，这是值得的。我们迫切需要重新与星巴克人建立感情上的互信。

对各种各样的建议，我根本不予考虑。每个品牌都有着内在的细微差别，如果妥协，尽管在短期会有回报，但是却会渐渐侵蚀品牌的内涵。随着星巴克的发展，我们必须忠于自己的价值观，再次对其进行投资，再次专注于曾令我们取得成功的事情，而不是采取权宜之计。我们必须有信念，如果我们是可靠的，如果我们是真心的，并能坚持到底，那么这种变革就是可行的。

“如果我有些怀疑，丝毫怀疑，” 我告诉那些建议出售星巴克的人，“怀疑我们找不回公司的辉煌、品牌的价值、门店的体验以及伙伴们的自豪感，那么我会是第一个说‘让我们卖掉公司’的人。”

我需要在裁员之后的公开论坛上向我们的伙伴重复同样的信念，我需要他们继续保持坚强，并专注于自己的工作。但在当时的情况下，这并不容易做到。

> 我能够看到光明，我知道什么是我们必须做的。我们必须展现星巴克的魅力，我们必须去工作。工作意味着我们必须找到解决难题的答案，我们必须高度重视至关紧要的问题，立即停止在不相关的事情上浪费时间以及金钱。
>
> 最重要的是，我们要推行那些能解决迫在眉睫的问题的措施，并且发现那些我们未意识到的事情，寻求新的方式以求其变得更好、更有远见、更有效率，同时还要推动改革和创新。
>
> 这是对公司的真正考验，也是对聚集在这里的每个人的真正考验。我们能够成功的理由和我们过去取得成功的理由是一样的，它并非股票价格或媒体的宣传，我们的成功得益于那些我们相信的和我们拥护的事情。
>
> 我坚信公司的未来，因为我信任你们所有的人。

当然，不是每个人都相信我，公司内外有许多人都质疑我的领导能力，质疑我是否可以将公司带出深渊。事实上，在过去的 24 小时里，我收到了很多来自被辞退的伙伴的电子邮件，他们感谢我给了他们成为星巴克一部分的机会，并感谢公司以富有同情心的方式来对待他们。我也收到了那些感觉自己被出卖了的伙伴的邮件，他们质疑我们是否尊重公司的指导原则。有一封简短的信中写道：“为人们提供令人振奋的体验，丰富人们生活的每一天。你还记得这曾经意味着什么吗？我记得。”

面对挫折的当务之急就是，我要站在星巴克人面前，给他们公开发泄的机会。无论如何，他们已经在抱怨了，但我希望，对我发泄可以让人们更坚信已经被我破坏的价值观。开诚布公面对一切是我的自然反应，也是坦诚的象征，这种坦诚也是我希望公司内部的每个人都能展现的。

当我让人们发表意见和提问时，有几个人走到房间里的麦克风前。有人读着准备好的书面意见，还有一些人即兴发言。风险管理部门的经理肖恩·沙纳汉，话语中透着紧张，自那天他辞退了自己团队中的一些人后就一直如此。他直视着我的眼睛，“昨天，我们执行了你的命令，和一些人谈了谈，”他说，“但我不想再做这些了。”他整理了一下思路，“我需要知道你听到了，我们不想再来一次。因此，我们希望向你提出我们可能从来没有在你面前要求过的……你和你身边的人准备对我们负起责任吗？”

“我想你有这个权利，”我答道，“谢谢你能讲出来。”肖恩是正确的，星巴克的领导者将以我们过去从未有过的方式负起责任。

★★★

在这个充满不确定性的时期，果断决策是至关重要的，尤其在选择谁和我一起领导星巴克的问题上。我将继续完善和调整星巴克的领导团队，转换人们的角色，友好地和一些人告别，并欢迎新伙伴加入。

董事会成员克雷格·韦瑟厄普提出要引进有丰富经验的外部专业人士，为星巴克的管理层注入新鲜的血液。这些人应该有丰富的品牌创建经验，并且在大公司有着良好的工作表现。我始终认为，要勇往直前，我们需要接受新的观点和方法。无论规模大小，星巴克一直都在吸引着技能型领导人。

我们的挑战是寻找那些所取得的成就与个人的价值观相匹配的，并喜欢或欣赏星巴克文化的人。这是很难平衡的选择，因为错误的人选会破坏公司的文化。热衷玩弄权术迎合上级而不是很好地带领团队，没有能力赢得团队成员的尊重或信任，这些特征都是置公司于死地的毒药。当涉及聘用时，我对人的品质有种类似第六感的直觉，即使别人对我的选择表示怀疑，我也经常追随我的第六感。我不止一次地从内部提拔领导者，让他们担任从未担任过的职位，我看中他们的核心技术、决心以及对星巴克本身的激情，我全心全意地相信，这些品质会给我们带来成功。

因为公司正处于如此困境中，我和领导团队做出的每个决定都比以往任何时候更重要。如果我把错误的人安置在不适合的位置上或是让其保留在错误的位置上，那么公司将进一步偏离方向。

截至7月底，除了裁员外，我还做出了一些重要的变更领导团队成员的决定，也包括一些令人感到意外的决定。

我发现了我们的首席信息官史蒂芬·吉莱特，他曾在零售业以外的行业担任首席信息官，年仅32岁，他好像是最年轻的财富500强公司的首席信息官，这使得一些人质疑他是否能胜任这一艰巨的工作——更新我们老旧的技术设备。但史蒂芬带着对技术的敏锐、丰富的数字媒体知识和强烈的好奇心来到了星巴克，这些都是他在数字媒体公司Corbis、CNET以及雅虎磨炼出的特质。他思维活跃，这点也给我留下了深刻的印象。他灿烂的笑容让我感觉到他有一颗善良的心。

为了监督我们的供应链，我任命彼得·吉本斯担任全球供应链管理部门的总负责人，他语气温和但态度强硬。他在2007年从一个大化工公司跳槽来到星巴克，他在工作中严于律己，而且在工作中充满自豪感。彼得也许比其他星巴克人更清楚我们分销和物流系统的糟糕现状，而这正是我最不了解的领域。当我拍着他的肩膀任命他为我们全球供应链的执行副总裁时，我深信他会把果断和专业精神带到工作中去。

2008年9月，维瓦克·瓦玛在微软工作了12年后加盟星巴克，负责我们的公共事务部门。我早就认识维瓦克·瓦玛，并且曾就星巴克在几个方面所面临的复杂问题征求过他的意见，我发现他总能切中要点。他很有自信，说话直截了当。虽然我们意见并不总能一致，但维瓦克能从战略的角度和社会良知的高度陈述问题，在向世界介绍星巴克的问题上，我相信他可以驾轻就熟地处理。

克里夫继续负责我们日益下滑的美国业务，作为总裁，这是个看似风光但实则艰苦的工作。我曾经与米歇尔·盖斯并肩合作，一同确定了公司的变革议程方向，所以我需要她回来担当市场营销和产品部门的负责人，负责监督市场营销、创意、饮品、咖啡创新和食物的运营。保拉·博格斯是从戴尔公司跳槽来到星巴克的，是我们的法律与企业事务的执行副总裁。切特·库奇纳德是伙伴资源部门的负责人。亚瑟·鲁宾菲尔德重新担任全球门店发展部门总裁。亚瑟的坚定信念和创造性的工作，除了解决我们房地产业务面临的挑战外，他的设计团队已经开始展望、畅想未来星巴克门店的外观设计和其带给顾客的感觉。除了领导团队中这些职位的变更外，我知道还将有更多的人事变动。

仅靠我自己，是救不了星巴克的。当我重新担任首席执行官时，我从来没有想过我有能力这样做，也不相信自己有这种能力。我没有灵丹妙药，像所有领导者一样，我需要聚集强大的智囊团，他们将会带来新的想法、信念和勇气，他们挑战已有的一切，甚至挑战我本人。这意味着将让一些人离开公司，不管这是不是我的决定，都不容易。

★★★

2008年7月29日，这个日子在星巴克内部被称为“黑色星期二”，那是一个黑暗的日子。除了裁员事件外，有些人质疑我的主张。在周末，我们的销售额也创下了新低，我们的成本结构也无法支撑利润增长。

我们公布了星巴克在第三季度净亏损670万美元的消息，我知道明天世界各地会有这样的头条新闻，星巴克已经出现了历史上的首次亏损。不管这是不是由于变革议程带来的一次性成本所造成的——我们的确在此之前赚了钱，尽管没有以前那么多，但亏损就是亏损。

想到那些已知和未知的众多挑战，我的脑海中出现了那个熟悉的词：“一路向前。”这不仅仅是一个口号或态度，它似乎有着双重意味：星巴克将如何战斗，以及如何在这日益复杂的前景暗淡的时期开展业务。

“一路向前”包含着乐观与放眼世界的态度，向前是一个永无休止的旅程，我们要向过去致敬，同时重塑未来。

“一路向前”意味着不仅要为精神和希望而战斗，也要追求创新，对业务严格要求，不断追求道德与责任的平衡。

“一路向前”意味着就要有坚定的信心，把顾客需求放在第一位，尊重竞争对手，稳步前进。

是的，每个星巴克人的热情都将被调动起来——对咖啡、环境、营销或者设计的热情，只要我们没有停止对利润的追求。

“一路向前”意味着要出淤泥而不染，在对股东的责任与社会良知间保持平衡。从本能和人文关怀的角度出发，平衡财务需求和调查研究结果之间的矛盾。

“一路向前”还诠释着星巴克在保持平衡方面的努力，我们为此在困境中挣扎，也因此而发展壮大。我们目标高远，脚踏实地，这是我们取胜的方式。

我知道这是事实。

这不是我一个人的信念。下面的内容来自加拿大埃德蒙顿的区域经理辛迪·甘杰·哈里斯写来的信，我们从来没有见过面，邮件是在2008年7月31日午夜前发送的。

霍华德：

从您在语音信箱中的语气以及各种新闻报道和博客文章中可以得知，看起来好像有许多人表达了自己的忧虑和对你曾做出的业务决策的失望。

我想让您知道，还有很多相信您的伙伴们。我已经与星巴克共度了近11个春秋，所以懂得要追求和维护我们的崇高地位就必须做出艰难的决定、做出必要的牺牲。我相信，那些决定能使我们在正确的道路上前行。我们需要比过去更努力地工作，并以极大的努力和对企业的信心，一路向前。

在我拜访门店的过程中，我决心与所有门店的伙伴们保持联系，不仅仅是经理。我和他们谈论培训、他们的体验，并征求他们的意见。我谈了我们作为一家公司所经历的，并向他们保证，虽然我们面临着前所未有的挑战，我还是在星巴克看到了不胜枚举的例子，比如我们如何面对逆境，如何努力“做正确的事”，如何基于我们的使命做决定。

谢谢您所做的，也谢谢您创造了一个对我来说十分理想的工作场所。即使有些日子非常艰难，但它们总会被那些我所改变的和改变了我的星巴克人的努力所征服。

我们是一个与众不同的公司，是行业内最好的工作地点之一，我绝对有信心，奇迹就在前方。

ONWARD

【第四部分】
希望

ONWARD

第 22 章

危机的真相

2008 年 9 月 15 日，经济以自由落体的速度急剧下滑。

成立于 1844 年的雷曼兄弟公司，最初是家百货公司，后来成为一家投资银行。尽管有美国联邦储备委员会和同业竞争者的全力挽救，雷曼兄弟公司还是成为美国历史上最大的破产者。那个星期的晚些时候，我要在洛杉矶召开董事会预备会议，坐在办公室里的我盯着电视，震惊不已地看着画面中的雷曼兄弟公司员工正收拾东西准备离开。

同一天，强大的美林证券公司同意了美国银行的收购，本质上说，这是拯救了自己，避免了重蹈雷曼兄弟公司的覆辙。美国国际集团这家全球保险业的巨头，也面临资金短缺，正处在崩溃的边缘。它带来的毁灭性后果或许将波及几十个国家。

在西雅图，华盛顿互惠银行是美国西北地区的本土银行，一度蓬勃发展，成为全美最大的储蓄和贷款机构，但也因大规模的不良抵押贷款资产组合而陷入了困境。

没有人知道，这些金融巨头复杂的高风险投资的影响将达到何种程度，可一旦到了那天，我们最终都将明白。9 月 15 日，华尔街股市下跌超过 500 点，创造了继 2001 年“9 · 11”恐怖袭击事件后的最大单日跌幅。虽然星巴克的股票一直徘徊在每股 15 美元左右，一天没有下跌多少，但是上千亿美元的个人财富却消失了，影响了千百万的人们，也包括我们的伙伴们和他们的家庭。

那天，安德鲁 · 罗斯 · 索尔金在《纽约时报》上写道：

> 这些震撼人心的变化，重塑了美国的金融格局。在这动荡的一年，曾经骄傲的金融机构因不良抵押贷款和房地产融资而损失数千亿美元，不得不低头屈服，翻开新的篇章。彼得 · G · 彼得森说：“天啊，我已经从商 35 年了，这是我见过的最不寻常的事情。”彼得是私人股权投资公司黑石集团的创办人之一……去年价值超过 1 000 亿美元的美林证券公司的出售，以及雷曼兄弟公司的破产是否足以扭转局势，结束长达一年动摇华尔街和美国经济基础的金融危机，还有待观察。随着金融危机不断加深，过去一年中，

失业人数不断增加，经济增长放缓，经济实力已被削弱。

这么多令人敬仰的公司崩溃得如此迅速、如此惨烈，让无数人为之震惊。

对金融体系、经济体系以及星巴克来说，恰好可以利用此次危机发现自身的致命缺陷。一方面，和因银行管理不善而导致的破坏程度相比，星巴克的问题以及我们的错误根本不值得一提。另一方面，我们的失误可能像银行一样导致公司毁灭，因此它比以往星巴克需要解决的问题要重要得多。我们正处于危机中，数以千计的伙伴们需要工作，我们的股东还没有对我们丧失信心，也没有准备撤走投资。我们的情况要好一些，我们必须承认错误，并纠正错误。

对后台营运而言，这尤其重要。不断加剧的金融风暴给我们的销售额和利润率带来了更严重的威胁，谨慎的消费者无疑会减少可支配支出。这意味着，在生活支出方面，他们会减少在星巴克的消费。在金融危机的影响下，一些权威人士将星巴克描绘成了一个奢侈品的代表，这一观念正在对我们顾客的心理产生影响，使一些人认为，购买星巴克咖啡是不够节俭的行为。

为了弥补损失的销量，我们将不得不削减数亿美元的永久性成本。2008 年 9 月，削减星巴克的不必要营运开支已经迫在眉睫。

★★★

一封电子邮件写道："车轮和车脱离了。"

这是一个星期六的上午，9 月 15 日金融市场崩溃前的两个星期，星巴克东北大西洋地区的高级副总裁吉姆 · 麦克德密特在发给彼得 · 吉本斯的一封电子邮件中提到的，说明了最近发生的存货大量积压的问题。彼得刚接手星巴克的供应链管理部门几个星期，他已经认识到，供应链管理部门——这个由 1 300 个伙伴组成的业务部门，负责采购、烘焙、包装、仓储、运输星巴克咖啡、饮品配料、烘焙食品、商品以及零售供应，是一个"官僚怪物"。

吉姆说："我敢说，在整个区域，甚至在全美我们都让我们的区域经理、门店经理和门店伙伴们感到了真正的痛苦。"

在曼哈顿，100 多个门店每天都缺少食品和其他基本物品，如燕麦的配料，这是很受欢迎的早餐。作为健康食品平台的一部分，我们在菜单里加了这一项。但每家店都不能及时得到供货，有些门店甚至连杯子都用完了！足智多谋的门店经理和咖啡师不得不绞尽脑汁想办法，这导致他们无法专心地为顾客服务。尽管纽约市的业务麻烦，部分是我们的供应商正在经历的问题，但这种现象是不能容忍的。在整个东北部，物流问题影响着门店的销量和伙伴的士气。

星巴克的供应链运作一直是独特而富有挑战性的。每个星期，我们会把4个仓库的咖啡豆从5个区域的咖啡烘焙厂运出，通过50个配送中心和多个供应商运往世界各地，需要运送85 000次。每年在美国和加拿大，有6.08亿份糕点送到了我们的门店，还有1.03亿加仑的牛奶、2.42亿磅的咖啡，我们大多数门店每天至少有一次供货，根据天气条件的变化而有所不同。在芝加哥，潮湿的天气意味着门店可能会在中午前用完脱脂牛奶。如果阴雨连绵一周，就意味着库存会积压。

如果一家门店订购的商品不能全数及时到达，那么顾客的要求就无法满足，门店和公司失去的不仅是销量，还包括顾客对星巴克的好感，而这正是现在发生的情况。2008年，门店及时地收到所需要的所有物品的比例是35%，很有可能每天都如此，数以千计的门店总会缺少某些东西。顾客和伙伴的失望更是难以测算。每当一个咖啡师不得不告诉顾客“对不起，我们的香草糖浆用完了”，或者“我们没有收到香蕉，所以我不能为你制作Vivanno了”的时候，星巴克和我们的伙伴们以及星巴克与广大顾客之间脆弱的信任纽带就被割裂了。

作为公司变革的一部分，供应链管理部门承受着来自美国业务的强大压力，以改善向门店的供货服务，同时，他们也承受着首席财务官要求降低飙升的成本的压力。

公司并没有完全忽视供应链管理部门的问题。在彼得担任领导之前，该部门已经进行了重组，但人们普遍认为这只是让事情变得更复杂而且让部门的伙伴和供应商们感到更加困惑。正如吉姆·麦克德密特所指出的，我们在这方面仍然缺乏规范，这显然会带来后患。

2008年9月3日，星期三凌晨5点，也就是吉姆发给彼得紧急求救信的4天后，一个长期的伙伴，圣路易斯的区域经理蒂娜·塞拉诺给她的地区配送经理发了一封邮件，提出她所在门店瓶装水供给不足的问题。

我听说大约12个门店用完了Ethos瓶装水。有些门店已经缺货将近一个星期了。你能帮忙吗？这周末城里将有一个大型集会，但我们没有水。

6小时后，在做了更多的详细调查后，蒂娜发了另一封邮件。

我想让你们知道，到处都缺货！

那天，蒂娜的电子邮件被不停地转发，一直到上报给公司高层。最后，在第二天的上午6点36分，一封“Ethos瓶装水缺货”的电子邮件发送给了区域副总裁瑞奇·纳尔逊，瑞奇发邮件通知门店服务部门的高级副总裁克雷格·罗素，克雷格立即发电子邮件通知彼得·吉本斯。

彼得：

我希望你能看到影响东南部的Ethos瓶装水供应问题。我们的团队正在试图解决，但问题似乎远远超出了他们的控制范围。

这个问题传到我这里的时候，我走上9楼，来到彼得的办公室，坐在办公桌前的椅子上，听他简单介绍了有关情况。数十家星巴克店的Ethos瓶装水没货了，或者它们的供应已经见底，但许多仓库没有任何Ethos瓶装水的库存补给。这让我感到难以置信。

“为什么会这样？”一部分Ethos瓶装水的销售所得是要捐赠出去的，这让我更加沮丧。

“别担心，”彼得平静地向我保证，“这一切都会解决的。”

“但是，到底为什么会出现这样的情况？”

彼得没有拐弯抹角，而是直截了当地回答了我的问题。“目前的供应链管理部门非常混乱，没有人知道谁应该负责水供应这部分工作。我们马上就会处理这个问题，这种事不会再发生了。”这真是令人难以置信。

多年来，我一直明白我们生产和供应业务的整体成本效益和效率与我们咖啡的品质不匹配。我听到过这样的抱怨，但是多年来供应链管理部门一直忙于跟随公司爆炸式增长的脚步，“只要把物品送到店里”是首要任务，但它没有足够的时间来关注规范和培养能力，以适应建立一个世界级水平供应链的要求。公司的高层领导者也没有理由坚持在供应链管理上面进行投资。我们门店的业绩远远弥补了或者说掩盖了物流配送的低效率。尽管如此，我们每年仍有几十万美元的不必要开支，比如从美国向欧洲供货，而不是在欧洲本地采购，浪费了大量的运费。又比如，和过多的当地烘焙厂商做生意，导致我们的食物味道不一致，还浪费了成本，而从一两个供应商那里大量采购就可以节约不少成本，比如说蓝莓麦芬。

像我们的信息技术系统一样，星巴克的供应链还没有随着他们所支撑的公司的规模和复杂性而发展成熟起来。

在董事会看来，问题的另一个根源，是我们缺乏供应链管理专业知识。问题并不是出在现任领导者或经理身上，而是出在我们的文化上。星巴克一直极力提拔人才，为他们提供进一步发展的空间，即使他们似乎并无明显的潜力。多年来，这并没有什么问题，我们的伙伴也很喜欢这样的机会。但那些仅仅有意愿成为领导者且勤劳的人们却无法胜任自己的工作，不管他们多么渴望成功。在这种情况下，供应链运作变得非常复杂，这个部门迫切需要专家，而不是通才。

对此，我要承担部分责任。以前，我作为董事会主席或首席执行官时，并没有特别关注星巴克的供应链问题。坦率地说，我的注意力集中在公司的“发动机”上：通过建立星巴克品牌，打造星巴克体验和激励我们的伙伴来创造收益，这些都是我的工作重点和激情所在，也是我力所能及的事情，就像很多人一样，我专注于自己的强项。

不过，诸如Ethos瓶装水断货这样的问题，虽然不一定直接危及业务，但它让我看到了我作为一个领导者所欠缺的：我没有在自己不精通或者不感兴趣的业务方面深入钻研。我应该经常看看“引擎盖”的下面。现在，我有机会自我纠正，并熟悉公司的后勤业务，正如我在自己擅长的领域所做的那样，这也是我撤销首席运营官这一职位的初衷。

尽管如此，供应链管理部门仍然需要有自己的领袖，这个人应具有决定权，找到问题所在，并采取成熟的解决方案。我非常信任彼得，他加盟星巴克后担任生产主管，尽管这和他以前的职务相比要低。彼得从18岁起一直从事后勤工作，最初他在苏格兰的一家地板厂工作。在他20年的职业生涯中，他在比星巴克规模更大、门店更多和产品更全的企业里工作过，引领了剧烈的供应链改革。此外，彼得是一个天生的领导者，他的信心和直截了当的沟通方式让他很快赢得了伙伴们的尊重，在主持第一次供应链管理部门公开论坛时，他发现这些伙伴们迫切需要了解供应链的各个环节。

“归根结底，”彼得一遍又一遍地重复，“就是有人负责下单，有人负责在仓库里按订单操作，货物被装上卡车，并运给门店。这就是我们要做的。”

他改革供应链管理部门的策略可以概括为三个词：服务、成本、人才。在彼得的领导下，供应链管理部门树立了三个目标：向所有下单者提供一流的服务，无论下单的是我们的门店还是提供星巴克咖啡的酒店；第二，降低成本；第三，在内部培养，同时也从外部招聘交通运输、物流、流程和质量控制方面的专业人才。

“我不会用空话或承诺占用你们的时间，”彼得就供应链管理部门的低效服务记录，写了一封邮件给克里夫和12个地区的副总裁，“我只是想让你们知道，正在为您提供的服务水平是不能被接受的，不会再继续下去了。”

彼得要改革现行的制度以适应公司未来的发展，同时他也必须要保证我们的咖啡质量，又不会让我们与供应商之间的关系日渐疏远。

然而，公司推出的每一个新产品，都给供应链管理部门增加了新的难题。2008年9月10日，我也收到了一封抱怨我们供应链管理部门的电子邮件。投诉来自一个顾客。

亲爱的总裁先生：

确实很难找到有充足库存能够制造柑橘香蕉芒果Vivanno的门店了。我不得不开车四处寻找，一些店缺香蕉，一些店缺果汁。希望这种情况能得到改善。说实话，如果你们能保证供应，并且操作得当的话，我每天都会喝这款饮料，它的味道真的很好。

我把邮件转发给彼得，没有说其他话。这封邮件原本的主题是“难以寻觅的Vivanno”，这会告诉他所有他需要知道的事。

5天后，雷曼兄弟公司的倒闭引发了经济危机，并很快席卷世界。

★★★

2008年9月，关于华尔街股市下跌意味着什么的辩论正如火如荼地进行着。根据董事会的预定议程，我离开西雅图，到洛杉矶参加董事会会议。克里夫和我们的两名董事和我一起视察了门店。在洛杉矶市中心的一家星巴克门店，在同咖啡师兼该门店的经理克拉拉 · 罗兰一起参观后，我们在门店后区进行了一次私人谈话，谈论她的门店表现。我想知道门店目前卖什么，不卖什么，她和消费者都需要什么。

“经济那么糟糕，”我问克拉拉，“你是怎么让顾客回来的？”克拉拉思考了片刻才回答。

“我认为让我们的熟客来回答这个问题会更好。”克拉拉说。我不知道让顾客进入后区是否是一个好主意，但我听从了克拉拉的主张。她走出去，带回来一个穿西装的顾客。我一眼就看到他屁股后别着一把枪。“别担心，”看到我注意到他的手枪，他说，“我是警察。”原来他是洛杉矶警察局的探员，每天来这儿两三次。

我直截了当地问他为什么如此频繁地光顾星巴克。

“我可以很方便就去 7–11 便利店。”他实事求是地说。然后，他讲了他和他的妻子上周末在餐桌上的对话，就像其他数百万家庭做的事情一样，他们讨论了家庭的预算。“我妻子问我是否可以放弃每天去星巴克的习惯，”站在我们的后区，他讲了他当时的回答，“让我来告诉你为什么我不能放弃，因为这不仅仅是一杯咖啡，我有一份艰巨的工作，每天我看见的是任何人都不应看到和体验的事。但是，有一件值得欣慰的事是，每一天我可以享受那家门店的人带给我的感觉。”然后他直接告诉我，“这里的员工知道我孩子的名字，知道我到哪儿度假，他们会在我的咖啡杯上写便条。当我排在队伍的第七个，他们就开始为我煮咖啡了。”咖啡师知道他喜欢滚烫的没有泡沫并加了两种甜味剂的大杯脱脂拿铁咖啡。

他补充说，身为警务人员，他明白与人打交道时尊重别人很重要。“在你为他们服务时，你永远不知道人们的生活中发生了什么事情。”他停了一下接着说，“你要知道那可能是某些人在地球上的最后一天。”这个探员曾经受过伤，他说的并非玩笑话。“这是我自我逃避的方式，”他说，他最后告诉他的妻子，“你必须让我调整一下。”然后，警官凯文 · 科菲感谢我们给他机会让他谈谈心里话，他拥抱了克拉拉，然后走了出去。

对我来说，维系人们之间感情纽带的重要性是一个方面，但是从顾客那儿听到这一点，正是我与董事们开会之前所需要的激励。

ONWARD

第 23 章
激励人心的时刻

华尔街 2008 年 9 月的危机后一个月，也就是星巴克即将公布令人震惊的第四季度利润大幅减少之前的数星期，我面临巨大的压力——取消参加星巴克的领导团队会议，这是所有北美地区的区域经理和门店经理，有将近一万人参加的两年一度的会议，但是我却拒绝这样做。自我重新担任首席执行官以来，我就坚持要举办这次活动。

作为地方领导者，星巴克的门店经理对公司的变革起着关键作用。除非我们的咖啡师了解他们与顾客沟通的个人责任，除非我们的门店经理意识到需要对我们的门店赢利负责，否则，所有的成本削减和创新都将毫无意义。伙伴们打造的店内体验把品牌影响力扩大到了我们希望到达的任何地方。目前，经济形势以及我们的销售额、股市都在下滑，我需要毫无保留地表达我的感激之情，感激伙伴们所做的一切，并明确地告诉他们我们正处在危机之中。

以前我们也曾经尝试要召开领导团队大会，但是都取消了。原因之一是“9 · 11”恐怖袭击事件刚发生不久，原因之二是那样会产生不必要的开支。如今，到了 2008 年秋，至少对我来说，已经没有问题了。星巴克迫切需要召开一次会议，指导我们的伙伴，让全体伙伴对公司的宗旨更有信心。

几乎每一个美国城市都想举办这次星巴克会议。单是餐饮和住宿方面的开支就占本次 3 000 万美元会议经费的大部分，这对于任何地方来说都是一笔很大的收入。

我们最后选择了新奥尔良。

对某些人来说，这似乎是荒谬的。我们从来没有在西雅图以外的地方举行过会议。而且，这是一个偏远的尚未从 2005 年具有破坏性的卡特里娜飓风中恢复过来的城市。在这里协调数以万计的人的住宿、膳食和会议将是工作人员的噩梦。但是，这些反对去新奥尔良的理由，正是我们不得不去的原因，新奥尔良是南方城市，以爵士乐、狂欢节和好客而闻名。7 月的裁员和门店关闭（新奥尔良没有门店关闭），让星巴克失去的不只是金钱，还有伙伴们的信任。除非我们召集门店经理授予其新使命，教他们如何经营才能使门店更加赢利，否则，公司将会失败，我非常清楚这一点。

但是，重燃人们的激情和唤起他们的服务精神，必须由我们亲自来实现。虽然所有数字媒体技术能将人们“聚拢”在一起，但是我仍然相信，最真诚持久的人际关系来自彼此间的注视，而且中间需要没有任何障碍。在此微妙时刻，我们的伙伴们需要与我、星巴克的其他领导者，以及其他伙伴在新奥尔良面对面地沟通。

当时，其他美国城市的经历，似乎没有一个和我们的价值观以及我们面临的严峻考验类似。历史上，新奥尔良曾经和咖啡有过联系。密西西比河穿越新奥尔良，然后注入墨西哥湾，这里是咖啡进入美国的第一个港口。但是我们选择新奥尔良更多的是因为这个城市正在进行一场复兴的攻坚战。卡特里娜飓风是美国历史上五大飓风之一，从倒塌的堤坝涌入的洪水冲击着大地，摧毁了数以千计的房屋、学校。近 2 000 人丧生，数千人无家可归，造成很大的经济损失。在最危险的时刻，新奥尔良 80%的地方都被淹没了。十多万棵树被摧毁，暴风雨过后，造成的直接危害相当于 37 年所产生的垃圾对人类造成的伤害，而这都是在一天之内造成的。

然而，最令人震惊的是，新奥尔良的应急响应和重建工作一直进展缓慢，政府机构似乎也不关注。和全美各地的其他组织及个人一样，星巴克通过公司的基金会，承诺拨款 500 万美元，捐给这座城市。雪莉和我另外又捐了 100 万美元。但三年之后，这个城市还在挣扎，当领导团队会议的组织者克雷格 · 罗素和雪莉 · 克罗米特与市领导会面，商谈此次会议时，一位新奥尔良警察局的队长心有余悸地描述他的家人是如何熬过此劫的。一个连锁酒店的经理泪流满面，他认为星巴克会给这座城市带来生机。

会议召开前一个月，当我和克里夫走在新奥尔良第九区时，我也惊呆了。触目所及都是残破的社区，房屋摇摇欲坠，就像阳光下腐烂的木头一样。公园、游乐场、学校都很破败，空空荡荡。整个街区都被夷为平地，那儿的氛围就像墓地一样。这是难以想象的悲剧。风暴过后，很多市民纷纷离开新奥尔良到其他地方定居，也有一些人留下来决心重建家园，他们热爱自己的城市。在某些方面，他们的态度使我想起了卢旺达村民们的绝望、毅力、希望和自力更生的精神，他们正试图从 1994 年种族屠杀中获得新生。我知道，在 10 月，当星巴克的近 8 000 名门店经理、900 名区域经理、120 名地区主管、250 名国际伙伴、数十位高级领导，以及后勤工作人员在这座城市汇聚在一起长达一周时，我们不仅仅是在帮助自己，我们更是在帮助整个城市。

在新奥尔良召开的领导团队会议，如果举办成功将是一件激励人心的大事，它会让我们在最需要我们的地方、在我们的顾客面前展现我们的激情，我们将有更好的表现。

但如果一个星期的会议感觉上像是自我感觉良好的企业宴会，那么它就会失败。

如果它像是一个花哨的企业秀，一次紧张的演讲，或是领导者滔滔不绝的无聊的培训研讨会，那它也会失败。

它必须是发自肺腑的、互动的、诚恳的、充满感情、充满智慧的会议。

我们在新奥尔良举办的这次会议并不是在削减成本时期的奢侈之举，而是对公司伙伴和变革的一项投资，它真诚地提醒我们星巴克所代表的——提供变革的工具和知识，鼓舞并激励每个管理者返回各自的门店，经营更佳的业务。

如果会议举办成功，在新奥尔良的一周将非常宝贵，它会重新让人们建立起对我们公司及伙伴的信任。

在新奥尔良还会有很多事要发生。

★★★

2008 年 10 月 26 日星期日，我离开西雅图，同米歇尔、维瓦克、旺达、瓦莱丽一道前去参加会议。与此同时，数以千计的伙伴正离开他们的家和门店，登上飞机，辗转奔波，来新奥尔良与我们会面。我们谁也不能准确预测，这次会议的结果会如何，包括克雷格的 7 人小团队也无法预测，他们为此次会议策划了几个月。

为了保证我们伙伴的安全，尊重主办城市，后勤人员要为 1 万多人提供住宿、餐饮、培训，并激励他们，工作量相当大。我们将包下 38 家酒店，每天为 1 万多人准备三餐，在 32 家餐厅和宴会厅订餐，并在城里巨大的会议中心招待与会人员吃早餐和午餐，那里的工作人员甚至不够为我们所有人提供服务，我们从当地无家可归者收容所里招聘人员来帮助我们。

我们需要准备约一万个礼品袋，以及近一万份不同的议程表，因为每一个伙伴都有各自的与会日程表。这次会议主要包括五大部分：

- 信息会议、圆桌会议、小组讨论、教育选修
- 4个大型的互动式画廊，生动展现星巴克的使命宣言、价值观、经营理念、门店管理技能
- 社区志愿者活动，重建和修复新奥尔良市受灾最严重的一些公共场所和街道
- 闭幕大会，大家聚在一起参加重要的会议议程。在此期间，我们将宣布两个令人惊喜的消息，我知道，这两个消息会让我们的伙伴惊讶得站起来
- 为星巴克的伙伴们在4条街道举办集市，当地的数百家餐厅、艺术家、音乐家和演艺人员都将参与其中

我曾参与规划，但仍然难以想象会议究竟会有怎样的成果。我知道我们需要什么来实现它，但是成本又增加了，甚至超过了我的估算，当飞机着陆时，我的紧张情绪也随之加剧。新奥尔良的领导团队会议很可能是自1月份以来星巴克最具风险的一次举措，比派克市场烘焙咖啡、三叶草咖啡机、雪芭的成本更高，更受质疑。我感到这次投资的压力，即使我们将永远无法衡量其回报。

但飞机在新奥尔良路易斯阿姆斯特朗国际机场一降落，我就感到力量倍增。乐队正在演奏乐曲迎接我们的伙伴们，在我们前往酒店的街道上挂着宣扬"信念"的大型蓝色和绿色的横幅广告。米歇尔解释说，星巴克发给新奥尔良商会数以百计的横幅和海报，商会在全城张贴这些以欢迎我们的伙伴们。这太令人惊讶了！我们开车经过受灾最严重的第九区，其中一些家庭仍然因无家可归而居住在政府提供的拖车里，他们的贫穷和绝望已经超出了我的想象。

我为我们来到新奥尔良的理由而感到自豪，但这些原因也令我痛心不已。

到达酒店时，我的心情再次变了。我简直是迫不及待地登记入住！我感觉自己就像第一次来到迪士尼乐园的孩子，有着无限的好奇心和期待。我在酒店大堂等待米歇尔和维瓦克。"走吧，走吧。"我拍手笑着说，我急着到会议中心看那些大型互动画廊。SYPartners作为一家战略和设计公司，早些时候在西雅图的第一次甲壳虫会议时就和我们很熟稔了。根据克里夫和米歇尔希望我们的门店经理接受的特定理念，SYPartners公司将之设计为4座大型画廊。"触摸世界"是一家设计和生产公司，把

SYPartners的想法变成了现实。在车上，米歇尔描述了我在图纸上看到的东西：4个10万平方英尺的画廊，每个画廊都有不同的主题——咖啡、顾客、伙伴和门店。我想像我们的伙伴一样，进去并亲自体验每一个画廊。

我们把车停到了宏伟的欧内斯特米莫里尔会议中心，穿过玻璃门，迅速走向展览厅中以咖啡为主题的画廊。在画廊里，我突然停下脚步，因为面前展现的情景令人惊叹不已。这座至少两层高的展馆看上去一点儿也不像典型的贸易展会，而是真实展现了咖啡从土壤到杯子的旅程。近千棵咖啡树，代表着咖啡豆的原产地国家。有一个模拟的干燥天井，就像咖啡农场里的一样，在那里任何人都可以抓一把绿色咖啡豆，或者用耙子翻晒在地板上的数千颗咖啡豆。一个巨大的咖啡烘焙机已经组装好，这样，我们的一些烘焙大师可以带领门店经理在一个虚拟的烘焙厂参观。巨幅海报、照片和录像说明了咖啡道德采购的意义，星巴克是如何与咖啡农合作的，以及全球咖啡市场的广阔前景和待开发的潜力。画廊的精彩部分是咖啡豆的“最后10英尺”，展示的是咖啡豆到了咖啡师手中，他们准备烘焙，最后使之变成咖啡倒进杯中的过程。达布 · 海是我们最尊敬的一位咖啡专家，他将会带领伙伴们品尝咖啡，从而结束这次咖啡之旅。

这真令人难以置信。

另一个展区是顾客画廊，每一套设计都旨在让我们的伙伴们设身处地地为顾客着想。在塔状的展示台上，我可以端起一杯咖啡，举到我的耳边（如老式的儿童游戏“电话”），聆听那些支持中心收到的表扬或批评门店体验的顾客录音。

一个有趣的视频提醒我们的工作人员对每一个顾客应一视同仁，包括知道每一个咖啡师的熟客（我们亲切地称这种客户为“鲍勃”）以及首次光顾星巴克的人，不知道大杯和特大杯之间差异的客户（内部称这种客户为“非鲍勃”）。

在一个安静的展览上，伙伴们可以看到被抓拍下来的店里顾客的立体照片集。每张照片和标题都提醒我们，每一个星巴克门店都是一个独特的个体，透过屏幕，伙伴们可以与其他人近距离交流。这些照片强调了咖啡师工作的重要性，因为他或她很可能是那天唯一同顾客交流的人。

伙伴和门店画廊，也有10万平方英尺大，分为不同的专题，同样气势恢宏。画廊里几乎所有的支柱材料都是可回收、可重复使用的，或者是我们可以带回家的，以避免弄脏会展中心。整个体验显现出来的智慧、创造力和传达的内涵让我震撼。

每个画廊都是可进行互动的，充满感情的，有视觉冲击力的，就像在讲故事一样！

画廊打造了一种让人身临其境的体验，足以积极改变我们伙伴们的行为。当人们能看到、感受到某样东西，并与之互动，那么他们的思想就会开始转变。我相信我们的门店经理会像我们预期的那样，在会议结束后，能掌握管理团队、对待顾客、经营门店的新技能。他们理解和谈论咖啡的方式让我感觉到他们想去每座画廊体验的迫不及待的心情。

站在一个入口附近，看到我们为大家创造的这一切，我的心中一片宁静，“没错，”我对自己也对米歇尔说，“一切都会好的。”

★★★

“你们有多少人来？”

“一万。”克雷格·罗素可以想到电话那头人们震惊的表情。我们去新奥尔良之前的几个月，克雷格的团队接触了几个非营利性社区和非政府组织，让他们知道星巴克的领导团队会议将在他们的城市召开，我们想为他们提供一些帮助。尽管这些组织表示感激，但他们很快就明确指出，他们从没有举办过有数千名志愿者参加的活动。非政府组织没有足够的监管人员，甚至没有足够的铁锹！因此，除了提供人手外，我们还自己购买了锤子、铁锹和其他物资，足以装满两辆卡车，价值100万美元。

周一至周四，每天都约有2 000名伙伴选择一个组织，提供5个小时的志愿服务，做任何新奥尔良需要的事。在城市公园，一个1 300英亩的公共避难所，由于在卡特里娜飓风中遭受了数百万美元的损失，不得不将260个工作人员减少到30多人。我们的伙伴们沿海种植了6 500块青草皮，安放了10张野餐桌，使用的物资能装满四大卡车。在泰德·葛姆雷体育馆（高中足球比赛的热门地点），伙伴们重新粉刷了1 296阶台阶、12个入口坡道、数百米远的栏杆、半英里长的围墙。伙伴们在古提附近建了两个操场。将布罗德莫22个街区的街道和下水道清理干净。在霍利格罗夫，伙伴们清理了新奥尔良的第一个城市农场的污泥。一天内，我们联同新奥尔良城市艺术公司在25所公立学校画了1 350幅壁画，并与Hike for KaTREEna公司一起种植了1 040棵树。

那些非政府组织都对我们的能力大为惊讶。大部分人从未举办过像我们这种规模的活动，大都是只号召志愿者来工作一个小时左右。但是，当我们的团队展现出进取、活力、激情时，他们可以在两个半小时内完成计划4小时完成的项目。“给我们更多的任务！”我们大叫着，然后做了更多的工作。

我志愿帮助12个素未谋面的门店经理粉刷房子，这是我们志愿者修复的86个家园中的一个。这样，弃家三年后的居民们可以搬回来了。伴随着欢声笑语，我们互相帮助着爬上梯子，屈身粉刷前椽、挖掘、钻孔、锯东西、锤打、安门、铺地板，不过我们也感到了钻心的疼痛。我们和从卡特里娜飓风中幸存的人们交流，我们听到的不只是个人生命和财产损失的故事，还有邻里间关怀照顾彼此的故事。在新奥尔良社区，当人们难以用言语或微笑表达对我们的感激时，他们会默默流泪或拥抱我们。这是令人难以置信的真情流露的时刻。

“如果你放弃了，”我们帮助一位瘦小的老人重建了家园，他这样说，“你还不如躺下等死。”很显然，我们不只是帮助人们回到了自己的家园，而且还让他们找回了尊严。毫无疑问，我们对社会的贡献增强了伙伴们为星巴克工作的意义，我知道很难向未出席会议的人充分描述这种体验。

整个星期，我们的志愿者一直共同努力着。我们搭车来到工地，几乎每个人都穿着相同的牛仔裤和白色T恤或Polo衫。我们的衣服上没有“星巴克”的标识，我们在胸前印着“一路向前”。当我在酒店从礼品袋里取出这件衣服时，我大吃一惊。印上“一路向前”不是我的主意，在我的记忆里，这是第一次没有经过我允许的行为。这有点儿离奇，但我无法想象有其他更合适的时间和地点来赋予这个词更多的意义。

总而言之，在那一周里，星巴克的伙伴们在新奥尔良总共志愿工作了大约50万个小时。这是前所未有的，我非常自豪。我们的伙伴们也是如此，为我们在此次新奥尔良访问中的努力而产生的影响感到自豪，也为公司在这里的重建工作而自豪。

“在逆境中和变化的时代，我们才能真正地发现我们是谁，我们要做什么。”后来我听到一个伙伴在回忆这一个星期的历程时说道，“在公司变革期间，成为这个组织的一部分，实在是件令人兴奋的事。”

新奥尔良帮助我们重新发现了我们自己存在的意义，这周的会议仅仅是个开始。

每当我看到有人从星巴克的竞争对手那儿买咖啡，无论它是一个独立的咖啡馆或者快餐连锁店，我都要思考他们不来星巴克的原因。我不知道我作为星巴克的董事会主席兼首席执行官，我究竟做了什么使他们放弃星巴克，我想我可以做些什么，鼓励他们回来或者让他们尝试来星巴克。我问自己，今天我能做些什么来赢得别人的光顾，或者让他们永远钟情于星巴克。

如果我们想要真正地改变公司，星巴克的门店经理需要像我一样积极思考和工作。他们应该像在新奥尔良时那样工作，在那里，种植每一棵树、粉刷每一栋房子都很重要。我们在那里不是要做旁观者，而是要做参与者。星期三，会议接近尾声了，现在是时候把我们的注意力转向内部并接受公司正处在危机之中的现实了，我们不能空抱希望，袖手旁观。我们每个人都有责任改变自己，并且认识到，每个小举措都很重要：门店经理的工作不是关注一周内的百万次交易，而是关注每一笔交易。

这次全体大会给了我一次机会，帮助我们的伙伴们重新爱上星巴克，并让他们明白自己的角色。

在新奥尔良体育馆（NBA黄蜂队的主场），我做了一次演讲，想和1万名观众分享我的想法，告诉大家星巴克哪里做错了，我们要如何自我纠正，我们不仅要在态度上，还要在商业技能、策略和资源方面努力。我没有讲稿，但我知道我要在严酷现实和我们对未来的信念之间寻求平衡。除了巨大的舞台外，体育场一片黑暗，里面坐满了观众。当我走到一个写着“一路向前”的巨大浅绿色屏幕前时，全场安静了下来。

> 我们来这里是为了一个原因。我们在这里是要颂扬我们的企业文化和优良传统，同时也是为了进行一次真诚、直接的会谈，探讨领导者的责任……我们不是一个完美的公司，我们每天都在犯错误。我们把良心摆在第一位，但我们也有很多问题要努力平衡。每个人的期望都很高，我们正在努力，特别是在经济不景气的条件下，在这种经济环境里，去做正确的事……
>
> 现在，我们可以指出许多问题，也许正是它们造成了我们现在的困境。和其他公司一样，我们正面临着也许是自大萧条以来最困难的经济形势。这是真

实的，也是严重的现实。人们没有那么多钱了，不能像以前那样随意购买星巴克的产品了。因此，我们遇到了经济问题。同时，我们也遇到了其他问题、新的问题。我们大大小小的竞争对手，都认为我们很容易受到伤害，不如以前优秀，也没有了激情。他们正试图把我们的顾客抢走。这也是为什么本次大会的主题之一是针对个人的。

但这到底意味着什么呢？

和去年比，每天约有50名顾客不再光顾我们的门店，这意味着什么？早上8点，顾客看到门外已经排着长队而转身离开时，这意味着什么？当你看到一个认识的顾客喝的不是我们的咖啡时，这意味着什么？当你知道你给顾客的不是一杯我们引以为傲的卓越的浓缩咖啡时，这意味着什么？这些都是严重的问题，它们意味着——我一直深信——我们要为我们观察到的问题负责，为我们体验到的和为我们学到的东西负责。

我讲了半个多小时，而且很难结尾。我吸引了人们的注意力，正是他们拥有足以转变星巴克的力量。我不想让这样的机会轻易溜走，于是我利用每分每秒抓住它们。“我将尽一切可能按照我要求你们的方式来服务于我们的公司。热情、诚实、以极大的诚意和谦逊、尽我所能、超越顾客的期望，以确保我们的未来和我们的过去一样伟大。”

大会接下来的几个小时就像年度会议时一样，利用大会的机会激励伙伴，告知他们新的信息并引导他们为之努力。唱诗班开始演唱，其他领导人依次发言。后台的我们有两个惊喜，我知道这会给我们的伙伴们带来巨大的惊喜。我只是不确定哪个会得到更大的反应。

★★★

“我要从一个小红莓烤饼中跳出来，也许不会。”

U2乐队的主唱波诺是一个全球活动家，也是我的朋友，他和我一起登台给大家带来了巨大的惊喜。他穿着黑色衬衫，戴着他标志性的红色太阳镜走上台。我们俩都想帮助、支持非洲国家，因此而结识。我很感激他能来新奥尔良，并不是因为能让伙伴们见到名人，而是因为可以用星巴克和他领导的组织多年来历久弥新的伙伴关系教育和激励门店经理们。

在一年前，我就和汤姆 · 弗雷斯顿谈到了与（红色）组织的合作。汤姆是音乐电视网络的创始人和前首席执行官，那时，我们两人都是梦工厂的董事。在米歇尔的努力下，我与汤姆的初步谈话终于取得了进展，2008 年的假日销售季节，星巴克将指定三种假日促销饮料与（红色）组织合作。在美国和加拿大，这三款打上了（红色）组织标记的饮料每出售一杯，就向全球基金会捐 5 美分，该基金会主要是为一些项目提供资金，以抗击艾滋病、结核和疟疾。和盖普、苹果、匡威、戴尔一样通过销售与（红色）组织合作的产品筹集款项一样，我们的捐款也将直接捐给该基金会。这个公告让我们的伙伴们欢欣鼓舞，他们曾因星巴克没有销售（红色）产品而失望，联想到我们双方高度一致的价值观，大家就会发现这种合作是很自然的事。

“这是有意思的时刻。”波诺这样开始了他的演讲。

霍华德让我在这个有意思的、奇怪的又令人不安的时间和你们谈谈。对于星巴克、对于美国而言，这是个充斥着危机的时代、混乱的时代、也是机会无限的时代……你们门店的关闭，就是这个时代的标志。从历史上看，虽然这是分崩离析的时代，但是美国人民似乎就是在此刻发现了自己的伟大之处。

波诺不仅谈到了星巴克和美国，他还讲述了他的非洲之旅，那里每天有 4 000 人因为缺乏疾病预防措施和治疗而死亡。那里有 1 200 万名儿童因为艾滋病成了孤儿。这触动了波诺，最终促使他创建了（红色）品牌。他用我们自己的理念告诉我们承担社会责任与经营伟大公司之间的必然联系，我们被深深地打动了。

有人说，“得了吧，市场毫无道德可言，人们只关注利润。”我认为这是传统思维，是一个错误的选择。伟大的公司都能够找到一种方法，在追逐利润的同时，拥有并坚守他们的价值理念，将品牌价值汇集到一起，创建一个新的商业模式，很好地把商业以及情感道德和利润结合起来……本世纪最伟大的公司都渴求成功，同时，它们也敏锐地意识到不可能通过数据表格真实地评估公司是否成功。

他停顿了一秒钟，自我嘲讽地笑了笑，“我不敢相信我刚刚竟说了‘数据表格’这个词。请不要告诉乐队的其他人我说过‘数据表格’。”

我们都笑了，体育馆里的大多数人都相信，特别是在我们刚开了一周的会议之后，波诺是正确的：人们想要和他们尊重、信任的公司做生意，特别是在目前，人们越来越具有辨别能力，能仔细审视自己的购买行为。

自从 2008 年 3 月我们和保护国际组织加强合作关系以来，星巴克已采取更多的举措做对的事情，以赢得消费者的尊重，包括为我们未来的业务发展树立标杆，制定一些重要的目标。我们把目标称为“星巴克共爱地球计划”，它代表了我们的承诺，即将以惠及消费者、惠及地球的方式经营业务。“星巴克共爱地球计划”不仅是一个理念，也是一系列具体的、雄心勃勃的具有前瞻性的目标，这是我们首次对外公开宣布这一目标。

这些目标解决了一系列问题，包括：如何建立并设计门店，如何让我们的杯子更加环保，如何回馈社区。当然，还有我们如何采购星巴克的咖啡原料。我们重申道德采购的承诺，首先，我们宣布将设立更多的咖啡种植者支持中心——下一个支持中心将建立在东非，并承诺到 2015 年实现 100%的道德采购，将比现有的比例增长 45%。

我们还承诺将增加一倍的公平贸易认证咖啡购买量，这样就达到了 4 000 万磅。如此一来，到 2009 年，我们将成为公平贸易咖啡最大的买主、烘焙者和零售商。此举将影响成千上万的咖啡农，包括许多只有两三英亩地的人。

在公司业务处于微妙时期宣布这些计划，让伙伴们重新坚定了对公司的信念，让他们进一步认同星巴克在这方面的高标准——尽管面临财务挑战，但星巴克仍然不会放弃自己的价值理念。

在波诺的讲话结束后，米歇尔走到前台，送给他一条红色的咖啡师围裙。场内顿时爆发出热烈的掌声。我认为任何东西都不能与伙伴们的喜悦之情相提并论，星巴克终于参与了红色活动，并承诺共爱地球，请波诺作为咖啡师的形象代言人，这一切都让伙伴们很高兴。但是我错了。

★★★

波诺把讲台让给了克里夫。

克里夫是星巴克美国业务负责人。只见他走到台前，举着一个神秘的金属外壳的箱子，里面的东西就是他刚刚获准向大家公布的。事实上，克里夫前一天晚上在酒店房间收到了首席信息官史蒂芬·吉莱特发来的电子邮件。自史蒂芬上任以来，他就开始进行雷厉风行的信息技术改革，其中包括协商购买一万台惠普笔记本电脑，以更新我们门店过时的电脑系统。史蒂芬不能来新奥尔良，因为他的妻子即将生下第四个孩子。而就在他抵达医院时，和惠普的谈判仍在进行中。最后，就在产房门外，史蒂芬发了封电子邮件告诉紧张等待的克里夫："告诉我们的伙伴们，我们刚刚谈成了交易。"然后，史蒂芬如释重负，关掉手机，回到了他妻子身边。

在打开讲台上的箱子前，克里夫首先简单介绍了门店的各种新辅助工具：一个新的更容易操作的门店收银系统（本质上是自动收款机）将在2009年准备试用。人力安排软件将授权门店经理更好地安排店内人手和控制费用。"零售操作表"将通过提供各种数据和通用语言，让人们更好地处理业务。每个消息都让全场的门店经理们欢呼雀跃，大家都曾对星巴克过时的技术支持失望过。

"你们一定在想，这个箱子里到底是什么。"克里夫把它拿起来，放在讲台上。他轻轻打开，取出一台黑色笔记本电脑。场内响起雷鸣般的掌声和口哨声，克里夫受到了和波诺一样的欢迎程度。"我们正在为你们准备你们工作必需的工具。"克里夫在一片欢呼声中宣布每家门店将很快拥有自己的笔记本电脑。那天，伙伴们兴奋的程度和持续的时间比我们以前看到或听说的有过之而无不及。这告诉我们，我们的门店经理是多么迫切地需要更好的资源，他们是多么迫不及待地要把工作做得更好。

最后，我做了总结讲话。

> 你们就是公司的力量。作为领导者，我们必须认识到，与星巴克历史上的任何时期都不同，这是一个开创性的时刻，这是一次考验，一次严峻的考验，一个我们无论如何都要去应对的挑战。我主要想与大家分享我能够和你们成为伙伴的自豪感以及我对你们的信任。人们总是谈论星巴克的品牌力量，不过，这种力量并非来自外部，而是源自你们和你们所代表的意义，你们要再次发挥这种力量。星巴克的业绩将会被人们写入历史，星巴克的业务将再次证明你们可以建立一个有良知的公司。

请记住你们在这里的体验，记住你们的感受。当你们回到工作中时，请不要做旁观者。当你们看到与这一星期在这里观察到的标准不相符的行为时，立即去改进和完善它。我们为这次会议投资，为你们投资，因为我们相信你们，我们要求你们做的就是把你们在这里体验到的一切带回去，不要让每天的压力以任何方式损害你们每个人在过去几天内体验到的情感、感受和力量。

会议结束了。我们的伙伴们开始收拾行李回去，这个城市似乎一下子空荡了许多。

克雷格 · 罗素的任务完成了，这一周他和他的团队每天工作16个小时策划会议，现在他们也都精疲力竭了。因此，在回到西雅图前，他可以先在这个城市休息到星期五。后来，他告诉我一个故事：他在新奥尔良著名的法国区漫步时，看到一个年轻人在街头摆摊卖艺，他停下脚步欣赏。

“您从哪里来？”艺术家问。

“西雅图。”克雷格答道。

“您来这儿和星巴克有关系吗？”当克雷格回答“是”时，年轻人哽咽了，“这个月的按揭是你们帮我支付的。”

就是在这个时候，克雷格深深地被震撼了。毫无疑问，新奥尔良会议取得了无与伦比的成功。

★★★

真正激励人的机会，寥寥可数。这些瞬间不可能人为制造，它们必须是真实的、完美的，并有其独特的价值。和克雷格一样，我有一个感觉：新奥尔良的会议正是这样的一次机会，和星巴克历史上的其他考验时刻一样。我唯一需要的证明就是我们伙伴们的直接反馈。这次领导团队会议结束后的几天至几个星期里，数以百计的伙伴们发电子邮件给我，其中包括在星巴克工作长达8年的伙伴吉娜，她担任区域营运总监。

霍华德：

我迫不及待地要告诉您，成为你们的伙伴，我是多么自豪……和一群希望变革公司并会付诸行动的人一起工作，是多么令人自豪！这4天已经改变了很多……重建新奥尔良的决定绝对是会议的高潮。我很感激您对我们的热情和信任……我们不会让您、咖啡、我们的伙伴、顾客、咖啡农和股东失望的。当下陷入困境的经济情况和市场竞争都向我们发出了挑战，我们正在期待着正确的领导，我们的顾客也在期待更多……那就交给我们吧！感谢您有这样的构想，和我们一道分享，让我们去实现它。

当我反思这次会议的结果时，我的脑海里不自觉地浮现出一个似乎很长时间没有出现的词语，这就是“爱”。我一直都爱着这家公司，正是爱促使我回来再次担任首席执行官，也使我觉得应该亲自为它的成败负责。然而，在我们的旅程中，我们对星巴克的爱已模糊不清。新奥尔良的这次会议重新让人们关注它，我们的价值理念也再次凸显出来。我相信，其他数以千计的人们也爱着我们所建立的一切。正是在新奥尔良的体验，使我们明确了解到爱意味着什么，以及随之而来的责任。

ONWARD

第 24 章
灵活行事

有人拍了拍特里·达文波特的肩膀，然后出其不意地把一台苹果笔记本电脑放在了他的膝盖上。

“看看这个。”我们的广告代理公司天联广告公司（BBDO）的首席创意官戴维·鲁巴斯说。

全体大会结束后，伙伴们乘巴士回酒店，特里就坐在其中一辆巴士的前排。戴维·鲁巴斯站在过道里按下了电脑的播放键，特里首先听到了优美、简单的钢琴声，然后，在粗麻布背景的屏幕上，清晰的深绿色大写字母一个个跳了出来，拼成了两个问题。除了钢琴声和两个问题外，并没有其他声音：

如果我们都去投票，会怎么样？

如果不只是54%的美国公民，而是全部呢？

距美国2008年的总统选举还有不到一周的时间，这种选举具有历史意义。在争当民主党总统候选人时，前第一夫人参议员希拉里·克林顿以微小差距败给了第一位非洲裔总统候选人、来自伊利诺伊州的参议员贝拉克·奥巴马。而在5天后，即2008年11月4日，美国人将会投票选举美国的新总统，或者把票投给参议员奥巴马和他的竞选伙伴参议员乔·拜登，或者是共和党总统候选人参议员约翰·麦凯恩和他出人意料的竞选搭档阿拉斯加州州长萨拉·佩林。然而，尽管这次选举很重要，预计却只有略多于全国人口半数，即54%的美国人将会参加投票。

汽车行驶在新奥尔良的街道上，特里看着这则广告，越来越多的绿色字母和问题在屏幕上跳跃，有时它们挤在一起。钢琴声似乎伴随着每一个沉默的问题，现场气氛越来越激动人心，特里被吸引住了：

如果我们像关注11月5日那样关注11月4日，会怎么样呢？

如果我们像关注某个特定日子一样关注所有日子，会怎么样呢？

如果无论方便与否，我们都关注，会怎么样呢？

我们的社区是否会变得更好？

我们的国家是否会变得更好？

我们的世界是否会变得更好？

我们认为，会。

如果你们都去投票，

我们也会为你们提供一杯免费咖啡。

11 月 4 日来星巴克吧，

告诉我们你投了一票，

我们将自豪地给你一杯现煮咖啡。

戴维俯身在特里肩旁，特里看到屏幕上突然出现的最后一句话：

你与星巴克，

意义不仅止于咖啡。

这则 62 秒的广告非常精彩。

简单、低调，富有哲理和情感。这则广告和特里在电视上看到的其他广告完全不同，最近的电视、广播似乎都是政治学者在互相叫嚣。然而，这则广告则紧跟当下这一特殊时刻，它能够发挥效用，因为它不仅仅关注星巴克，还关注星巴克的理念，特别是刚刚从新奥尔良感受到的理念：社区和个人的责任。

“我们必须这样做。”特里说。

天联广告公司和星巴克刚刚合作了两个星期，该公司的 6 个人和我们一起来到了新奥尔良，其中包括杰夫 · 莫德斯，他是天联广告公司英明而又和蔼可亲的首席运营官。星巴克没有人期待他们制作出任何广告，只是让他们观看聆听。但来新奥尔良前，戴维突然想到了以选举为主题的广告创意。在被新奥尔良的所见所闻深深震撼后，他要求他的创意团队齐心协力，迅速制作这则广告。

我第一眼看到这则广告时，就同意采纳。这则广告非常完美，我认为我们门店的伙伴们也会引以为傲。我让受人崇敬的剧作家和电视制片人诺曼 · 里尔（他也是我的好朋友）看了这则广告，他也和我一起来到了新奥尔良。在我看来，诺曼很有品位，他也认同这则广告。

如果我们能够顺利渡过这一关，这则商业广告将会成为星巴克第二则在电视上投放的广告。

在我们度过圆满而疲惫的一周后返回西雅图后，我们的市场营销和公关团队是否能够团结起来，而不是立即休息。

我们是否能确保最佳广告时段，在最大程度上推广广告。

我们是否负担得起广告费用。

我们是否能够把理念传达给顾客，让我们的伙伴们协同合作。

我们是否有足够的咖啡应对大量的客流。

我们有 4 天的时间考虑这一切。

★★★

我不喜欢传统的广告。大多数消费品牌的声誉是通过在市场营销上花费数亿美元建立起来的，而星巴克不同，我们的成功是源自数百万次的日常交流。星巴克是典型的体验型品牌——我们的顾客和伙伴之间的关系，正是 30 年来星巴克的定位，但这还远远不够。

我很早就认识戴维 · 鲁巴斯了，他或许比其他营销专业人士更明白，我排斥传统广告。星巴克成立初期，我们曾合作过。后来在 2004 年，戴维掌管天联广告公司，继而成为麦迪逊大街（美国广告业中心）最受欢迎的创新思想家之一。他开创性地策划了宝马的广告，营造了影院里的氛围，宣传宝马的驾驶理念，也为苹果公司、家庭影院公司（HBO）和联邦快递公司策划了创新活动。2008 年 9 月，星巴克和 4 年来为其服务的广告公司——俄勒冈州波特兰市的韦登迪 · 肯尼迪公司分道扬镳了。我非常敬重丹 · 威登，他推出了耐克的广告语“只管去做”（Just Do It），还策划了一些耐克其他的标志性活动。丹无疑是广告界的重量级专家之一，我们的合作结束了，对此我深表遗憾。在随后的几个月里，其他一些广告机构，包括天联广告公司争相竞标。10 月，我与戴维在旧金山临时见了次面，杰夫 · 莫德斯也在其中。

我们一边喝着咖啡，一边交谈，除了我们的营销团队已经告诉天联广告公司的一切外，我还谈到了我对广告之于星巴克的看法的变化。这在星巴克的历史上还是第一次，由外部力量来界定我们。就在当年的秋天，在离星巴克的西雅图支持中心不远处，麦当劳竖起了他们的广告牌——“4 美元的咖啡很白痴”，而我们却一直沉默，这激怒了我。“我们必须采取攻势，”我说，“不是抨击他们，而是主动定义自己，找到我们的定位，展示我们公司的个性。”

我准备认真谈谈星巴克正考虑要如何利用广告效应，我对传统的客户和代理关系不感兴趣。我们并不想找一家广告代理公司要答案，星巴克需要的是一个合作伙伴，乐于投身开创性的辩论，而且不惧压力，这样我们就能持续对话，免去那些繁文缛节，真正帮助我们解决问题。

“在大众消费市场，我们正在被麦当劳和邓肯甜甜圈这样的快餐品牌排挤，在高端市场，我们又面临来自高端独立咖啡店的竞争。”我解释道，“我们必须清楚，我们不能被夹在中间。”

如果星巴克想与天联广告公司建立这种关系，我们希望避免成为客户—代理这样的关系，因为这会遏制我们的创新动力。当我们选定了天联广告公司之后，我坚持让戴维加强同星巴克的联系，特别是在变革时期，因为我非常欣赏他的创新能力。戴维保证，会优先考虑我们。

在旧金山的谈话结束前，我话锋一转，告诉戴维和杰夫一个高度保密的项目，如果天联广告公司加入我们的团队，他们将在 2009 年致力于这个项目。我把手伸进包里，取出一个食指长的小铝箔袋，我告诉他们，这将重新定义我们的咖啡饮品种类，并推动星巴克的发展。但是，这是日后要讨论的话题。

特里决定正式与天联广告公司展开合作后，他和我一起邀请戴维、杰夫以及他们的团队参加新奥尔良的领导团队会议，那里是理解我们的文化和价值理念的理想场所。天联广告公司这么快就想出了这样一个新颖且紧扣品牌主题的广告，并与我们分享，这展现了他们尽一切可能迅速制作出如此契合星巴克的广告的热情。这进一步证明了在过渡时期，天联广告公司是星巴克最合适的合作伙伴。

我也被我们团队的热情感染了。看到这则广告后，我认为我们可能会遇到细节上的麻烦，面临众多评论和潜在的障碍，但我们还是决定选用它。我们采用了灵活的方式，意味着我们已经有效地再现了我们的企业精神。

“我们并不希望邀请全美人民来参加宴会而咖啡却供应不足。”特里星期五早上回到西雅图后如此告诫道。他刚刚向米歇尔展示了那则广告，他们正在为我们的下一步行动制定战略。

他们已经和供应链管理部门的彼得和咖啡团队进行了接触，要求他们根据方案看看我们的美国门店是否有足够的咖啡，以支持这次的免费品尝咖啡活动。与此同时，克里夫要求他的团队进行调查，看看我们的几千家本土门店是否能够圆满完成任务。令他们欣慰的是，我们的区域经理都支持这一想法，同意将尽最大努力做到这一点。一旦我们了解到公司的直营店有充足的咖啡（我们的特许经营门店不参与这次活动），我们将让天联广告公司继续制作并播出电视广告。

也许第一个也是最关键的妙计是确保在电视的黄金时段播放这则广告。在这一方面，好运一直伴随星巴克，我们一致认为应该击出有力的一拳，在选举日之前，在大众关注的电视节目中间播放一次广告。我们决定在《周六夜现场》（*Saturday Night Live*）间插播广告。那个时期，体现政治讽刺的喜剧小品表演广受欢迎，尤其是喜剧演员蒂娜扮演的加州州长佩林。《周六夜现场》的短剧引起了人们极大的关注，在 90 分钟的节目中，上半部分的谈话一直持续到广告时间。这周末就要举行总统选举了，当天的观众肯定很多。尽管我们的广告主题与《周六夜现场》的“选举冲击”自然相契合，但这么晚才争抢黄金广告时间仍然很棘手。

为了帮助我们，诺曼 · 里尔和微软全国广播公司新任命的商业新闻网主席菲尔 · 格里芬慷慨地伸出援助之手找人联系，而天联广告公司负责和媒体洽谈业务的伙伴公司PHD开始和美国全国广播公司洽谈。虽然美国全国广播公司要价远远高于星巴克曾经在单一广告上的花费，但还不算是天文数字。直到星期六晚上，我们都不知道《周六夜现场》中何时会出现我们的广告。

好运再次降临，东部时间刚过晚上 11 点半，在欢闹的开场之后，蒂娜扮演的佩林和货真价实的参议员麦凯恩登台了，他们在家庭购物网QVC上兜售选举纪念品，我们熟悉的钢琴声响起，就是 4 天前在新奥尔良的一辆巴士上，星巴克第一次播放了这则商业广告。

如果我们像关注某个特定日子一样关注所有日子，会怎么样呢？

在家与雪莉观看这则广告时让我几乎有一种不真实的感觉。

★★★

当晚在所有的午夜时段及黄金时段的节目中，《周六夜现场》的收视率最高，该演出使《周六夜现场》有了近11年来第二高的家庭收视率。

不过，星巴克并未就此停下脚步，在广告播出后，我们的技术团队立即实施了一个计划，伙伴们一直为之工作了36个小时。

数字媒体和其他媒体将会详述这个62秒长的广告的内容，虽然我们只在电视上播放了一次。我们更新了主页，指示人们到YouTube上观看广告。在《周六夜现场》播出这则广告后，我们将其上传到了YouTube上，这样任何人都可以不断地观看。接下来，我们根据数据库里存储的邮箱地址，向所有在星巴克登过记的持卡人发送了关于星期二事件的电子邮件。我们还利用了Twitter（推特）。8月，我们的数字团队已经开始利用Twitter作为另一个渠道与顾客交流，这件事没有大肆宣扬，或进行烦琐的策划，仅仅由布拉德·纳尔逊代表星巴克开始推广。布拉德曾是一名咖啡师，现升任为产品经理。他提醒他的数千名追随者，让他们去访问YouTube，然后投票，最后会得到一杯免费咖啡。

不过，竞选活动的主要引擎是头号社交网站Facebook。一些星巴克的粉丝已经建立了他们自己的星巴克网页，但我们公司直到前不久才建立了自己的官网。这次竞选是我们推广方式升级的机会。尽管面临着时代的挑战，但是，我们仍然积极面对。我们与Facebook合作，创建了一个星巴克页面，并恰谈了一笔广告生意：在接下来的几天里，星巴克的一则广告将成为登录Facebook的人们首先见到的5个广告之一，这则广告就是那个选举广告。其他在线广告邀请人们投票后来星巴克品尝咖啡，并请他们（首次注册Facebook时）通过点击“是”，“也许”或“否”回复。

每当有人点击观看视频时，就会引发他去看Facebook新闻的欲望。例如，克里斯·布鲁佐在Facebook上的一些朋友被告知，可以通过回复“是”而参与星巴克的免费咖啡日活动，从而带动他的整个关系网参与星巴克的投票回馈活动。这种类似“病毒式的”连锁反应增加了1 400万名用户，Facebook最初吸引了7 500万人，也就是说，有8 900万人正以某种方式参与我们的投票回馈活动。星巴克还在其他媒体网站上播放其他更传统的广告，但显然，Facebook是这次选举最大的推动者。

互联网上关于星巴克的负面新闻传播了几个月后，终于有了这么多正面的声音。

现在，星巴克所要做的就是解决为门店供货的问题。

★★★

诚然，我们不知道选举日当天会发生什么。

在这种情况下，我们的门店运营团队尽一切可能增加咖啡库存量，为我们的伙伴做好准备。那天早上我投完票，巡视了各个门店。他们都很忙碌，展现出了团队精神。那天，我得到消息，全美各地投票站的志愿者提醒选民投完票后不要忘了享受免费咖啡。

精美的构思和完美的执行，加上《周六夜现场》节目间的广告，数字营销，以及由此产生的新闻报道，吸引了人们的广泛关注，使得客流量激增。在石破天惊的那一天，星巴克是如此伟大，它不仅提供了免费的咖啡，还为人们提供了一个聚会的地方，这正是我们所期望的。

当然，我们也不可避免地会遇到一些麻烦，有些门店的糕点用完了，客流量的增加给我们辛勤的咖啡师带来了额外的负担。虽然我们的很多伙伴们都感到自豪，并享受其中，但是突然增多的顾客使我们一些门店的伙伴筋疲力尽。

我们也陷入争议中。有谣言说，星巴克试图通过竞选活动影响人们的投票结果。还说我们的免费咖啡推广活动违反了联邦和一些州的选举法，因为它承诺给投票者报以奖励。为了避免任何法律上的争议，我们再次改变策略，扩大免费咖啡的供应范围，向任何一个提出此要求的顾客提供免费咖啡。不幸的是，顾客往往比我们的伙伴们先得知消息，因而有时导致出现混乱。

不过总体来说，从几个层面看，这次竞选活动是成功的。那天，星巴克美国店提供了200多万杯咖啡，比一个典型的工作日的数量至少多两倍半。更重要的是，除了销售咖啡和额外的糕点这样的交易活动外，团体合作意识在门店里传播开来。伙伴们为公司应对这种不便和混乱局面的努力而骄傲。

在业务方面，那忙碌的4天告诉我们，星巴克可以灵活行事，不会受我们的规模或坏习惯所束缚。我想我们都惊呆了，因为以相对较少的费用赢来了这么多的顾客。在YouTube上，该广告被浏览了419 000次，是选举日那天视频排行榜的第四名。在Facebook上，有405 000人回应了我们的邀请。在Twitter上，每隔8秒就有人推荐星巴克，而不仅仅是布拉德。我们还通过传统的纸质媒体、广播和在线新闻媒体吸引了7 000万人。

这次竞选活动是一个转折点，星巴克借此找到了非常有效的方法，既可以增加客流量，也可以用较低的成本与顾客积极交流，同时还保持了我们品牌的影响力。我们还和天联广告公司一起为我们因选举而产生的广告营销方式命名为“品牌火花”。这些微妙的、令人惊讶的、罕见的营销活动，通常与文化或人与人之间的情感紧密联系，让我们开拓市场的方式呈现出一种与众不同的特色。

11月4日那天，无论是否有人走进星巴克，竞选活动都毫无疑问地已在几个选区让人们对星巴克有了好感，为我们有些受损的品牌罩上了光环。即将进入冬季，星巴克需要可以赢得的一切好感。

ONWARD

第 25 章

B计划

星巴克从一开始的任务就是建立一个与众不同的公司，一个可以实现利润和社会良知之间平衡的公司。赢利方面面临的危机没有比 2008 年秋更为严重的了。

9月，星巴克在第四季度结束时，利润大跌97%，数额达540万美元。这一年，公司收入下降了53%，跌到3.16亿美元。虽然其中包括1.05亿美元与重组和改造相关的一次性费用，但即使没有这些费用，公司仍然处在每股股价比预期收益低4美分的境况下。

我们预期的前景也十分暗淡。我们公开预测，如果2009年主要原料比如汽油和食品的成本持续上升，房地产市场和信贷市场继续萎缩，那么我们的销售额反弹将是缓慢的。随着金融危机蔓延至欧洲和亚洲，我们也取消了之前宣布的在海外开设尽可能多的新门店的计划。我们的同店销售额下降了8%，非常接近困扰着其他零售商的两位数字的跌幅。

因为公司内部和外部没有人知道糟糕的经济形势会持续多久，星巴克的董事会做好了最坏的打算，并且提出了前所未有的要求，让领导团队建立一个经济模型，即如果我们的门店同店销售额下滑了15%，甚至跌落了20%，会出现什么情况。这是一个令人不寒而栗的要求。单是这次模拟练习就说明了我们的困境，我们测算后发现，如果销售额的比率下降到这种水平，显而易见，星巴克公司将陷入非常大的麻烦之中。简而言之，我们收益的下降速度甚至会超过我们的销售降幅。

除此之外，董事会还要求我们进一步削减成本，指令是“继续大幅削减成本”。

早在2008年4月，我们就曾大力削减过一次成本，当时领导团队同意削减超过1.5亿美元的开支，这一决定导致了7月份部分门店的关闭和裁员。已经采取的行动将在2009年财务年为我们节约2.05亿美元左右。但是这还不够，在预定的11月董事会会议前一周，各部门重新审视预算，从零支出开始，估算每一个项目的合理开支。

我们拼命工作，寻找方法来控制我们的成本结构。我们面临的挑战既有金融方面的，也有情感方面的。我们问自己，如何削减开支才不会影响到消费者，不会改变公司的文化和价值观。让星巴克的财务责任和我们不辜负伙伴们期望的责任之间实现平衡，与其说这是一门科学，不如说这是一门艺术，是一场持续的战斗，每次我们坐下来谈论具体的削减计划时，总会发生争论。

当谈及我们的后勤基础设施时，尽管星巴克并不是一个铺张浪费的公司，只是相对来说缺乏规范，但我们很快就发现，我们从来就没有寻求一个有意义的可持续发展的方式。在供应链管理部门，彼得的尽职调查显示，运营成本——维持日常供应链的运作开支，每年竟高达1亿美元，这是一个失控的开支数字，他后来称之为"超级油轮"，他坚持到2009年1月要停止这种运营方式。彼得进一步致力于削减成本，预计在生产和物流方面节省2 500万美元，在采购储存方面再削减7 500万美元。

克里夫和他的美国团队审核我们门店的业绩时，也主张减少因浪费而造成的开支，包括没卖出的食品、咖啡和牛奶。另外要削减7 500万美元的劳动力成本，并不是要裁员，而是整体改造如何在更少的时间内完成店内工作。更具体地说，克里夫和他的团队已经采用了精益求精（Lean）的技术，简化并优化了咖啡师的工作，在早上繁忙时段提高工作效率，下午顾客减少时则相应地减少人手安排和工作时间，从而在最大程度上利用咖啡师的时间和精力，实现高效的运营。区域经理一度关注于开设新店，现在应关注改善现有的门店了。

如此深入的成本分析，对公司及其管理层而言，是必要而健康有益的过程。我们无法掌控经济形势的变化，但我们可以更好地发挥我们对公司的控制权，不仅可以减少或停止新的支出，而且也可以设计成本更低的运营模式。即使我们又恢复了星巴克体验，把视觉享受、品质以及让伙伴投入工作结合起来，即使当我们面向顾客推出的新举措都取得了成功，从长期来看，我们仍然需要以全新的更有效率的方式运营，只有这样我们才能生存下去。

最终，领导团队非常自信地确定我们可以削减4亿美元的永久性成本。

11 月，我们告诉董事会，这是我们的B计划（备用方案）。

“不，”董事会的回应是，“这应该是你们新的A计划（首选方案）。”

★★★

董事会的存在不是为了管理公司，而是为了确保公司管理得当。

我认为，董事会完全透明是最好的状态，这样他们能够提供切合实际的指导，以局外人的角度来进一步推动公司的发展。例如，在 2008 年春天，当我们制定最终的变革议程时，星巴克的董事会一直帮助我和米歇尔更清楚地阐明我们的总体目标和阶段战略目标。

当和董事会一起工作时，首席执行官经常要与董事会交流好消息、坏消息，听取他们的经验和意见，这样才能做好工作。一个首席执行官并不需要全都听从董事会的建议，但倾听董事的意见，让我们有机会纠正自己的错误。

2008 年的星巴克董事会，其成员的经验和背景各不相同。

- 芭芭拉 · 巴斯，1996 年 1 月成为星巴克的董事，曾是格尔森 · 巴卡尔基金会的总裁、卡特霍利霍尔连锁店商场仓储部的前任主席兼首席执行官。
- 比尔 · 布拉德利，艾伦公司的总经理，1979~1997 年曾在美国参议院工作，曾在纽约尼克斯队球队效力 10 年，他于 2003 年 6 月加入我们的董事会。
- 麦勒迪 · 霍布森，在 2005 年 2 月成为我们的董事。她是阿里尔投资公司（Ariel Investment）的总裁兼董事，也是梦工厂动画公司和雅诗兰黛公司的董事。
- 奥尔登 · 李，2003 年 6 月加入星巴克董事会，曾在百事公司工作 28 年，担任过塔可钟人力资源部门高级副总裁、肯德基的首席人力资源官，也是TLC远景公司的董事。
- 詹姆斯 · 申南，1989~2005 年担任投资资本机构——Trinity Ventures的普通合伙人。他还是华人连锁餐馆PF Chang的董事，也是星巴克最早的投资者之一，早在 1990 年就加入了董事会。

- 贾维·特鲁埃尔，曾经是高露洁公司的副总裁，退休前他在该公司工作了36年。他还是百事瓶装集团和彭尼公司的董事会成员。
- 麦伦·乌厄曼，我们的首席董事，是彭尼公司的首席执行官。在此之前，他曾担任法国酩悦轩尼诗—路易威登集团董事总经理，DFS集团有限公司和梅西百货公司的首席执行官。他在2003年1月成为星巴克的董事。
- 克雷格·韦瑟厄普，担任星巴克董事已有9年，他曾担任百事公司全球百事可乐业务首席执行官、百事公司总裁、百事装瓶集团首席执行官，还是梅西百货公司的董事。他在1999年2月加入星巴克的董事会。

詹姆斯·申南可以用具有创造性而简单的方式阐明重要的想法。他曾经指出，越是关键的时刻，董事会和首席执行官越是需要以非政治性的、冷静的、尊重事实的方式一起工作。整个2008年，我坚持与星巴克的董事们经常交流，到秋天时，我和星巴克公司都因这种一对一的交流而受益匪浅。

麦伦·乌厄曼在我再次担任首席执行官时给予了我很大的帮助，他仍然是我的导师。最近，在西雅图与克雷格·韦瑟厄普共进晚餐时，我全神贯注地听他讲述了他在百事可乐公司变革时期的经历。仅仅听我深深尊敬的人讲述如何稳步向前，克服重大的商业挑战，就让我缓解了自身的部分压力。

也许最重要的是奥尔登·李的加入，他在星巴克董事会的6年，对我在成长为一个成熟的企业领导者的过程中产生了深远的影响。当切特因家庭原因离开星巴克时，奥尔登作为百事可乐公司的前任高管，成为我们人力资源部门的临时领导者。奥尔登坚持他一贯的沟通方式，以让大家都能接受的话揭露问题的实质。他能权衡利弊，这一点使他赢得了人们的尊重。当他有点不情愿地担任临时人力资源部门负责人一职时，我们彼此还称不上已深入了解了对方。公司董事承担起管理职责，首席执行官也欣然接受，这种情况是非常罕见的。但是星巴克和我都需要奥尔登，他确实也在无私地帮助我们。

我们两个人开始定期会面，从人力资源问题讨论到我的领导风格。开始是在会议上探讨，后来是私下里。他经常对我的领导方法提意见，并给出一些建议，例如，进行一次讨论或处理某个特殊情况。奥尔登就像导师一样，让我受益匪浅。

同时，我也需要朋友。在此期间，和公司之外的人们保持密切联系对我也非常有帮助。我很感激有人经常来看我并听我诉说，他们中有托德·摩根、史蒂夫·弗莱施曼、理查德·亚马斯、丹·列维坦、妮可·戴维、戴夫·威尔特沙夫特、乔纳森和斯泰西·莱文、马特·麦卡琴、多伦·林茨、杰夫·布洛特曼、罗伯特·费舍尔、帕诺斯·马里诺布鲁斯、阿尔贝托·托拉多和杰弗里·托拉多。他们一直在背后默默地支持着我。

虽然我从未停止相信，星巴克将摆脱黑暗，但每天我的情绪仍会像坐过山车一样急转突变。与我们的伙伴们交流时，我努力控制自己的情绪，当然，这不可能每次都成功。我清楚知道我的情绪会带来什么影响，首先也是最重要的，我们的伙伴需要我的信心作保证。这就是我和奥尔登以及我们信任的朋友坦诚相待时感到轻松自在的原因，这不仅仅具有教育意义，更会影响彼此的情绪。很简单，我是人，也需要发泄。有些首席执行官可能觉得和董事会成员如此亲近会不舒服，但我信任奥登。因为，我和他以及整个董事会有着相同的目标：让星巴克成功。

★★★

董事会推动执行B计划是明智之举。

重新调整公司的成本结构，对公司成长为一个成熟的组织至关重要。这也是我们领导团队在纽约市举办星巴克两年一次的分析师会议所要讨论的重大议题。在会议上，我们将和试图购买或出售星巴克股份的机构，以及升级和降级我们股票评价的分析师面对面地交流。这次会议是一个机会，我们要用比季度财务报告电话会议更详尽的方式讲述星巴克的故事，从而重新在华尔街赢得声誉和信任。

但是，我们的故事究竟是什么？是与其他公司一样在2008年失控的故事吗？没有例子可循，也没有可供参考的经验告诉我们该怎么做。我们要讲述的难道不是我们大多数人在未知领域的战斗吗？美联储前主席格林斯潘最近将其描述为一次“旷世难遇的信贷海啸”。事实上，星巴克公布收益报告的那一天，美国最大的电子产品零售商电路城公司申请了破产。通用汽车公司的股票降至“二战”以来的最低水平，每股低至2.92美元，其竞争对手——一直备受敬重的福特汽车公司，每股股价为1.80美元。当我打电话给其他的首席执行官们，想了解他们采取什么措施来应对当前的不确定性时，他们也想知道我在做什么！谁也不能正确应对这种前所未有的时刻，那些说自己已采取措施的人必定是在撒谎。

全球的经济格局正在发生巨大的变化。不仅仅是股票价格和房地产市场处于剧变中，我们所处的时代精神根基也在变化。习惯、期望、对事物的判断都在变化。这场危机迫使所有人向新的现实妥协，重新思考如何在当今世界生存。并非只有星巴克和我处于变革期。在此期间，商业领袖可以采取的最重要的战略是站在顾客的立场上思考，听从我们顾问的意见，以及我们自己的直觉，坚守我们的核心价值观。而且在必要时，同意实施B计划。

ONWARD

第 26 章

坚持到底

这似乎不是向华尔街展示星巴克的理想时刻。

纵观2008年11月，在领导团队和我忙于预算与业务重组时，一个分析师大会即将召开。每两年举行一次的面向投资者和华尔街分析师的会议，将于12月4日在纽约市举办。这是自3月的年度股东大会以来，我第一次在公司业绩不理想的情况下站在股东面前。与会者期望了解星巴克公司的全面情况，但由于团队和我都忙于这样重大的结构性调整，也因为我们去年的许多举措还没有对公司的利润产生实质影响。因此，为这次会议做准备，就像节目即将上演了但剧本还在写作中一样。

再次安排会议是不可能的，这样做太危险了，我们不得不去纽约。

然而，就在几个星期前，星巴克的首席财务官辞职了。他加入星巴克还不到一年就离开了，跳槽到一家技术公司。时间所剩无几了，这让我万分震惊，我大约花了5分钟时间，确定了最好的、也许是更好的人选担任首席财务官。

我把特洛伊·阿尔斯德叫到我的办公室。特洛伊是全球金融的高级副总裁，他和我们的首席财务官一直紧密合作，而且已经在星巴克工作16年了。他智力超群，而且善于沟通，特别是在涉及金融问题时。另外，他早已赢得了伙伴们的尊重和喜爱。首席财务官迈克尔·凯西在星巴克任职12年后离任，那时特洛伊是首席财务官的第二人选。他在公司内部担任过多项与财务相关的职务，包括美国本土业务和国际市场业务。在企业以及营运业务部门里，所有这些都要求他对公司的战略和营运有详细的了解。特洛伊体现了星巴克的文化：聪明、自信、诚恳和必要时的果断。

我坦率地告诉特洛伊："我希望你担任星巴克的新任首席财务官。"

在这个微妙的时期，选择正确的人加入星巴克的领导团队是我要做的最关键的一项决策。我让彼得、克里夫进入公司总部，充分利用米歇尔的才能，让他们在最需要他们的地方、最需要他们的时候发挥作用。旺达回星巴克完成11个月的传播工作后离开，维瓦克雄心勃勃地从微软公司跳槽过来。让史蒂芬担任首席信息官时，有人质疑他太年轻，我知道这次也会有人提出质疑，因为我没有从外面聘请有经验的财务官，而是从内部提拔。即使特洛伊认为自己担任首席财务官还需再磨炼几年。但是，我一直相信我的直觉，即使这个人的经历可能并没有显现出他是不二人选，但我能感觉到他们的技能、知识、热情以及忠诚都能够很好地为星巴克做出贡献。

我提拔特洛伊时深信他将赢得华尔街的信任。在公司内部，他的晋升也会令许多伙伴们满意，他们一直非常赞赏特洛伊多年来的辛勤工作和出色表现。

此次分析师会议将是特洛伊的首次亮相。

★★★

时间似乎不多了。12月2日星期二，就在分析师会议召开的两天前，我们挤在我位于曼哈顿的公寓里，心情都很紧张。克里夫、米歇尔、特里、维瓦克、特洛伊都在，还有我们的前首席财务官迈克尔·凯西，他慷慨地应我的要求搭乘飞机过来，协助我们应对这一重要事件。

这将是我们第一次在西雅图以外的地方举行这种会议。我们选择纽约市这个全球金融中心，在很大程度上是因为证明星巴克表现出色的重任已经从分析师那里转到了我们身上。我们不能像过去那样宣传公司，现在，我们必须向华尔街展示我们是如何重新振作的。我们采取的方法不是过度承诺或大胆预测，而是自信地重申我们的发现并正确处理我们的问题。

围着餐桌坐下，我们继续修改讲稿和相应的幻灯片，如果不是有太多其他的事情，我们本应该在西雅图就完成这一切了。把所有的事实呈现为一个充满凝聚力的积极向上的故事，尤其是在时间如此紧迫的情况下，压力非常大。在过去的11个月里，我们已经做了很多，但它似乎被最近的坏消息掩盖了。我们的同店销售数据全线下跌：在美国下跌9%，国际市场上下跌3%，全球范围内则下跌8%。第一季度9个星期的情况也是越来越糟，我们预计外部收益每股将减少22美分。

我觉得我们需要一个星巴克以外的人，因此我邀请了一名非星巴克成员加入我们的团队。比利 · 艾迪肯经营着一家专门从事兼并和收购的公司，而且，我知道他也拥有最聪明的商业头脑，特别是在涉及与华尔街进行重要且复杂的信息沟通时。虽然有人对让外人介入很小心谨慎，但是我认为比利的商业嗅觉和坦率的、令人折服的建议可以帮助我们清晰地看到公司的状况。我信任比利，认同他的想法，他加入我们的目的仅仅是想帮助星巴克。

★★★

2008 年 12 月 3 日星期三，团队成员聚集在西 41 街时代中心的一家礼堂进行排练。坐在空荡荡的礼堂里，我的情绪一下子跌到了多年未曾有过的谷底，也许是有史以来的最低潮。我有一种深切的不安，这是可以理解的，因为我们的准备时间不够，在总部面临的挑战非常大，那让我们每天都很紧张，我们好像在赤手空拳地肉搏以挽救企业。当领导团队成员排演时，我总是很快就打断他们或让他们重新演练，使得大家都焦虑不安，信心受挫。

最后维瓦克转向我，郑重地建议道："霍华德，我认为你应该离开。"他是正确的。每个人都知道自己需要做什么，在这种情况下，我的建议只有破坏性而没有建设性。我拿起大衣，离开了彩排现场。

后来，那天晚上，比利和我一起吃饭，那是一个现代化的小型意大利餐厅，位于 84 街和 85 街之间的第二大道。夏天，阳光能照进它的开放式花园。但在这个 12 月的夜晚，周围一片漆黑，天气很冷，我感到异常焦虑。甚至当我试图向服务员解释，我不想要菜单外的某种特殊食物，只想要烤旗鱼和意大利面时，我都感到心情沮丧。我要的不是油炸食物或需要蘸调料的食物，只是很简单的烤旗鱼。当困惑的侍者离开桌旁，我的脑海里浮现出团队成员倔强的面孔，关于星巴克的负面报道和跌到只剩个位数的股票价格。

"明天股价可能会下跌至 5 美元，"我大声对比利说，非常担心如果真是如此的话会发生什么，"我们可能会被收购。"

再一次，这种无以名状的恐惧包围了我，更不用提届时公司会是什么情形了，我的焦虑已经到了狂躁的程度。这是如此漫长的一年，随着星巴克不断推出的新产品和活动，焦虑一直伴随着我。我们仍然希望这些会有成效。我们经历过像年度股东大会、派克市场烘焙咖啡和重建新奥尔良这样激动人心的事，也经历过门店关闭、裁员、失败的雪芭和不断萎缩的市场这样的低谷。我们的首席财务官在这样一个关键时刻离职，更是把我推向了悬崖边缘。在2008年临近尾声时，我简直身心俱疲。

“霍华德，你必须坚持到底，”比利用他平稳的语气微笑着宽慰我，“你必须坚持自己的价值观，坚守公司的核心文化，它们就是你们现在的舵手。大海一定会重归平静，飓风也一定会消失，”他继续说着，“除非你认为经济再也不会复苏，或者星巴克的价值理念和顾客之间的纽带一直只是个谎言，或全世界每星期走进你的门店的数以百万计的人都在跟自己开玩笑。现在你必须把关注点放在优化业务、创新、重振核心文化上。这些因素将共同推动星巴克的发展，并让现在所有这些悲观者对星巴克的未来再次持乐观态度。我绝对相信这一点。”

比利说的一切都是我本身就坚信的。

但他说出了我现在最想听到的。

★★★

最后，12月4日星期四上午，这个礼堂坐满了200个有影响力的人，包括买方和卖方的分析师、机构投资者、一些嘉宾、部分新闻媒体，还有我们前30位大股东里的11名股东。与会人员比往年在西雅图开会时翻了一番，有1 000多人，因为星巴克的伙伴们将通过网上直播收听会议。我认为没有哪一次会议比这次会议更需要星巴克清楚而自信地和大家交流了。

我和星巴克团队的其他成员在后台的休息室静候。我会首先发言，然后是特洛伊、米歇尔、特里和克里夫。特洛伊会再次强调公司要严控成本的问题。屏幕上将播放100多张幻灯片，那些令人印象深刻的照片记录了非常充实的一年。一方面，我们感到自豪；另一方面，我们也感到了巨大的压力——怎样讨论我们的业务才能让伙伴们充满信心，证明我们有能力为股东创造价值。前一天的晚餐让我的情绪得以发泄，但房间里的紧张气氛又让我感到不安，我需要做些什么来打破这种气氛。

“比尔！”我站起来，走向比尔·布拉德利，我们都未曾料到他会来休息室，我不知道他会参加这次会议。看到我们董事会的一员，虽然没有让我完全放松下来，但也让我很高兴。这位前尼克斯队的球员、两届NBA总冠军俯身看着我们，他面带微笑，好像知道什么我们不知道的东西。然后，就像一个教练和首发阵容即将比赛那样，比尔让我们集中注意力，讲了15分钟的话给我们鼓劲儿。然后像比利前一天晚上做的那样，他提醒我们，我们要知道什么是需要坚守的。每家公司都感受到了煎熬，但星巴克有一个精彩的故事可以与大家分享。这是一个真实的故事，一个关于在世界上最受尊敬的品牌之一在这一年发生的故事，一个用一年时间评估现状、判断风险的故事。他提醒我们，在这场危机中我们已经走了很远。比尔很自信，他相信我们，相信公司会成功，会令世人瞩目的。比尔的话很具有感染力。

和星巴克董事会的其他成员一样，比尔也有独特的想法与公司分享，他似乎知道应该何时展露才华。对于我们明智而聪慧的团队来说，这场在休息室的演讲正是我们所需要的。意想不到的正面能量迸发出来了，而且非常惊人，事实上，风向确实转变了。当比尔离开休息室时，我觉得我们都站得更直了，作为一个团队，我们以坚定的信念准备上台，完成任务。

★★★

当我走上舞台时，我知道我必须定下基调，在比尔在后台给我们灌输的信心的基础上，为团队其他成员加油打气，我也强烈地意识到，不仅对股东，对西雅图的每一个人以及星巴克的伙伴们，我都背负着责任。我的职责就是代表公司，这也是我的生活。

“早上好，感谢各位前来参加会议。很显然我们处于一个非常时期，感谢你们今天来到这里。”我没有在表演，我只是讲出了我的心声，我坚信星巴克的宗旨，我们的潜力正日渐显现出来。

> 有人说：“也许你应该改变你的商业运作模式，因为环境不同了。”我反问他们，你们都有自己的事业，有自己独特的产品，有自己的指导原则，也有自己的文化和价值观。这不是彻底改变策略让你失去自己存在的理由的时机……事情会好起来的，人们将继续喝咖啡。我们的品牌价值，“第三空间”的理念，无论是在国内还是世界各地，都会比以往任何时候有更多的发展机会。
>
> 我们已经组建了一支非常强大的团队，我们有共同的目标，当然也有

争论，但我们已经准备好应对挑战了。请允许我向大家介绍我们的团队成员。

成员们逐一上台，向观众讲述我们的故事。

特洛伊第一次以首席财务官的身份登台，他出色地完成了任务，严肃而真实地概述了我们节约成本的努力和对未来的预测：4 亿美元的永久性成本的削减，在我们今年早些时候削减 2.05 亿美元之外，我们在 2009 年会再削减 2 亿美元。

“这些都是我们成本结构的可持续变化。”在把麦克风递给米歇尔前，他再次向华尔街保证。

“那么让我们来谈谈我们的业务到底发生了什么。”米歇尔说，她指着悬在空中的图表，上面显示了 12 个月内星巴克在美国的交易量下降和消费者信心指数下降间的关系。“看一下同比去年的交易量变化，大约一年前它就开始下滑了，正如我们所知，这一周被视为经济开始衰退的开端。”这是真的。美国国家经济研究局在前天公布了调查报告，认为 2007 年 12 月是美国经济衰退的开始，而我在一年前就做出了这样的预测，现在官方也认同了我的预测。

米歇尔用令人印象深刻的数字，对我们的过去和未来做了全面的概括：我们更广泛的顾客研究，我们维护咖啡领导地位的策略，2008 年我们推出的新的饮料和食品，包括扩大泰舒茶的生产线。同时，重新引入臭名昭著的早餐三明治。

自从在 2008 年 1 月的财务数据报告会上，我宣布撤销早餐三明治后，我们立即把三明治从门店展示柜里清除了，当然如果顾客有要求，我们仍会为他们提供早餐三明治。如预测的一样，供应此类食品的门店销售额立刻下滑，但我们也看到了顾客在 MyStarbucksIdea.com 上的反对意见，客户呼叫中心也接到了类似的电话。甚至出现了这样一个网站：Savethebreakfastsandwich.com。（留下我们的早餐三明治！）

食品团队怀着热情继续研究三明治，应对我的抱怨和顾客的请求。他们发现，改进原材料，即用瘦培根和更好的火腿与奶酪，会使气味变淡。他们还发现，英式麦芬是造成气味刺鼻的主因，于是我们和烘焙供应商调整了配方，同时也提供了更多面包品种，比如夏巴塔拖鞋面包。最后，在三明治上面涂抹奶酪，将烘烤温度降低至约 300 华氏度（约合 148.89 摄氏度），这样奶酪就不太可能烧焦。最终，我不得不承认，我们供应的早餐食品已经足以与我们的咖啡相匹配。

带着我的祝福，2008 年 6 月，门店重新供应早餐三明治。在过去的 6 个月里，经营业绩非常出色。而且，改善过的三明治实际上帮助我们向前推进了整个食品计划。我们几乎更新了所有的食谱，减少了原材料数量，弃用人工香料、人工染料、反式脂肪和高果糖玉米糖浆。

现在回想起来，我意识到，我对早餐三明治的强烈反应，可能是由我对公司其他缺陷的不满所引起的。三明治问题其实是星巴克的弊病中最不严重的。但是就像我们在这一年里处理的其他事情一样，我们改善了三明治，并学到了改进业务的经验。

米歇尔结束了她的发言，然后向大家介绍特里，他将阐述一个关键且细致入微的营销策略：坚持品牌价值进行营销。

★★★

2008 年秋季，零售业都在降价抛售。

从麦迪逊大街的高端精品店到玛莎百货在伦敦的百货公司，我经过的每条街道，很多窗户上都贴有“降价”字样的广告，我记得看到一个打两折的广告。每一个零售商和餐馆都承受着巨大压力而纷纷打折促销。然而，星巴克面临的独特挑战是，在不降价抛售的同时，如何以较低的价格满足顾客需求，回报我们的核心顾客。大幅打折好比山体滑坡，不可能再回升了，就像麦当劳做的那样。而这不是我希望采取的竞争方式，星巴克会以我们一贯的方式去竞争，那就是质量和服务。

当然，我们必须为我们的核心顾客做些什么。今年早些时候，美国好市多的吉姆 · 塞内加尔曾提醒我们不能失去核心顾客。比起重新赢得他们的青睐，尽全力给予他们价值回报所花的成本要少得多。

有个好消息就是，召开分析师会议时，我们已经开始清楚该如何去做。

三个月前，我和其他几个人，包括特里 · 达文波特，在洛杉矶开完会议后，曾一起飞回西雅图。在两个小时的旅途中，我们开始考虑如何让最糟糕的一个假日季节恢复生机。我们突然有了灵感，考虑重新启动自 2008 年 6 月一直运营很好的回馈卡和忠诚计划。我们能做什么来提供比回馈计划更多的价值呢？我们估算了一下，最终想出了一个方法——拥有一张 25 美元的金卡，持卡人一年内在星巴克购买任何东西都可以打 9 折。我们很兴奋，下了飞机后打电话通知回馈卡团队讨论这个想法的利弊。当我们回到西雅图后，他们告诉我，假如没有出现大问题，就可以实施了。

我们的目标是第一周销售 2.5 万张卡，实际上，第一个周末的销量就超过了这个数目。

星巴克的卡计划——星巴克卡、单品促销卡、回馈卡和金卡，正在成为我们创造价值的一种有效的方式。卡片更容易使用，和优惠券比，它有较高的实用价值。它们巩固了品牌，通过真正的顾客—咖啡师交易，使之成为星巴克体验的一部分，而且卡能放在钱包里，能自然地融入人们的生活。

这些卡使我们和顾客更为亲近，要获得奖励和回馈，人们需要在互联网上注册，提供电子邮件地址。因此，星巴克开始建立一个丰富的数据库，这样我们可以用它来更好地了解顾客的行为，并给予相应的回馈。该数据库还使我们能够以有意义的、低成本的方法接触顾客，就像我们把星巴克与竞选活动联系起来一样。例如，那年夏天推出Vivanno时，我们邀请持卡人进店来免费品尝饮料。对一个以电子邮件为主的促销活动来说，16%的回应率是十分罕见的。

“对一个不在传统的大众营销上花费过多的品牌而言，”特里向分析师总结道，“数据库将成为其潜在的资产之一。”

他的判断是对的。这项卡计划确实是一个我们在市场上可维持的可持续发展的竞争优势，而且考虑到可自由支配的个人开支状况，我们那天早晨讨论的也许是最切合实际的营销工具。

★★★

我们团结一致，既是个人又是团队。坐在观众席中的我感觉到，尽管存在着冷嘲热讽，但我们已经把主要讯息传达给了华尔街：星巴克注重基础和创新，会从危机中走出来，成为一个实力强大的品牌。伴随着每一个人的演讲，我的忧虑逐渐消退，我们要一直坚持到底。整个上午，我悄悄通过手机浏览新闻，发现市场似乎很认同我们。那天，我们的股票每股价格没有低于 8 美元。

这次会议给予我们团队一个机会，让我们从过去数月殚精竭虑的工作中跳脱出来，思考我们取得的成绩以及未来我们需要做什么。克里夫在演讲时做了如下概述，除了我们公司直营的美国门店外，星巴克还有许多获得收益的机会：

- 消费品业务，主要是指在杂货店里出售咖啡豆和咖啡粉
- 近 4 000 家特许经营店
- 每周在宾馆、饭店及其他场所供应的 2 500 多万杯星巴克咖啡
- 家庭和单杯咖啡市场
- 星巴克在2003年收购的品牌——西雅图极品咖啡（Seattle's Best Coffee），其潜力有待挖掘

然而，增长潜力最大的业务是星巴克咖啡国际公司，包括星巴克在美国市场以外的所有业务。这是迄今为止公司最激动人心、前景最被看好的事。自公司在温哥华开设第三家店以来，我们在加拿大的业务表现一直势头强劲，虽然它往往被美国业务表现的光辉所掩盖。在北美以外的地区，我们在 48 个国家和地区开设了 5 000 家门店。从 1996 年在东京开设第一家海外分店开始，星巴克门店提供的“第三空间”体验和社区意识就获得了顾客的拥护，星巴克的品牌获得了全世界的认可。

我们的国际业务——其实我不喜欢“国际”和“全球”这些词，因为它意味着我们不是一个团结的组织——虽然赢利了，但却没有达到它本来可以达到的程度。商业模式变得复杂起来，成为多种不同业务的混合体，这些业务不仅遍布不同地理区域，也具有各自独特的财务结构和伙伴关系，还要遵照当地的法律法规运作。我们的成功在很大程度上应归功于我们本地业务伙伴的高素质。在大多数国家，我们与一家公司合作来运营我们的门店，而且许多公司都是家族企业，他们和我们的价值观一致。多年来，我们一直按王金龙深思熟虑的指导原则来审视、挑选业务伙伴，他从一开始就帮助我们拓展星巴克的海外市场，并且帮助星巴克确立了在亚洲市场的重要地位。还有赫尔曼，他精通 7 种语言，并且和我们志趣相投。

然而，尽管很成功，星巴克咖啡仍有很多地方需要改进。不幸的是，我现在无法关注每个市场，除非苦苦挣扎的美国业务能够稳定下来。一旦美国市场稳定了，北美以外的市场的赢利空间将是巨大的，尤其是中国市场。

- 国际市场
- 超出我们门店业务范围的创新

• 帮助备受煎熬的业务部门

在2009年我将关注所有这些领域。而现在，我们必须夯实基础，继续坚持到底。

在问答环节，分析家们固执地试图了解我们到底在期待什么。当一位分析师尖锐地要求我阐述星巴克的新增长模式时，我平复了一下情绪，“我认为，现在不应该高调公布增长模式和门店数量，而应该从不同的视角去审视业务，就是整个上午所说的，在最大程度上提高门店的效率和赢利水平。但是，”我忍不住补充道，“我相信，星巴克将重新成为一个成长型公司。”这是我在整个变革期间一直深信不疑的。

那天我最担心的事并没有出现。总体而言，会议进行得非常顺利，因为我们团队的出色表现甚至超过团队成员自己的期望，他们向大家坚定地展示了大量真实信息。无论市场反应如何，12月的那天，当我们走下舞台时，我觉得我们已经取得了胜利。

总体上，与会者都对会议给出了正面评价。大部分投资者和分析师认为我们已经解决了企业最关键的问题。分析师注意到我们后来提出的谨慎但值得赞扬的成本节约计划，他们似乎比较赞赏星巴克在保持高端定位和提供价值之间维持平衡的做法。尽管有人批评公司没有认真对待竞争对手，或者广告做得不够，或者减缓了新店增长的步伐，但是，星巴克的股价当天一度涨到了每股9.41美元，最后收于8.61美元，比这周开盘时的股价略高些。

尽管如此，股价仍令人沮丧，和一年前比跌了61%，当时的股价是每股22.34美元。

是时候结束会议了，我再次走上舞台。

我们并不满足于现在的股票价值。正如你们今天在这里听到的，这在很大程度上是因为经济的大幅衰退，但是我们也要为过去做的一些决策负责。但是我坚信，两年后的今天，当我们再次相会时，我们将谈论股价比现在上涨了多少。那些把握住这次机会的人将会获得显著的回报。

自信与过度承诺之间仅一线之隔，我认为那天我没有越界。我只是在表明我全心全意相信一定会实现的事。

ONWARD

【第五部分】勇气

ONWARD

第 27 章
创新基因

十多年来，我的桌上一直放着一个玻璃瓶，里面盛着稀薄的褐色液体。第一眼看上去，像是过去的矮瓶汽水，其实它是一种碳酸咖啡饮料，这种饮料是星巴克在 20 世纪 90 年代末与其他公司合作开发并推向市场的，后来，我们目睹了它的失败，这让我们很沮丧。

这种饮料的名字叫马萨克朗（Mazagran）。

瓶身上用白色大写字母刻着它的名字，它也在我心里烙下了深深的印迹，我要感激它，它让我吸取教训，而非掩饰错误。

马萨克朗是融入星巴克咖啡的一种起泡冷饮，它是我的首次尝试，是我和董事会成员克雷格·韦瑟厄普合作完成的，当时他还在百事可乐公司工作，那次尝试是用新方式向星巴克门店以外拓展业务。而那时公司还没有在食品杂货店销售过咖啡豆和研磨咖啡粉，冰咖啡也还没有风靡市场。我很骄傲，我们有勇气去创造新品种。尽管那次并没有获得顾客的青睐，相当令人沮丧，但却并未打消我创新的积极性。

这些年来，星巴克偏离了其曾经永不磨灭的追求创新的愿望。自从星冰乐成功面世，创造了每年数以百万计的美元收入的产品平台以来，我们已经很久没有过这样的创新尝试了。星巴克不再勇于冒险了。因为惰性？还是因为害怕失败？或许是后者，但失败乃成功之母。马萨克朗失败了，但正是它促使我们发明了星冰乐，2009 年时，星冰乐产品系列已经成为有 20 亿美元规模的核心业务。

让我一直引以为傲的是，星巴克始终追求创新，大胆尝试，我作为首席执行官的部分职责也是鼓励公司积极生产新产品，这也是早期星巴克深深吸引我的一点。我有责任推动伙伴做得更好，当然这必须在他们的能力范围之内。

我在引导伙伴重新定位、大胆思考的同时，也重新定位自我，如何引领这家从我上次任职以来已经成为资产达数十亿美元的跨国公司重新走向创新之路。时间进入 2009 年，我始终坚持星巴克应该追求大胆、独特、原创性的创新理念，当然，我也理解类似雪芭之类的理念仅仅靠直觉是无法实现的。这些有价值的灵感要和我们的业务相关，要有针对性，要经过彻底的测试，要和销售渠道紧密联系，并且能够被我们在西雅图和其他门店的伙伴们欣然接受。

总之，创新和执行它同样重要。

以更谨慎、精确的方式进行创新违背了我“只管去做”的企业家的直觉，也不符合我对速度的要求。但我深深意识到，公司和我都需要改变我们产品上市的方式，要把我们一直以来烘焙咖啡时的那种谨慎掌控的态度也运用到这里。而且因为我不再把星巴克的成长完全寄托于门店的增长，我希望星巴克的发展和未来依赖自身的创新能力，在多种分销渠道、多种层面的创新能力。

长期以来，我一直认为品牌进一步发展的自然方式是让星巴克成为健康食品市场的巨头，而不是仅仅在我们自己的门店销售更健康的食物和饮料。为了探索这方面的可能性，我请理查德 · 泰特运用他的创新能力指导星巴克在健康食品市场取得成功。理查德是一家广受好评的玩具公司——Cranium——的创立人之一，他很擅长彻底改造企业的现状。理查德提出了一个十分吸引人的项目，其中有些大胆的新想法非常令人兴奋，但同时也具有风险。星巴克的领导团队和我需要做出考虑，目前公司是否有足够的资源在公司的变革时期将这些想法付诸实施。

2009 年，我们一面探索规范、创新的增长方式，一面不断反思。

- 我们怎样才能重塑和改善门店体验，这是我们的传统，是品牌价值的基础
- 我们怎样才能拓宽我们长久以来所坚持的基于情感和人与人之间的联系的价值定位
- 我们怎样才能更有力地向世人呈现我们所做的一切
- 就如我曾经设想的马萨克朗，星巴克怎样才能把自己的咖啡专长延伸到门店以外的地方

我个人并不害怕失败，但我不喜欢失败，也不愿意失败，不过我愿意去承担风险。然而我深深忧虑，在目前公司股价和士气都极端低迷的情况下，无论是情感上还是经济上，我们都可能无法承受一次重大的挫折。无论我们选择做什么，我们都必须做对、做好。

这确实有很大的风险。但是我意识到，除了开拓进取、勇于创造外，星巴克别无选择。毕竟，创新的因子从来就深植于我们的基因里。

★★★

早在1989年的一天，戴夫 · 奥尔森来到我的办公室，递给我一杯咖啡，让我尝尝味道。

“怎么样？”他问。

“好喝，”我呷了一口，“这是新到的咖啡？”

戴夫说：“不是，这是我们自产的苏门答腊咖啡，但它并不是现煮的，而是用咖啡粉冲泡的。”我简直不敢相信。事实上，戴夫解释道，我刚刚品尝的并赞不绝口的饮品是用星巴克咖啡制作的一种速溶咖啡。我还是不相信他所说的。速溶咖啡？用阿拉比卡咖啡豆和罗布斯塔咖啡豆混合制成的，酸而无味，几乎没法喝的速溶咖啡怎么可能闻起来和尝起来能接近于星巴克的深度烘焙咖啡的味道呢？它到底是怎么制作出来的呢？

在戴夫向我推荐这种咖啡之前，一个叫唐 · 瓦伦西亚的人曾经来过我们的派克市场门店，递给咖啡师一个小袋子，里面装的是他自制的咖啡粉。他让咖啡师用热水将其冲开，然后品尝一下。咖啡师照办了，并且友善地告诉他，刚才冲的咖啡味道还行，但是肯定没有星巴克的咖啡好喝。唐住在萨克拉门托，这次是来探望他妻子希瑟的家人。他给妻子买了拿铁咖啡，又从咖啡师那儿买了一磅苏门答腊咖啡，那是星巴克最畅销的咖啡之一。当唐回到萨克拉门托，他又重新制作了一种咖啡粉，这次用的是星巴克的咖啡豆，并且送给我们的咖啡师一袋样品。这给咖啡师留下了深刻的印象，并将其转交给了我们支持中心的咖啡专家。不久以后，戴夫就把唐送来的咖啡粉冲泡成咖啡拿给我品尝，并告诉了我关于唐这个人的故事。

我必须亲自见见唐，几天后，我就飞到了萨克拉门托见他。

唐是一个了不起的人。

他是一位细胞生物学家，在研究如何诊断人体自身的免疫性疾病。事实上，就是判断人们是否患有自身免疫性疾病，比如红斑狼疮。28岁时，他创办了一家公司——免疫概念公司，目的是把他的一个想法变成现实。周围的人都认为他是在浪费时间，但是，唐成功地发明了一种能让医生通过检测血液来诊断自身是否患有免疫性疾病的更好的方法。虽然已有医生和医院在使用类似的试剂盒，但唐的发明包含了细胞。和其他检测不同，唐的试剂盒里的细胞贮藏期更久，这是因为唐想出一个办法来安全地冷冻干细胞，而又不破坏它们的特性。之后，世界各地的保健医生开始应用唐的发明。

接着，唐跟我聊起了咖啡的故事。业余时间，他喜欢户外运动。当他和妻子希瑟登山时，唯一能随身携带的咖啡就是速溶咖啡，但口感很差。有一天，他打算运用相同的原理（即他发明试剂盒时运用的原理），来从研磨咖啡中提取咖啡粉。

唐把厨房临时改建成实验室，周末，他先把咖啡粉带到实验室。在那儿，他使用冻干细胞的那台四方形机器，尝试寻找给咖啡粉脱水的最佳方式，保留其原味和香味。每星期一早晨，唐的同事总会走进充满咖啡香味的实验室，并品尝他最新研制的咖啡。

最终，唐成功了。他制成了一种可溶性咖啡粉，用水冲泡时，能泡出比他喝过的任何一种速溶咖啡都美味的咖啡。

直至我在 20 世纪 80 年代末遇到唐之前，我从没想过星巴克会经营速溶咖啡业务。这种想法对公司而言似乎难以想象，与我们的品牌和高端的定位完全不符。我们有很多理由可以驳回这个想法，星巴克是个零售企业，不是消费品公司，我们不愿意也没有资源变成一个消费品公司。此外，仅仅人们的偏见就可以让这个想法消亡。哪怕只是把星巴克和速溶咖啡的名字放在一起，我们忠实的顾客以及咖啡师都会望而却步，因为他们认为速溶咖啡的品质太差，达不到我们的标准。

之所以说绝大多数速溶咖啡比高品质的现煮咖啡品质差，是因为其制造商选用的是劣质咖啡豆，而且其脱水过程很剧烈，使咖啡豆丧失了天然的芳香和风味。因此，当用水冲泡这种咖啡粉（或者说晶体）时，原咖啡豆的一切特质都流失了。但速溶咖啡的消费者却接受它，因为他们已经习惯了这种口感。因为顾客没有追求更好的咖啡，消费品公司就只专注于尽可能降低速溶咖啡的成本。结果，“二战”后，速溶咖啡市场上就再也没有任何实质性的创新了。

许多人也许会问，作为一家小咖啡公司，为什么要去费神费力地尝试呢？

对我而言，我本可以简单地感谢唐和我们分享他的实验，在此祝他身体健康，然后回去工作。这也是可以理解的。唐 · 瓦伦西亚和他的发明激发了我的兴趣。让我印象更为深刻的是他的科研实力、天生的好奇心以及对价值观的坚守。我真的很喜欢和唐交流。他和我一样，会是一个对所谓“不可能”的东西不懈追求的企业家，“它不可能实现”或许是鞭策唐的最大动力。我知道他会成为星巴克的宝贵财富。

我们一直保持着联系，但直到1993年，唐才接受了我的邀请，负责星巴克的研究和开发工作。当时，我们根本没有研发设施，但这没有关系。唐告诉了我一个令人激动的新的可能性，而且星巴克年轻有活力，灵活应变，乐于接受新鲜事物。而作为企业家，作为星巴克的首席执行官，如果我没有把他的激情和创意变成公司的潜在价值，那我毫无疑问是目光短浅的。因此，我没有问“为什么”，而是以一个真正企业家的风范问了“为什么不”。我邀请从未有过零售业或是咖啡行业工作经历的唐建立一个具有世界级水平的研究与开发团队，制造一种能够像星巴克的现煮咖啡一样醇厚而美味，并且可以大规模生产和供应给市场的现煮咖啡。

必须声明一下，我们的目标不只是为了生产更好的速溶咖啡，我们有更高远的目标。尽管当时我还没有那么明确的想法，但我察觉到了星巴克有那种潜力去创造一种新的产品品类，一种总有一天连那些从未想过喝速溶咖啡的咖啡爱好者也会喜爱的即溶咖啡。

★★★

唐把这个秘密项目命名为JAWS（Just Add Water and Stir的英文首字母缩写），意为“只需加水和搅拌”。我们谁都没有想到，它听起来如此简单，但要实现却非常复杂。

唐十分认真地研究，分析咖啡的化学特性，试图弄清楚为什么在脱水和烘干咖啡豆的过程中，带有芳香的化合物会流失，咖啡的风味会被破坏。唐曾在他的实验室里制造出过这样的咖啡粉末，但是在大批量生产时，我们发现这个过程非常困难。每次，他进行新实验时，磨出来的咖啡粉用水冲泡后既不好喝也不好闻，比星巴克任何一种现煮咖啡的味道都差很多。不过，唐并未放弃。相反，他招揽了一批人才。

其中有一个坚韧不拔的巴拿马工程师，名叫乌曼诺·罗宾逊。和唐一样，他也没有在咖啡业工作的经历，他来自制药行业。但是当唐踌躇满志地描述JAWS即溶咖啡项目时，艰难的挑战激起了乌曼诺的兴趣。乌曼诺是一个意志坚强的工程师，和唐以及其他星巴克伙伴一样，他也想从事他觉得有意义的工作。1997 年，乌曼诺举家搬到西雅图，加入了星巴克那个不起眼的研究与开发部门。

多年来，唐、乌曼诺和他们的团队秘密地在星巴克的其他人根本不知道或者不怎么关心的项目上一直努力着。唐一直把这个项目视为攀登乞力马扎罗山。这要求我们具备良好的技巧、应变能力、自信心，以及最重要的对该项目设定的目标和宗旨的坚定信念：通过改变速溶咖啡的质量和人们对它的普遍观念，重塑咖啡产业。只要我们能够破解“成功的密码”，星巴克就可以再次改变人们喝咖啡的方式。

★★★

1998 年，在有限的经费条件下，唐、乌曼诺以及他们的小型工程师团队发明了一种与他们原先预想不同的咖啡粉。它的品质虽然不符合唐最初的设想，但却另有一个有用且有利可图的用途。这种我们内部称为奶油饮料基础液（BBCB）的咖啡提取物成为星巴克的星冰乐混合咖啡饮料以及瓶装星冰乐的咖啡基底液，后者由星巴克和百事可乐联合推出，在市场上广受欢迎。

发现这种咖啡粉是个不小的成就。直到那个时候，我们的咖啡师都是将超浓的现煮的咖啡、牛奶、糖和其他成分调配制成星冰乐，这个过程既复杂又费时。而随着星巴克的星冰乐销量直线上升，简化工序、尽量满足顾客需求就成为当务之急。新咖啡粉减少了制作星冰乐的准备时间，但保留了其真正的咖啡口味，同时也增强了产品的赢利能力。事实上，奶油饮料基础液的作用对公司来说非常重要，到 2000 年，星巴克迅速向北美以外的地区扩张，即溶咖啡项目暂停，研发团队的重心转向扩大奶油饮料基础液的生产，以保证我们星冰乐产品平台在世界各地的供应。乌曼诺和其他团队成员也分赴欧洲、亚洲和南美洲等地实施这一 5 年重点计划。最终，星巴克和两大洲的制造商合作，研制出了两种特别的可溶性咖啡粉，用于制作各种即饮饮料以及其他品牌衍生产品，包括风味冰激凌、咖啡甜酒等。

1999 年，唐退休了，他想花更多的时间陪伴希瑟和两个孩子，并从事一些慈善工作，那时我的感觉就好像是一个亲密的朋友要离开公司。唐没有实现最初设定的目标，尽管如此，他的创新对星巴克而言仍然是无价的。甚至在他离职后，乌曼诺和他的团队也没有放弃唐最初的设想。

★★★

到2005年，星巴克已经有能力为我们全球的即饮饮料和其他品牌衍生品提供足够的即溶咖啡粉。我们不仅在寻求其他的生产源，而且也在追求质量和效率，我们的研发团队永远致力于开发更高品质且更便宜的速溶咖啡粉。这一年里，研发团队展开了一个正式的新项目，要进一步研发我们的即溶咖啡粉。

2006年，该团队制订了一个三年计划，并把一个项目正式列入了他们的日程表，要改进即溶咖啡粉，使它在用热水冲泡并搅拌时仍保持原汁原味。换句话说，JAWS项目又回来了，再次被纳入我们的研发计划中。这项工作仍然需要秘密进行，并更名为“星尘”（Stardust）。

这一年的晚些时候，我准备访问非洲。我不知道在当地从哪里能找到或者能否找到高品质的咖啡，于是我向研发部门要了一小份即溶咖啡粉随身携带。尽管不能直接拿来喝，但我想它肯定比市场上其他速溶咖啡要好，而且有总比没有强。在旅途中，我高兴地发现，它的味道比我预想的要好得多。虽然离完美还差得很远，但是我相信研发团队一定经历了漫长的研发过程才使其拥有了现在的口感。

之后，我回到西雅图，想知道唐的愿景最终是否有可能实现。于是我问研发部门：“现在我们的目标已实现了多少？”

“约60%，”他们告诉我，“也许75%。”

我们依靠技术前进了这么一大步，此时我们需要寻找合适的生产合作伙伴来助我们一臂之力。出于好奇，我召开了一次会议，讨论星巴克将采取什么措施最终实现推出星巴克自己的即溶咖啡这一愿景。

★★★

7层的美景会议室挤满了人，我的一侧坐着领导团队成员，另一侧坐着研发团队、咖啡团队以及其他团队的成员，包括安德鲁·林纳曼、乌曼诺和研发部的现任总监汤姆·琼斯。汤姆向我们展示了一个时间表，并解释为什么星巴克即溶咖啡需要大约至少32个月才能推向市场。

“为什么一定要那么久？”我很不耐烦地打断道，“如果苹果可以不到一年就开发出iPod，那我们也可以做到这一点！”

我很沮丧，因为我觉得他们缺乏紧迫感，但在2007年1月那个时候，我也因公司的各种不足而失落，其中有许多我后来记录在了2月14日写给领导团队的那份备忘录里。

汤姆平静地阐明了原因。不仅现有的即溶咖啡粉还需要进一步的改进才能达到星巴克的高标准，这是唐一直试图破解的密码，而且也应该同时开展大量复杂的活动配合它的上市，但是公司以前几乎没有以这种速度举办过这种规模的活动的经验。如果星巴克要把具有优良咖啡品质的即溶咖啡成功推向市场，那么公司必须以前所未有的方式整合起来，展开跨部门合作来克服物流方面的挑战和来自传统观念方面的障碍。这包括规划、包装、商标注册和专利申请、制造、全球生产和分销、顾客调研、测试、整合营销、数字化和营销活动、获得伙伴的支持。然而该产品目前甚至还没有一个名字！

会议忽略了一个大难题，那就是在星巴克内部，只有极少数人支持速溶咖啡。大家都对这种被定位在低端市场的产品有相当大的偏见，就连当时我们的美国业务负责人（克里夫之前的负责人）也不希望在我们的门店销售速溶咖啡。有些伙伴甚至担心，如果被安排到“星尘”项目工作，可能会给他们在公司的职业生涯带来不利影响。

但我很坚决，我们必须向前迈进。打破传统的理念，这是创新的基础，也是星巴克之所以存在的基础。现在，我们又遇到了一个难得的机遇，可以创造新的咖啡品类。这次的机遇是为那些不喝速溶咖啡的人制作速溶咖啡，一杯可以让每一个人都能随时随地喝到的优质咖啡。现在，星巴克不再是当年唐走进我办公室时的小公司了，因此我们不能放弃。我对坐在这里的人们充满信心。

我同意汤姆的观点，即在不到一年的时间里成功推出这一大胆的产品几乎是不可能的，但我在这次被一些人称为“iPod的会议”上的反应让该项目的成员更有紧迫感了。

乌曼诺负责领导这一项目，在接下来的9个月内，他与安德鲁的团队同国外的一家厂商紧密合作，该厂商在质量和创新上的承诺符合星巴克的标准。在那里的日日夜夜，工程师和咖啡专家每天工作14个小时，反复实验、调整、品尝，直到有一天，他们都呷了一小口，并一致通过。他们的成果甚至超出了自己的期望，在对我们现有的一种咖啡粉的质量加以改进后，只要当加入水进行搅拌时，冲泡出的咖啡的口感就像星巴克新鲜煮制的咖啡一样浓醇而独特。

在 2007 年秋天，星巴克破解了成功的密码，这离我第一次见到唐已经过了将近 20 年。

终于，我们得到了梦寐以求的完美即溶咖啡——证据就在杯中。

★★★

“霍华德，我觉得你应该去看看唐，”戴夫打电话告诉我，“他的健康状况不太乐观。”

2006 年，唐 · 瓦伦西亚被诊断出患有鳞状细胞癌，病魔已侵蚀了他的肺部、肝脏和结肠。所有人都认为唐一定会战胜病魔的，我也这么认为。在 15 个月的时间里，他与病魔进行了一场英勇的战斗。但到了 2007 年 10 月，他的病情加重。那时，我在规划重拾星巴克的日常经营，再度担任首席执行官，但每隔一周我都会去唐的家里探望他。平日里，唐总是躺在沙发上，身上盖着一条毛毯，而我则坐在附近的一张大椅子上，我们总会聊上不止一个小时，聊的内容不仅仅涉及咖啡，还有其他很多方面。

我最后一次看到唐是在医院里，那是 12 月初的一个星期二。站在他的床边，我凑过去低声说：“唐，我们将推出‘星尘’。”我希望唐知道，他的愿望——他一生的众多成就之一——也即将实现。

4 天后，即 2007 年 12 月 8 日，唐 · 瓦伦西亚去世了。

ONWARD

第 28 章 真正伟大的产品

有时候，我觉得星巴克早期的那段时光，似乎离我越来越远了。

父母直到看到儿女上大学时，仍然会清楚地记得他们年幼时的点点滴滴，星巴克之于我也一样，在公司的成长过程中，早期那些日子依旧历历在目。

当一个老友突然来看我，或者当我走进最初的派克市场门店时，昔日的某个场景，某种感觉会突然涌上心头，它们是如此清晰，就好像发生在昨天一样。而在某种程度上，也确实如此。

星巴克在成长过程中的每一个时间点，从我的第一家装有黑色台面的“天天”咖啡馆，到后来遍布世界各地的门店所发生的一切，都是我生命中的一部分。到了2009年，我再次担任首席执行官，这一切已经过去二十几年了，我不断吸取教训，积累经验，也越来越成熟。从年轻时创业至今，我一直秉持着一个核心理念：当我全心相信某些东西时，我就会在日常生活和工作中始终保持热情、激情与动力。

我坚信，由唐创造的、由我们的伙伴们尽心尽力不断完善的速溶咖啡必定会改变消费者的行为，对此，我毫不怀疑。为什么我会如此肯定？因为最好的创新是在别人根本还没有意识到有一种需求时，就已经想到并满足了这种需求，同时开创了一种新的思维方式。星巴克的天然即溶咖啡粉正是如此，这使我想起星巴克的意式浓缩咖啡吧，它就是这样改变了世界各地的人们喝咖啡以及休闲的方式。

或许有些讽刺，星巴克推出的速溶咖啡正与公司创立时的初衷别无二致。我们研制速溶咖啡的目的和创建意式浓缩咖啡吧的目的是一致的，都是为了产品创新，去其糟粕，取其精华，这是一个宏伟的目标，它并非抢占现有竞争对手的市场份额，而是要开拓一个新市场。星巴克的速溶咖啡并不仅仅服务于现有的速溶咖啡顾客，也将会吸引那些原本不喜欢速溶咖啡的顾客，让他们乐于选择速溶咖啡。同样，就像“第三空间”满足了人们对社区文化的渴望一样，星巴克“只需加水”的承诺给那些在新千年里奔走忙碌、对咖啡非常挑剔的人们一个随时随地能喝到美味咖啡的机会。二十余年前，我曾认为，人们愿意多花钱喝高品质的咖啡，因为这是一次无与伦比的体验。现在，我仍然确信这一点。而且，正如我早期的梦想不是只开一两家店而是要建立一个企业一样，我目前的梦想并不仅限于销售一两种口味的星巴克速溶咖啡，而是要建立一个品牌平台，推出更多的产品。

另一个让我觉得讽刺的是，那些炮轰我，认为星巴克不应该销售速溶咖啡的反对者，也不是第一次出现。在我昔日的经历中，我也曾碰到过类似的事。我记得当年我创建“天天”咖啡馆时，我找的那些投资者直截了当地告诉我，他们认为我的想法很荒诞：“你到底为什么会以为你的想法行得通？要知道美国人是根本不会在咖啡上花钱的！”

现在，对速溶咖啡持怀疑态度的人就和那时投资者的反应一样强烈。

“注定要失败！”一位星巴克的最高层管理人员如是说，他站在我的办公桌前，举了那些闲置在杂货店的沾满灰尘的商品的例子。其他人则预测，在公司变革前，推出与以前迥异的产品会引发批评家的批评，他们会将其视作一个在绝境中挣扎的市场伎俩而不是我们战略性的成长策略。有人警告我，速溶咖啡会破坏我们品牌的诚信度。甚至有人怀疑我压根儿不知道这件事。我们的一个伙伴听到星巴克要生产速溶咖啡时，不禁脱口而出：“如果霍华德知道我们这样做，他会停止该项目的！”这个消息在我们的伙伴们中所引发的上述困惑并非夸大其词。虽然很多人和我一样对这个新产品充满热情，但是坦白说，确实有很多人不想参与其中。

我愿意听听他们担忧的原因，因为这有助于我们打开消费者市场，但是我不允许反对者冲击我的信念。

我多年来的良师益友沃伦·本尼斯是一名管理学大师，他曾经指出，领导者的一项核心能力是在没有足够多信息的情况下盲目摸索时，就能根据其拥有的知识和智慧做出正确决策，并始终坚持那个最重要的目标。我经常思考沃伦的观点，当我再次担任首席执行官时，我经常和他交流。我发现星巴克就和当前的美国一样都处在危机中，需要为生存而奋斗。套用沃伦的观点，无论是公司还是国家，都是在一个不断发展变化的环境下发展，我们或多或少都在黑暗中摸索。

对于推出速溶咖啡这一重大决策，我满怀信心，因为我们的产品是有市场依据的。首先也是最重要的一点，我知道这一产品肯定会畅销。我也知道我们的新产品存在巨大的市场潜力。在全球范围内，速溶咖啡约占所有咖啡消费量的40%，年销售额高达约200亿美元，高端市场的销售额为34亿美元。任何一个企业，如果几十年来没有任何创新，则都到了必须革新的时候。如果星巴克真的想通过扩大包装咖啡业务而实现更多的收益，那么没有比速溶咖啡更好的产品了。

我的直觉来自多年来目睹到的星巴克赢得数以百万计顾客青睐的信心和经历，它告诉我，那些对星巴克速溶咖啡持怀疑态度的人最终会意识到，这既不是公司的一次妥协，也不是应对市场的伎俩，通过亲自品尝，我们的伙伴们将会自豪地团结起来为这个产品而奋斗。

根据沃伦的观点，星巴克推出速溶咖啡，要与本公司的首要目标相一致。如果执行成功，那么它就能够与我们始终坚持的变革议程中列出的七大要点相符：

- 成为咖啡界无可争议的领袖
- 吸引并激励我们的伙伴
- 点燃顾客的热情，与顾客建立情感纽带
- 扩大全球业务——让每个门店都成为当地社区的核心
- 做道德采购和环境保护的领军者
- 打造与我们的咖啡匹配的创新发展平台
- 建立可持续发展的经济模式

如果我认为星巴克生产的是劣质产品，或是我们的速溶咖啡使我们偏离了航向，我就不会有勇气打这么大的赌。

也许没有人比雪莉更理解这一点了，她是唯一品尝过唐最初制作的咖啡粉的非星巴克人士。曾经有一次在国外旅行时，我拿出唐给我的咖啡粉，给雪莉冲了一杯。咖啡的香味使她大吃一惊。因此，这些年来，即使在它的研发中途我们曾暂停这个项目而为其他研究项目让路，雪莉仍然鼓励我生产速溶咖啡。作为一个咖啡爱好者、旅行爱好者和成功的女商人，雪莉非常明白，该产品对消费者以及星巴克的价值所在。

雪莉的坚定一如既往地鼓舞着我，和1985年我在西雅图四处奔走寻找素不相识的人投资时一样，2009年时我的信念依然毫未动摇。

现在我所要做的远不只筹集资金。我必须提振数万名伙伴的士气，和我们的伙伴们建立共同的目标，然后领导他们走向共同的未来。我意识到不少伙伴们都因为畏惧而缩手缩脚，畏惧风险，畏惧公之于众的失败。而且，在经济不景气的情况下，他们同样对自己的未来感到畏惧，因为这是与公司的未来紧密联系在一起的。但是，我不能让这种恐惧阻碍我们前行。

所以，我承担了极大的风险。星巴克需要勇气。我们打算做人们认为做不成的事，打造速溶咖啡价值数十亿美元的业务。

★★★

仅仅一个人的热情是不能成功地推出任何一款星巴克产品的。和所有高效的领导者一样，我的领导力与组织的执行力紧密相连。

速溶咖啡的推广将是星巴克历史上最大也是最复杂的一次推广活动。我们正在世界范围内推出一个全新的品种，这需要公司所有部门和专家以前所未有的方式共同合作来解决问题。

我们委任艾米·约翰逊负责这一项目，她曾在金汤宝公司（Campell Soup）任职，现在加入了我们的团队，她是一个聪明能干的新一代的领导人。星巴克速溶咖啡和我们包括瓶装星冰乐在内的其他咖啡产品都不同。它独一无二，因为它可以在星巴克尚未拓展业务的成千上万个地方销售，比如在户外用品零售商REI那里。如果不是彼得·吉本斯大刀阔斧地对星巴克的供应链进行改革，在世界各地这么多地方销售它是根本不可能的。在以前，公司甚至无法想象能这么成功地大量生产、存储和分销某种产品。

从营销的角度来看，我们要从产品的方方面面进行宣传，消除人们对速溶咖啡的偏见。

首先，我们必须找到一个完美的名字。

命名是一门科学，但更是一门艺术，就好比没有地图的指引无法去寻宝一样。我们聘请了外部专家，坐在屋子里集思广益。我们在半夜互发电子邮件。侧击怎么样？火花？咖啡爵士？ SB Kazam？小英雄？或者干脆就叫星巴克速溶咖啡算了？最多的时候，我们共列出近500个名字，但都达不到创新的标准。直到有一天，我们内部的创意工作室提出了一个名字：VIA。于是，我们的备选名单缩短了。

VIA是意大利语，意思是“街道”或“路线”，言外之意是“随时随地”或“两地之间”。它不仅体现了意大利带给我的建立星巴克的灵感，也体现了产品的特质：易买、易冲、易携带。并且，VIA的发音容易又很紧凑。这个词如果全印成大写字母，也会显得很典雅。营销团队几乎投全票通过了这个名字。

“我们找到好名字了。”艾米和米歇尔走进我的办公室汇报。我听了以后，犹豫了一下，考虑了一会儿。最后，我想到了：

VIA。

瓦伦西亚（ValencIA）。

我想到了唐，然后笑了。

我们的确发现了一个完美的名字。

★★★

这次，我非常失望。

这是一个星期五的下午，就在VIA的包装必须设计完成的几天前。我一点儿都不喜欢我看到的彩虹颜色和样式普通平淡的设计，它缺少了某样极其重要的东西。眼前这些装着单支即溶咖啡的盒子缺少那种极其重要的非言语的吸引力，即向消费者传达VIA不是他们祖母那辈的人才会喝的速溶咖啡，而是一个具有革命性的却又让人觉得熟悉的星巴克体验的信息。我知道创意团队在背后所付出的努力，我也知道这是VIA预定面市日期的最后一刻，但我仍然摇头否决。我不能同意这样做，我不能批准这个创意，即使重新设计可能会打乱预定的上市日程。因为有太多人为了推出这个新产品而付出了长期艰辛的努力，我们押上了太多的东西，我们别无选择，必须把每一个细节都做到完美。

虽然VIA的包装本身不是产品畅销的关键，但不当的设计却足以扼杀产品的生命力。我知道这个包装可以设计得更好。因此，我没有做任何妥协。但是我并没有让设计团队重新设计，指望他们做得更好，而是采取了和星巴克早期打拼时相同的措施。

“星期日到我家来。”我只告诉了艾米和米歇尔。除此之外，我没有邀请任何星巴克的负责人，也没有事先向她俩解释缘由。

“这是杰克 · 安德森。”他是霍纳尔—安德森公司（Hornall Anderson）的创始人之一，该公司是西雅图历史最悠久的品牌战略和设计公司之一。同时，我自豪地向他介绍了艾米和米歇尔。在星巴克创业初期，杰克曾与我合作设计过星冰乐的标识，以及门店的第一代购物袋和产品目录，他们的设计让星巴克品牌看起来温暖而质朴。现在，星巴克的变革需要能够真正理解我的想法以及品牌内涵的人。

应我的要求，杰克带来了他最有才华的设计师戴维·贝茨以及该公司的战略副总裁劳拉·雅各布森。他们不知道星巴克即将推出名为VIA的速溶咖啡，也不知道我希望他们重新设计包装。

我在解释的时候从来没有这么坚决、这么急切过。“这种产品对我们的顾客和伙伴而言太陌生了，以至于他们很难相信它、尝试它，因此它的外观和感觉必须让人一下子联想到是星巴克的产品，但是又要有所创新。”正如我了解的那样，杰克确实理解了，在那一周内，他的团队和艾米的团队一直在合作。

我秘密引入一个外部公司的消息不可避免地引发了内部的一些沮丧情绪。我从没有想过削弱任何人的力量，但是在公司变革时期以及星巴克的整个历史中，我不得不做出一些艰难的选择，为了组织的最大利益而牺牲某个人或某个团体的利益。为了数以千计伙伴们的利益，伤害一些人的感情，甚至不止一次破坏个人关系，是我担任星巴克首席执行官以来的工作中最痛苦的一部分。

但是把杰克和他的同事带进星巴克是明智之举。一个简单而精心的设计，使公司达到了应对包装方面的挑战要求，通过外观包装让VIA与在星巴克门店出售的优质饮料联系在一起。在装着狭长的单支VIA咖啡的盒子正面，印有一个轮廓鲜明的星巴克咖啡杯的剪影。另外在包装上，在杯子的剪影上面，是一些在每个白色的星巴克热咖啡杯上都有的复选框，这些方框是咖啡师用来标记顾客喜好的——低咖啡因、加糖浆、加牛奶。杯子和复选框的这种形象设计，参照了星巴克的店内经验和公司传统，同时也验证了新产品的质量：精细而简单，精致却质朴，完全真实。

霍纳尔—安德森公司也帮助我们更好地阐明了VIA独特而简单的广告语：好咖啡爱不释手。有了VIA，人们现在可以随时随地品味高品质的天然咖啡了。在那些原本不可能的场合和时间，放在手提包、背包、口袋里或随身携带的袋装VIA咖啡，意味着你可以在远足的时候、飞机上、工作场所、异国他乡、宿舍、别人家里和自己家里，都能随心享受优质咖啡，不用再煮满一壶咖啡了。

然而，我们面临的更大的市场挑战是，如何介绍产品，以便让人们立即明白，

VIA不只是一种速溶咖啡，更是我们所深信的可以改变整个市场的革新产品。我至今仍记得美国好市多的吉姆 · 塞内加尔给我的建议，他鼓励我不要躲避“速溶”这个词，而是要接受它。对此，内部有很多争论。鉴于速溶咖啡的负面含义，我们是否应该把VIA和速溶咖啡联系起来？甚至于——这个新产品能归到速溶咖啡这一品类吗？最终，我们的创意工作室构思了一个简单又高雅的短语，有效地重新定义了我们的产品。这个短语的言外之意是，我们的咖啡既是新品种，又代表了新的消费方式——“星巴克咖啡，即刻随享”，这说明了一切。

★★★

定位、包装、名称。

这些元素将有助于重塑大众对速溶咖啡的认识。但要使VIA销售成功，我们的伙伴们必须将它与星巴克的其他咖啡一视同仁。当务之急是消除公司伙伴们的偏见，而这仅凭我一个人是无法做到的。

在努力达成共识的过程中，艾米和她的同事，营销部副总裁布雷迪 · 布鲁尔，找到了一个解决方案。如果伙伴在品尝前知道VIA是速溶咖啡的话，他们会因为偏见而影响体验的感觉。所以，我们要先瞒着他们。在会议中，他们每人会品尝两种咖啡，我们告诉他们都是鲜煮的。当他们品尝并讨论口味时，没有人质疑。但是当我们宣布这两杯都是星巴克新的速溶咖啡时，他们的偏见似乎很轻易就消除了。惊奇取代了怀疑。

我们反复使用这招，无论是在办公室、会议室还是在门店里，我们都让伙伴们在不知情的情况下品尝，甚至在我自己家举行的晚宴上，我也让客人在不知情的情况下品尝了VIA。这一招产生了滚雪球的效应，越来越多的人接受了速溶咖啡。

不害怕质疑，相反我们合理利用它。这是一种策略，有助于VIA在面市时扭转形势。

★★★

起初，我们担心的事没有成真。

但是，2009年2月13日，在正式发布公告星巴克将进入速溶咖啡市场的4天前，著名投资网站大傻瓜（Motley Fool）发出头版头条新闻：“不，星巴克，请不要！”

《广告时代》抢先泄露了VIA即将上市的消息，却没有谈及VIA产品本身，这引来大量网友和博主大肆批评这种他们从未品尝过的产品。傻瓜专栏写道：“星巴克的计划是‘开发’速溶咖啡市场，还是我们应该用‘降格进入’这个词？”并公然质疑：“霍华德·舒尔茨恐慌了吗？他是已经绝望得不得不告诉所有人星巴克管理层在做事情，不管什么事情都行吗？”其他网友喋喋不休，指责星巴克不顾速溶咖啡“质量差，味道凑合”的名声也要自降身段去卖这种低档商品。其中一个网友还加了一句：“多少有抱负的诗人、音乐家和哲学家会去星巴克狂饮速溶咖啡并创作出深刻的作品呢？”

面对如此无情的网友，我有点儿好奇，在2009年2月17日当天主流媒体会如何反应。那天，我将在纽约市的新闻发布会上宣布VIA正式上市。我们期望参加新闻发布会的观众们能先品尝VIA，理解VIA的市场潜力，然后做出公允的评价，进而发表影响大众的看法。而在接下来的几周内，我们将在西雅图、芝加哥和伦敦的门店内尝试推出VIA。

我看着他们静静地啜饮哥伦比亚咖啡和意大利咖啡，告诉他们这只是我们通常召开会议前都要进行的常规咖啡品鉴。最后，就像小孩克制着激动心情，强作平静地宣布隐藏了很久的秘密一样，我告诉他们，他们刚刚喝的咖啡就是星巴克新的长期战略产品——VIA免煮咖啡（VIA Ready Brew）。

“是的，它确实‘骗过’了我们。”《纽约时报》的乔·诺切拉在他的专栏中这样写道。

我已经吸引到了他们的注意。现在，我必须让他们信服，推出速溶咖啡并不是星巴克的孤注一掷之举，而是建立在我们咖啡传承和专业基础上自行研发的创新产品，它孕育着公司的广阔前景。

“这不是你们祖辈的人才喝的速溶咖啡，”我向他们保证，“对我们来说，这是一次大行动，是一个机会，重新定义这个产品品类，开创新方式，扩大顾客群。”

我阐述了我们面对的商业机会。尽管星巴克的知名度很高，但在美国的市场其份额只占年咖啡总销量650亿杯的4%。推出VIA，可以通过开拓新的咖啡饮用场合而扩大市场份额。

但巨大的市场是在北美以外的其他地方。就全球而言，速溶咖啡市场规模超过了200亿美元。仅在星巴克目前拥有839家店的日本市场，速溶咖啡年销售总额为29亿美元，占日本咖啡销量的一半以上。在英国，星巴克已有700多家门店，速溶咖啡市场规模达12亿美元，占整个国家咖啡销量的80%以上。

这些数据令人印象深刻，它们告诉我们，大多数美国人不知道速溶咖啡在世界其他地方是如此流行。但是正如我们预期的，要让人们公正地对待VIA，那么它的风味和品质首先要得到认同。因而，在新闻发布会结束后，我们等待着全美各地的媒体记者们根据他们品尝的结果做出相应评价。慢慢地，他们的评语喷涌而出：

> 一群经验丰富的《广告时代》编辑部的咖啡迷们在星期三时大吃一惊，他们竟然无法分辨星巴克的速溶咖啡和其连锁店的店内现煮咖啡的差异。
>
> ——AdAge.com

> 在指责星巴克孤注一掷的举动前，请品尝一下VIA。我们这里有一台机器，不到一分钟就可用星巴克咖啡豆现煮一杯新鲜咖啡。我们将它和VIA比较了一下，根本无法分辨出哪杯是速溶咖啡。二者都有浓郁的芳香和醇厚的口感。
>
> ——《财富》

> 在尝试了其他一些速溶咖啡以后，我们都认为，速溶咖啡与新鲜煮制的咖啡迥异。在许多情况下，速溶咖啡只有苦味，没有咖啡的风味和香味。所以，当我们终于有机会品尝星巴克的速溶咖啡VIA时，我们感到惊讶：它尝起来就像是新鲜煮制的咖啡。
>
> ——SmartMoney.com

一如既往，我们的咖啡和公司也受到了他们的批评。有的人只承认VIA优于其他速溶咖啡，但并不认为它能同新鲜煮制的咖啡相提并论。其他人对我们的战略迷惑不解，“我认为这是解决品牌问题的一个暂时的方法。”一位咖啡产业顾问如此引述，“对我来说，这是一个大赌注。”

华尔街也持保留意见。我们宣布VIA上市的那天，星巴克的每股股价收于9.65

美元，与前一天股市收盘时相比，下降了48美分。

我们离胜利还有很长的一段路要走。但是，我们已经比许多人原先预料的走得更远。

★★★

我从来没有想过成功领导者的简单秘诀。但我的确认为，高效的领导者有两个特性：一是对公司的未来方向充满信心，一是能够吸引人才共同打拼。

对于VIA，我深信，赢得伙伴们的信心和热情确实是个巨大的挑战。但我毫不怀疑，那年秋天在美国国内推出VIA，然后扩展到全球范围的时候，西雅图和世界各地的伙伴们将全力支持它，不只是因为VIA是一个美妙的产品，而是因为在这个充满变数的时期，在大范围的经济动荡中，几乎每个人都渴望信仰某些具体的东西、某些有希望的东西。

但是对星巴克而言，“某些东西”必须比新的咖啡机或顾客忠诚度更有力。要比我们在新奥尔良的领导团队会议更直接面对消费者，更能够在全公司范围内推广。星巴克需要一个更加令人震撼的产品，比雪芭更忠实于星巴克的咖啡传承，像星冰乐一样，完全由星巴克创造。我们需要某个产品吸引我们的伙伴们积极参与，让他们感到自豪，并自发为公司争取新的市场份额。

无论如何，VIA的表现相当出色，对公司而言，它带来了比收益更为重要的东西。它可以帮助我们唤醒企业家精神，并再次让公司铭记创新的重要性，激发伙伴们主动改变现状，并信任自己、伙伴，信任一个真正伟大的产品。VIA帮助我们重新鼓起勇气做一个行业领袖，重新定义新的产品品类、创造新方式、变革一个行业，做这样的领导者而不是做市场的跟随者时，星巴克的表现才是最好的。我毫不怀疑，VIA正在帮助我们改造自己。

ONWARD

第 29 章

数字生活

VIA的新闻发布会结束后，我坐在纽约证券交易所里，面对着镜头接受消费者新闻与商业频道记者玛丽亚・巴蒂罗姆的现场采访。玛丽亚问我的第一个问题与VIA和星巴克无关，而是一个关于经济形势的问题。

就在同一天，即2009年2月17日，奥巴马总统签署了一个总额达7 870亿美元的巨大经济刺激计划，试图拯救国家。近几十年来，美国从未遭受过这么严重的经济萧条，失业率攀升至8.1%，创下了25年来的新高。美国的国内生产总值最后一季度萎缩了6.2%，也是25年来跌得最厉害的。消费者信心指数骤降至25，是自1967年以来的最低水平。

“该刺激计划是否能够帮助消费者摆脱恐慌情绪呢？”玛丽亚在交易所内向我提问。我认为，其最直接的影响是提升消费者的信心，这对人们来说至关重要，决定了人们是否能自在地花钱。我认为目前的经济形势不可能在短期内显著复苏，所有的公司都不得不接受这一点。经济形势日益恶化，任何组织都无法控制它，我们可以做的就是积极应对。在星巴克，我们继续进行极其复杂的，有时是很痛苦的削减成本的工作，不断提高效率。重整供应链，简化门店操作，改造IT系统。我们甚至比原计划多关了300家门店。最困难的是，我们面临着另一轮裁员，尽管裁员的人数并不多。如果是在一个完美的世界，我们的伙伴就不必不止一次地忍受这样的痛苦了，但是2008年7月以来经济形势的严重恶化，远远超出了我们半年前的预料。

随着经济衰退加深，除了日常运营外，所有的公司包括我们在内，也必须深入市场前沿，设身处地地为我们的顾客考虑。我们的顾客正饱受伤害，我们需要找到办法为他们提供更高的购买价值，在降价销售的同时又不损害品牌的价值。

星巴克一直想通过回馈卡和金卡、收据回馈计划节省的2美元，以及以低于4美元的价格提供食品和咖啡的办法来达到这一目的。在采访过程中，我告诉玛丽亚，VIA的价格一杯不到1美元，是星巴克在当前的环境下体恤消费者的另一种方法。三支装VIA卖2.95美元，12支装VIA卖9.95美元。

“告诉我，在你们看来，目前消费者情况如何？”她进一步问道。这也是我常常被问到的问题之一，因为星巴克世界各地的门店时常被视为判断消费行为的标尺或者说是早期征兆。

“入秋以来，北美的情况没有明显的恶化，”我答道，“而让我们担忧的是西欧，尤其是英国，英国正处于经济动荡中……我认为英国消费者的信心指数非常低。”

5分钟后，采访结束。我离开录音棚，前往下一个活动安排现场。当我晚上回到纽约的公寓休息时，我很高兴，也很疲惫，完全没有关注纽约以及大西洋彼岸的事态发展。

★★★

第二天早上醒来，像往常一样，我泡了一壶苏门答腊咖啡，开始查收电子邮件。令人难以置信的是，这么早，我就收到了这么多邮件。我检查了一下语音信箱。至少有36条留言！

我想一定是出大事了。

很快我就发现，就在我接受了消费者新闻与商业频道采访后不久，玛丽亚又采访了英国的商务大臣彼得·曼德尔森勋爵，他正在纽约访问，声称英国的经济状况很稳定。玛丽亚问商务大臣如何看待我关于英国经济的看法，曼德尔森反击道：“英国并没有动荡。不过我注意到，星巴克遇到了很大的麻烦，这可能是因为他们过度曝光所致。所以，请不要根据星巴克的表现来判断英国的经济状况。”

根据互联网上广泛流传的文章报道，曼德尔森在当天晚些时候出席了一个酒会，在那里，他仍然感到恼火，因此继续贬低我。而这将成为英格兰小报的绝佳头版素材。

第二天《英国电讯报》开始大肆报道，“曼德尔森猛烈攻击星巴克的首席执行官”。《卫报》的头条是“曼德尔森和星巴克对英国经济的看法截然不同”。紧随其后的文章和博客进一步激化了矛盾，它像野火一样在网上蔓延开来！公司接到了大量的来电，星巴克被迫发出关于公司对英国市场的信心和承诺的声明，以安抚大众。

这次事件，来得快，去得也快，同时因为它所代表的含义而显得非常重要。首先，和两年前泄露的备忘录类似，几乎是在同一天。这次经历再次提醒了我们，信息流通是多么迅速，尤其是在数字时代，其引发的后果可能会一发不可收拾。我们花了大量时间准备讲述VIA的故事和商业策略，而一个局外的评论只用了几个小时就让大众对星巴克的关注偏移了方向。

其次，星巴克是一个人们想谈论交流的消费品品牌。不管我们的动作大或是小，都会有负面和正面的评论。我相信我再次担任首席执行官后，无论我们是否主动发起了具体的对话，都一定有机会与顾客进行更多的互动。

社交媒体，诸如Facebook、Twitter以及我们的MyStarbucksIdea.com都可以帮助我们倾听并与顾客直接接触，同时改善业务。到目前为止，根据MyStarbucksIdea.com上的帖子，我们已采纳了25条好建议。更令人印象深刻的是，该网站促成了我们的忠诚计划，使我们有了回馈卡和金卡的想法。随着时间的推移，我们的忠诚计划已经演变为公司迄今为止最成功、最赚钱的项目。在Facebook上，星巴克的粉丝数量已接近100万，Twitter上也有15万人追捧星巴克，这些顾客希望听到我们的声音。

星巴克比以往更积极地和顾客对话，每时每刻都与真正对我们感兴趣的顾客交流。对我们来说，社交网络是这样一个领域。在这儿，星巴克可以召集并引领大众，而不是使用在其他地方不得不采取的防守战术。只要我们没有用优惠券搪塞顾客，只要我们和顾客交流关于星巴克和我们的同等重要的话题——从咖啡到循环利用，只要我们聆听和交谈，人们就会一直支持我们，甚至也许会依恋我们。星巴克正在开发一种双向的基于数字媒体的对话，这将更有效地增进人们对我们活动的认识，加深彼此间的信任，并最终带动销售。

例如，在上一个假日季，我们利用了我们当时在Facebook上的主页，告诉Facebook上的朋友有关星巴克与（红色）组织合作的消息，这增加了星巴克红色产品的销量，从而给非洲感染艾滋病毒的人们提供了340多万天用量的抗逆转录病毒药物。2009年1月20日，当奥巴马作为美国第44届总统发表就职演讲时，星巴克鼓励其网上粉丝来到门店承诺共同参与志愿者服务。我们门店承诺的服务时间总计达到了120万个小时。

因为明白了数字信息和社交媒体对加强我们与顾客的交流和诸多市场行为将继续发挥重要作用，所以我们邀请Facebook的首席营运官，以及Google的前300名员工之一的谢丽尔·桑德伯格加入我们的董事会。同时，我也很高兴能够聘请凯文·约翰逊加入董事会。凯文还在微软公司时，我就认识他了，那时他是负责Windows和在线服务部门的总裁。最近，他成为瞻博网络公司的首席执行官。他若加入董事会，将会促动我养成作为首席执行官应有的积极的思维方式。这两个人的加入，使得我们的董事会在技术、业务、领导能力方面得以整合，从而增强我们董事会的实力。

2009年春天，我充满了信心，因为很少有其他公司像我们这样及时利用数字信息和社交媒体的力量，而我们将继续这样做，因而每天都有新的可能性。

然而，我们也得谨慎行事。

不当的言辞、信息或活动有降低品牌诚信度和损害我们与顾客关系的风险。我们不得不谨慎抉择，星巴克如何开展数字化战略，在哪里开展。我们坚持欢迎创新理念，当然，也注意小心行事。

★★★

站在公司的领导团队面前，星巴克的首席信息官史蒂芬·吉莱特阐述了星巴克应如何做才能迅速显著提高每月的销售业绩。

我曾要求领导团队提出尽可能“大”的想法。尽管VIA已经成功上市，我们也依然没有找到变革公司的灵丹妙药，我们需要不断挑战自己：还有什么是我们可以做的，从而为我们的顾客和股东提供更多的价值？我们怎样才能更好地利用星巴克的所有资源？史蒂芬才加入星巴克一年，不仅重整了我们的IT系统，而且还提出了其他与会人员想不到的建议。

“你们中有多少人知道电玩站？”史蒂芬问，没有人举手。于是，他告诉我们，电玩站是世界上最大的经营新旧视频游戏的零售商。而且，尽管零售业的各商家举步维艰，但电玩站在6 000多个销售点的销量在上一季度增长了10%，而星巴克则下跌了10%。史蒂芬紧接着又提出了一个问题，“有谁知道有史以来最畅销的网络游戏是什么吗？”同样，还是没有人举手。

史蒂芬笑了：“魔兽世界。”

我对这个名字一无所知。史蒂芬继续向满脸疑惑的星巴克领导团队解释，魔兽世界是一个在线互动的多人参与的幻想游戏，在和《指环王》所描绘的类似的虚拟世界中，玩家创造自己的虚拟角色，去探险征战，沿途获取分值。据统计，全球各地有近 1 200 万人在玩魔兽世界。后来我们还知道，史蒂芬不仅仅是其中的一个普通玩家，在游戏社区，他还是最成功、最知名的明星玩家之一。史蒂芬说，玩这个游戏的人大多为 18~34 岁的男性，正是星巴克尚未征服的顾客群体。

史蒂芬建议星巴克研究电玩站的商业经营模式，很显然，他们采取的某些措施值得我们学习，我们还应该与魔兽的母公司暴雪娱乐世界建立联系。也许我们可以在门店出售视频游戏，也许一个虚拟的星巴克“宠物”可以成为魔兽世界里玩家梦寐以求的一个角色，星巴克—魔兽世界回馈卡怎么样?

乍一听，这种关系似乎不太可能实现。但史蒂芬指出，如果合作成功，将取得很好的商业成果，这听起来非常具有说服力。史蒂芬预计，如果星巴克与暴雪娱乐世界合作，很可能会吸引世界各地数以百万计的新顾客来我们的门店，从而促进我们目前亟须刺激增长的销售额。

我坐在椅子上沉思，我曾要求大家提出有创造性的大胆想法。这个史蒂芬，他不是商人，而是信息技术方面的专家，可他提出的想法毫无疑问符合这个要求。虽然“魔兽”很明显与星巴克的价值观不一致，但是我拒绝过早地下结论，就如推出VIA时一样，在人们还不太了解时就贸然判定它会失败是不恰当的。我想，至少应该鼓励史蒂芬继续探索这个大胆的想法。因此，在 2009 年 4 月，我们一小组人飞往暴雪娱乐世界在加州欧文的总部。

唯一显示暴雪娱乐世界不是一个呆板的软件公司，而是幻想游戏生产商的标志是大楼入口处一个 12 英尺高的兽人战士青铜像。这是魔兽世界中的角色之一，他骑着凶猛的狼。我摇了摇头，但史蒂芬笑得合不拢嘴，这好像是他的天地。我们与暴雪娱乐世界高管会晤，讨论他们的业务模式和热情忠实的客户群，这些都给我留下了深刻的印象。我很少见到人们如此挚爱某个产品！在许多方面，暴雪娱乐世界的顾客和我们的顾客很相像。

之后，我飞回西雅图，而史蒂芬则留在欧文，与团队成员进一步探讨各种方案。一个刚加入星巴克的伙伴亚当 · 布洛特曼和史蒂芬一起工作。亚当在PlayNetwork的支持下，创办了华盛顿雷德蒙德公司，这是一家为星巴克门店及其他零售商定制音乐程序的公司。亚当天生具有好奇心，且善于整合业务战略、市场营销和技术，因而史蒂芬要求他帮忙给星巴克开发新的业务——星巴克数字投资部门。

在飞回西雅图的途中，史蒂芬和亚当讨论了星巴克和暴雪娱乐世界合作的利弊。不可否认，合作会使星巴克赢得新的消费者——年轻的成年男性，吸引众多新顾客前来我们的门店，使我们的销售额几乎在一夜之间暴增。因此，这一合作非常有吸引力。但是当飞机着陆后，他们认同了米歇尔和我的看法：魔兽世界和星巴克的核心理念相差甚远。

鉴于当时星巴克面对的财务和竞争压力，这是一个艰难的选择。面对逆境时，任何一家公司都会受到能够迅速解决问题的点子的诱惑。但是，经商和经营生活一样，人们必须忠于自己的原则。无论是怎样的诱惑，都应该坚持自己的理念。追求短期回报是目光短浅的选择。因此，尽管史蒂芬渴望与暴雪娱乐世界合作，他、亚当以及米歇尔和我，内心都清楚地知道，魔兽世界虽然很迷人，企业文化很非凡，但它不适合星巴克。

在探究一个不完善的想法的过程中，人们常常会发现更好的点子。史蒂芬最初的想法使我们想到了一些重要的问题，星巴克如何在虚拟网络世界与顾客更紧密地联系起来，尤其在我们拥有独特的无可比拟的店内无线网络时。星巴克是全球拥有最多配备无线上网设施门店的零售企业，每天都有数百万顾客使用我们的无线网络。

盘旋在“第三空间”上空的是一个虚拟的“第四空间”，到了星巴克大量使用它的时候了，要让它为我们的顾客提供新的高价值体验。

★★★

我经常说，创新不仅意味着想着创新产品，也意味着重新思考“关系”的本质。对顾客来说，在互联网上和门店里与他们交流，他们并不排斥。找到正确的方法使门店和虚拟世界共存就是把这两件事联系起来的“钥匙”，就像我曾经给予克里斯的一样，我批准史蒂芬探索那些奇思异想，而这正是他和亚当从欧文回来后试图做的事。

在接下来的几个月里，亚当出发了，他一边会见各类企业的负责人，询问、了解他们的产品和商业模式，一边探索可能存在的合作关系。他很快就意识到，几乎每一家公司都想和星巴克达成协议，把他们的产品介绍给我们的顾客。从某种意义上说，这很令人吃惊。尽管我们被媒体和华尔街抨击，但我们仍然很有知名度，他们都想和我们合作。我们不仅可以在店内摆放音乐和图书，还可以扩展到其他领域。显然，星巴克不会再次在门店货架上塞满不相关的产品了，关于这一点我们已经吸取了教训，但有一个微妙而重要的事实，那就是我们品牌的亲和力是另一笔尚未被充分利用的资产。

有一天，在与网上金融服务提供商洽谈时，亚当提出一个问题，该公司是否愿意为星巴克门店顾客免费提供内容？答案是肯定的。从这里，门店和虚拟世界开始联系在一起了。

我们的顾客已经通过社交网络把星巴克融入了他们的数字生活中。如果我们通过给他们提供更多的东西，让其在互联网上与我们交流，加强情感联系，那会怎么样呢？如果我们和新闻机构、图书出版商、唱片公司合作，向那些在星巴克店内免费无线上网的顾客提供独家数字内容会怎样呢？是的，多年来，我们一直在店里向顾客介绍新的音乐和书籍，但是对于我们这样一个零售企业来说，通过门店内的免费网络提供独家数字内容意味着我们可以通过一种截然不同、更加动态且多元化的方式为门店顾客提供增值服务，例如，坐在桌边使用笔记本电脑的顾客可以观看电影独家预览，免费获得超值服务，或者阅读在其他地方需要付费浏览的报纸文章以及在其他地方不能浏览到的独家内容。而且，因为我们的网络超越地域限制，也许我们还可以让顾客更好地参与社区活动，让他们更方便地了解社区内的信息。比如，当地的农贸市场、餐厅、戏剧或者即将推出的献血活动。

这很令人兴奋，创建一个星巴克的数字网络，作为我们顾客的专用渠道，可以进一步在互联网虚拟世界、门店和我们门店周边社区之间搭建桥梁。这样一种创新工具拓展了“第三空间”的体验，并符合变革议程的三条原则之一：重燃顾客对星巴克的热情，加强与顾客间的情感纽带。

★★★

2009 年 4 月，发生了一件奇怪的事情。近一年来，星巴克在美国的销售业绩首次不断改善。尽管仍然处于低谷，但是不可否认，同店销售额的下降率由 3 月份的 8.1%变至 4 月份的 7.2%，此前，2 月份的下降率是 8.3%。对这些业绩改善做结论还为时过早，但数据的确令人欢欣鼓舞：顾客们已经开始在星巴克多花钱了。

ONWARD

第 30 章
平稳过渡

当我第一次通过狭窄的门廊，走进米兰最时尚、最昂贵的购物街—蒙特拿破仑大街一个不起眼的街边小店时，我意外地感到激动不已。店内科特莱瑞亚·G·罗伦兹的雕像好似无言的交响曲，给人一种简单且难以置信的视觉冲击。

店内灯光柔和，我被一堆难以置信的手工刀、剃须刀、餐具深深吸引。那儿有各种各样的剪刀—仅修指甲的剪刀就有 85 种之多，许多剪刀都是由钢打造的，有的是专门用来修剪胡子的，有的是用来修剪精致的指甲形状的。总之，玻璃柜中展示着成千上万件物品，就像博物馆一样。我可以直接感受到店主投入其中的热情和专业技能。这是多么值得崇敬啊！

“店主是谁？”我问我的朋友普拉西多·阿朗戈，是他带我来到这里的。普拉西多是一个成功的商人，也是我认识的最真诚的人之一。他的公司VIPS集团在西班牙经营着星巴克的零售门店业务。我们都很尊重有各种手艺的工匠。“店主叫奥尔多·罗伦兹，”他告诉我，“很多年前，他的父亲开了这个店。”

每次我到米兰，我都会逛逛那家店，但我从来没有见过奥尔多先生。最后，在2009年，普拉西多问他的一个意大利朋友安杰洛·莫拉蒂，能否介绍我和奥尔多认识一下。

“他不会讲英语。”

“他听说过星巴克吗？”我问。

“没有，他从没有听说过星巴克。”

“我能与他一同坐坐吗？”

“他不会愿意的。”

“我想见见他。”

“霍华德，他不会接受的。”但是，安杰洛同意打个电话试试。奥尔多先生有些犹豫，但他最后还是默许了。

“他明天会和您见上几分钟。”

普拉西多、安杰洛和我大约在上午10点抵达蒙特拿破仑大街9号。一个高大的穿着西装、打着领带的绅士静静地把我们带进奥尔多的办公室。我们坐了下来。我立刻对奥尔多先生能抽几分钟时间见我表示感谢，安杰洛则在一旁做翻译。

计划 20 分钟的会面最后变成了一下午。奥尔多以谦逊而尊敬的口吻讲述了他的家人和父亲于 1929 年创建门店，以及他继而继承家业成为商人的故事，我们三个人都听得入迷了，我还在一个小本上做着笔记。

突然他问了我一个问题："你有多少家门店？"

"我不好意思告诉你。"我说。

"有多少呢？"他又问。

"16 000 多家。"当他听到答案后，他非常震惊，甚至不敢相信，"他是说 16 000 多家咖啡店吗？"他摇了摇头，"我甚至连两家店都没有。"

在拜访快结束时，奥尔多先生递给我一本灰色封面的翻译自意大利语的平装书，书名是"这家店位于蒙特拿破仑大街"，作者就是他本人。已有些粗糙的封面以及奶油色的书页，摸起来就像是手工制作的玻璃餐具。在飞回美国的途中，我静静地坐在机舱里，翻开了第一章。"我爱我们的门店……"读到第一句话时，我就深深地被震撼了，这本书的字里行间都流露出作者对自己门店的坚定信念。

在以后的几个月里，我一直随身带着这本书。我桌上的东西很少，而这本书就是其中之一，出差时我也随身带着它。我与朋友和伙伴们分享它，但大多时候，我自己读，感受其带给我的巨大喜悦。书里的一个句子或者一个段落常常与我自己的思想相契合，但同时，它也使我从一个既浪漫又现实的角度思考我们共处的行业：零售业。

我想谱写充满诗意的乐章，展示我所制作的东西，但同时，我又希望它们能够像实用手册一样提供关于我们工作的准确而有用的信息。随着时间的流逝，这种工作发生了变化，但它其实又未曾改变过。

尽管我们在文化、业务、年龄上存在着差距，但这位 73 岁的手工刀具店店主，一个意大利老人，说出了我的心声。他有很多值得我学习的东西。

★★★

成为商人的核心精神是拥有通过情感的联系讲述故事的渴望。

一次、两次或者 16 000 次。

理想的情况是，每一个星巴克店都应该讲述一个关于咖啡以及关于我们信念的故事。这个故事应该通过对咖啡品鉴、了解产品、观察外观以及围绕在顾客周围的声音和气味的介绍来展开。讲述故事的方式有很多，现磨咖啡的香味、室内的色调、家具及固定装置的形状和材质，以及它们的原产地，墙上的艺术画、音乐、咖啡吧的气氛，我们的伙伴在柜台后面的动作和语言，还有他们谈论的内容。

每个门店的氛围都是宏伟目标的体现。在星巴克，每家门店的多维感官体验一直都是我们对品牌内涵的定位。我们的门店和伙伴们共同营造了一个舒适的场所、惬意的环境，表达对咖啡和我们所服务的社区深深的敬意。正如奥尔多所理解的，星巴克公司的挑战始终是，如何在数千次的服务中保持这种体验的纯正真实。

说起星巴克的故事，我对一个社区邻居式的咖啡馆的喜好似乎与我对商业机会的追求自相矛盾。事实上，我一直认为，星巴克可以打造真实的个人体验，同时又能成长为一个赢利能力强的全球公司。是的，我希望我们门店的装饰风格能够展现我们的价值观，又可以形成一定的规模。是的，我希望我们的咖啡师以真诚的微笑服务顾客，同时，也要有效率。是的，我相信我们的口味和环境既可以反映当地的文化，又可以提供始终如一的口味和高品质的咖啡。在日本的门店里，我们可以提供樱花口味的拿铁，同时为来自英国的游客提供多种其他口味的星巴克特有的鲜煮咖啡。

人们经常问我，随着星巴克发展成为跨国公司，我们的门店还能实现效率与浪漫的平衡吗？也经常有人批评我，竟然相信这种平衡是可以实现的。但是，在两个极端之间努力寻求平衡，是长久以来使星巴克与其他消费品牌区别开来的一大特质。虽然多年来我的注意力不够专注，但任何时候，我都没有放弃我的追求：从社会良知的角度看，星巴克应该找到个人、利润和股东价值之间的平衡。2011 年，星巴克即将迎来其第 40 个年头，我要求公司里的每个人，无论以直接还是间接的方式，都要在创业热情和一家大型公司所要求的严格和规范之间寻求平衡。

2009 年夏天，我们采取了两项具体的措施以提升店内体验：一个是发展门店内部设计理念；另一个是顾客服务和伙伴的参与。

公司已经考虑实施这两项举措好几个月了，某些情况甚至考虑了好几年，如果执行良好，每一个举措都能为公司带来显著的改善。但有时候，即使是有益的变化，也会让人觉得不舒服，有时甚至是不受人们欢迎的，我们的伙伴、顾客和市场也会受到某些冲击。

我们拥有一个传统的门店。这么多年来，我们一直坚守着自己的原则，对此，我们感觉很自豪，但是绝对不能忘记，这要求我们必须保持其“新鲜感”。家具、地板、配件越古老，越需要定期进行细致的保养。旧物确实美丽，但前提是没有忘记保养它。

奥尔多·罗伦兹，《这家店位于蒙特拿破仑大街》

我几乎没有认出我们自己的门店。

它位于西雅图市中心的第一大道和派克市场交界的繁华角落，直接穿过市场，对面街上的店就是我们的店。这家星巴克门店的内部装饰给人一种熟悉又新鲜的感觉。它使我想到：原来的位置、新的活力。店内充满纯真、朴素、现代的气息，柔和的色彩让人感觉很温暖。我走了进去，长桌旁有顾客正端着陶瓷杯喝着咖啡或茶。我们全球门店发展部门的总裁亚瑟·鲁宾菲尔德，向我介绍我看到的以及没看到的一切。

门店的地板、天花板、木柱、橱柜，甚至门把手所用的材料，都来自附近的建筑物和农场所用的材料，或是枯木，或是从洗衣粉瓶和旧酒桶之类的物品中回收来的。那张长木桌曾经是当地一家餐馆使用的，是从西雅图的一个家庭回收并改造的。柜台后面的石板菜单来自西雅图加菲尔德高中的教室。墙上的麻布咖啡袋来自华盛顿州的肯特烘焙厂。咖啡吧外观墙面所用的皮革是从鞋厂和汽车厂回收来的。简直太神奇了！

在我头顶，LED和节能荧光灯比普通灯泡的耗能更少。洗手间是双冲水马桶，低流量水龙头减少了用水量。甚至油漆颜色都是精心挑选的，以免与门店的氛围不协调。施工期间产生的废物也被回收利用。整个门店的装修都通过美国建筑环保资格认证（LEED），这意味着它符合严格的标准，减少了对环境的污染。

派克市场一号门店其实并没有什么特别的。到2010年，我们在全球新设立的门店也都将通过美国建筑环保资格认证。几个月后，也就是2009年7月，我将前往巴黎参加我们门店落户迪士尼村的开店仪式，建筑材料来源于法国葡萄酒的酒桶、旧的香槟货架、移动电话配件和飞机轮胎。有人告诉我，门店的咖啡渣很可能会捐赠给游乐园当肥料用。

站在派克市场一号门店里，我环顾四周，的确很美，这远远超越了现有设计，这是一次绝妙的体验，增强了社区意识，强调了我们的咖啡传承，同时也示范并宣传了环保理念。

自从亚瑟接受我的请求重返星巴克并大力重整门店发展部门以来，他和他的团队这一年取得了出色的成果，我对他们做的一切感到非常骄傲。

“我们要让人们知道星巴克回来了。”我记得，我再次担任首席执行官之前是这么对亚瑟说的，我希望我的老朋友会接受我的提议，担任全球门店发展部门的负责人。“亚瑟，我们可以再次做到的。”我几乎是在恳求他。

成功变革要求人尽其才。我知道，我重任首席执行官后，亚瑟是解决两个重要问题的关键人物。这两个问题是：星巴克庞大的房地产投资架构和过时的店面设计。鉴于我们相互尊重，加上亚瑟对经营方针和创造力间那种平衡的理解，我觉得他是唯一有能力为星巴克的审美注入创新能力和品牌内涵的人，就像他在 20 世纪 90 年代为星巴克所做的一样。

1991 年，当亚瑟作为门店开发部门负责人初次加入我们时，我们只有大约 100 家门店，亚瑟比我更了解房地产在公司拓展市场和创建品牌过程中所发挥的关键作用。亚瑟是一名建筑师，他有着绝佳的洞察力和识人能力，知道如何与人产生共鸣。他认为，明智的发展战略应包含这样几个互相依赖的因素：租赁黄金地段的谈判能力，该地块要繁华、显眼，且挨着其他知名零售商；反映品牌价值的店面设计；优质又节约成本的构造；审慎节俭的资产管理。10 年来，随着公司的成长，亚瑟负责监督并整合这些要素。

但是在亚瑟离开后，公司偏离了他的做法，门店选址也不再经过精挑细选。20 世纪 90 年代中期的门店开发设计几乎没有任何调整，也没有重新设计，甚至没有适当更新或者向多元化发展。保持低成本是至高无上的标准，没有人因设计创新而获得奖励。其他零售商嫉妒星巴克的能力，因为星巴克仅用几个“调色板”之一，包括一系列颜色、家具、固定设备和壁纸，就能够快速“复制”门店设计。但是这种核心能力，也给公司的声誉套上了没有灵魂、单调重复的枷锁。

与此同时，新老竞争对手研究学习我们的经营模式。麦当劳以及其他独立的咖啡馆都通过扬长避短，在借鉴我们的经验后进行了革新。

请回亚瑟，意味着重新确立我们咖啡馆的领袖地位。我知道亚瑟没有必要回来，他已拥有一家运转良好的咨询公司。他曾与其他人合著书籍。他远离华尔街的压力，享受着企业家的生活。但是，他渴望为星巴克赢回失去的声望。他和我一样乐观且雄心勃勃，想要扭转公司的局面。和其他帮助创办星巴克的伙伴们一样，亚瑟总是亲力亲为，这次回来也是如此。

他的第一个举动就是放弃分配给他的大办公室，而将其用作一个公共会议室。他下令拆除公司隔间，改造成创意工作室。短短几个月内，他将创意人员从60人裁减到9人，并提拔和招募新人。

亚瑟最初的工作重点是与迈克·马朗一道精简我们的门店架构，这是一个艰难的过程，要关闭门店，要缩短租期。

同时，他的全球设计团队在利兹·穆勒的带领下，开始酝酿星巴克的新店设计。为了获取艺术灵感，亚瑟和利兹把目光转向星巴克的品牌和新的使命宣言，他们问自己，怎样才能把我们的核心原则生动地展示出来，使星巴克再次在市场上脱颖而出。他们发现，应把创作定位在托尼·基尔一直坚持的可持续发展和共爱地球的理念上，后者概括了我们在社会责任方面持续关注的回馈社区，环境保护和道德采购这三大要素。

可持续性、绿色、有机、回收、另作他用、本土化、社区，当然还有咖啡，这些都是星巴克新店设计的创意口号。

派克市场一号门店以及其他专为巴黎、伦敦、纽约、香港和马德里等地设计的新概念门店，是不可复制的，我们要把它们作为一个灯塔来激励我们设计未来的门店。到2009年秋季，亚瑟和他的团队将为新设计概念定下三个方向，作为我们在世界各地门店的设计标准。通过整合各种元素，每个设计都要实现可持续性与舒适、“第三空间”本质之间的平衡，采取一种更安静、更简单、更现代的方式，展现咖啡和咖啡馆的体验。这意味着我们要提供长长的社区桌，以便开会时用，还要在社区布告栏张贴信息。更柔和的颜色，纯朴的建筑特色，少些艺术品，但是更具象征性的、更真实纯粹的、小心安置的物品，这些都要设立标准。标准还涉及可持续发展、可回收利用的材料，更合理的座位安排以及儿童乐园。受全球设计部门的高级副总裁蒂姆·普法费尔的创意影响，星巴克门店还专门设计了独特的家具和灯。

我认为我们的创新方向，不论是设计还是理念方面，都令人振奋，并且真的使我们与众不同，但这不能被随意地实施。将它推广到全球范围数以千计的门店，还需要一个规范的、阶段性的步骤。再次强调，我们在发挥创意时，要考虑品牌内涵和成本控制。

亚瑟还有很多好的门店设计理念。

星巴克还打算在西雅图悄悄开设两家门店，和我们现有的门店不同。这两家星巴克门店不仅提供咖啡，而且其设计和产品结构也很独特，更突出当地的特色。它们不会像传统的星巴克，也不会被称为星巴克，是以它们的街道地址命名的。

第一家新门店——第 15 大街咖啡和茶在 2009 年 7 月开业，该店设在原先星巴克的旧址上，在西雅图国会山附近一条相对安静的街道上。第二家门店——罗伊街咖啡和茶馆，将在几个月后开业，比第一家更往西，在一个繁华的十字路口上，斜对面是西雅图最好的独立电影公司之一。两家门店的室内和家具设计都是原创的，并且在咖啡馆的名称下方不太显眼的棕色和白色标志上写着“灵感来自星巴克”。

星巴克内部有人质疑，为什么新店的外观及名称都故意偏离我们的品牌特征？我们是在隐瞒什么吗？假扮成一个独立的咖啡馆吗？难道大家觉得星巴克不够好吗？

我们没有试图隐藏任何东西，相反，我们是在发现不足之处，然后学习。试用其他可能会提升我们咖啡权威地位的门店概念，事实上，在早期变革时期的头脑风暴环节中我们就已经想到了，但这是亚瑟和公司内的一位咖啡狂热者梅杰 · 科恩一起实施的。我下的唯一指令是“打破常规”。

许多城市都有具有传统的咖啡馆，但在过去 15 年间，美国的独立咖啡馆日益增多。我坚信它们的存在是星巴克所代表的咖啡魔力的衍生物，它们培养了更多挚爱咖啡的消费者。许多独立咖啡馆向我们学习，我也觉得它们确实做得很棒。但我也认为，当我们对公司进行变革时，我们要继续探索自己的不同想法和方法，向我们自己证明，而不仅仅是向市场证明，星巴克可以提供不同层次的星巴克体验，不只是在那些我们早已熟悉的业务上。

这两个商业化的门店（内部是这么称呼的）将作为独立企业运转，同时也作为一个我们可学习的环境，让我们可以通过这两个门店环境，更深入地了解因消费者口味变化而引发的不同需求。这是一项研究，这是创造性的，也会带来很大的乐趣。

在我们传统的营销方式和供应链之外经营门店，并允许这两家门店不受维持其他16 000多家门店运转和发展的规则的约束。他们的经理、咖啡师和店内设计师们可以自由地尝试，这在普通的星巴克门店是不可能的。例如，在第15大街，糕点直接产自西雅图本地的Essential烘焙公司，汤则取自本地的汤姆–道格拉斯餐馆，葡萄酒和啤酒来自本地葡萄酒厂和酿酒厂，我们这样就有更大的空间来改善菜单——鲑鱼、奶酪，甚至是沙丁鱼拼盘，从而在晚上吸引更多顾客。

这些门店可以出售全叶泰舒茶，以及一些新鲜舀取的咖啡豆。这些小批量的咖啡可以用几种方式冲泡：三叶草咖啡机、法式滤压壶或人工冲泡。人工冲泡是指咖啡师用画圈的方式用沸水冲泡新鲜研磨好的咖啡粉，一次一杯。咖啡师不需要系围裙，可以自由着装。在第15大街，我们用回收的木料制造桌椅，用书页做创意壁纸。在罗伊街，一些椅子上放着蔓越莓毛绒面料软垫，厚厚的窗帘隔出几乎两千平方英尺的舒适空间。这两家店还举办咖啡品鉴和诗歌朗诵活动，在晚间播放电影，甚至是顾客自己的CD。就个人而言，我认为这些门店是美丽的，令人兴奋的。但并不是说这就比传统的星巴克门店好，只是不同而已，一种独特的星巴克体验。我们学习、创新、体会创意商人的乐趣。我们在世界各地的门店都有可能融入一些这样的商业元素。

当2009年7月第15大街门店悄然开业时，我们预料到了会受到一些关注，尤其是在西雅图。因此当全国性的新闻媒体真的出现时，我没有太惊讶。星巴克一有行动，人们就会注意到。这使我不禁想起，以前我们曾为了培训咖啡师而同时关闭7 100家店，那时我们也备受关注。和当时一样，最初的报道和批评充斥着惊讶的情绪，就好像星巴克在某种程度上打破了传统，只因为它不再使用传统的标识和围裙。我们的大胆冒险没有受到好评，反而遭到了怀疑。

不过，在一年前关闭了大批门店后，谈论一个新开的门店比关闭数以百计的门店更能令我振作，我们已经走过了很长的路。

★★★

我相信，如果工作人员用自己的经验和专业知识满足顾客的任何需求，该店就还可以证明它的存在价值。这不仅仅是一个普通的口号，这也是一个人热爱工作的体现……一个自以为是的人抓不住机会把他从销售中积累的知识传授给他的同事，他们总是中止宝贵的信息交流，而这些信息是通过与顾客接触得到的。我们每个人都是必不可少的，孤立自己是消极的不可取的做法。

——奥尔多 · 罗伦兹，《这家店位于蒙特拿破仑大街》

当我走进205号州际公路旁华盛顿温哥华商业中心的星巴克门店时，天刚刚亮，我和门店的经理艾米 · 伯纳仕握了下手。

“你在星巴克工作多久了？”我问艾米。

“快7年了。”起初，艾米在一家小投资公司工作，下班后来星巴克做兼职咖啡师。她友好而真诚，做事严谨认真，因而很快就被提拔了。在过去的两年里，艾米一直担任门店经理。

我环顾四周，发现了另外11个伙伴，有的在汽车售卖窗口服务，有的在吧台为顾客服务。我觉得这个地方和我每月视察的其他星巴克店略有不同。也许是更安静，产品和设备的布局也有些不同。但是，一切看起来似乎都恰到好处。

这天清晨，我刚从西雅图飞抵这里，准备视察波特兰区域的门店，那儿正在进行改善服务和增强伙伴参与度的试验。

我对这个所谓精益求精的项目有些怀疑，对星巴克来说，这是比较新颖的，但对业界来说就不是了。“精益求精”是一种管理和工作的非传统方式的总称，据说可以减少冗余和浪费，同时为员工创造更好的环境，为顾客提供更高质量的产品和服务。精益求精是源于汽车行业的装配生产线，几十年来，其原则已被其他行业所采用。

2005年在西雅图，我们的伙伴斯科特 · 海登，亲自学习了精益求精项目，并将其应用到公司的各个部门里。他是2002年从麦肯锡公司跳槽到星巴克担任北美区战略总监的。最令斯科特着迷的是精益求精的理念，通过询问伙伴如何改进他们自己的工作以及对工作环境的意见，而让伙伴更好地投入工作。斯科特认为，精益求精的管理不是告诉伙伴如何做好自己的工作，相反，其核心原则与星巴克互相尊重的文化相一致，即让伙伴有更大的自由掌控他们的工作和生活。

多年来，斯科特的工作已经取得了一些小的但是让人印象深刻的成果。我们定期制作宣传册，并向西雅图的每家门店发放，而精益求精技术则帮助我们将宣传册的制作时间从23周缩减到了13周，页数从300页减到了不足40页。虽然星巴克内部并未广泛接受精益求精项目，但是斯科特继续坚持把它作为他日常工作的一部分。

诚然，在我看来，应用制造业的精益求精技术，对于以人与人之间的联系为基础的星巴克来说，似乎有些缺少人情味。这就是我要和斯科特以及其他几个人一起飞到波特兰的原因。我想知道我们的伙伴们对精益求精项目的看法。

我跟着艾米走进门店后区，背靠一些供应箱。她坦率地告诉我，因为斯科特和他的团队向她介绍了精益求精的一些基本概念，并给她解决问题的自由，所以门店业绩确实有所改善。

艾米解释说，多年来她的门店一直在按照规定办事，依据公司的指导手册和照片放置产品和设备——牛奶、糖浆、额外的杯子。她的门店每天早上都将一天需要的咖啡豆研磨好，因为当时公司上下普遍认为，成批研磨咖啡豆是最高效的做法。

“我知道这会造成大量的浪费。”艾米向我承认，但是她没有采取行动，直到斯科特和她的区域经理授权让她这样做。

艾米停了片刻后继续说：“我只是想道歉。”我不知道为什么。她解释道：“当我开始应用精益求精理念时，我做的第一件事就是退后一步，观察我的团队的工作。通常我和他们一起站在柜台后为顾客提供服务，但当我花时间观察时，我发现有很多事情是不合适的。也许有人没能制作出顾客想要的饮料，或者忘记递给顾客吸管，又或者忘记搅拌冰茶了。”她说，“我很抱歉，我们只顾拼命工作，错过了改善服务顾客的机会。”

我被她的奉献精神打动了，我笑着告诉她，“我喜欢你这样的伙伴。”这对我和她而言，意义都很重大。

艾米在描述取得的成果时情绪高昂。这家门店的伙伴们重新布置了库房，把他们最常用的东西放在门口，而不是放在最里边，这样拿起来就更加方便了。在冷饮站，他们张贴彩色编码说明书，以确保大家制作的饮料一致。但最有影响力的改善措施是，早上不再研磨所有的咖啡豆，而是在每次新煮咖啡时现场研磨。“实际上这比以前快多了，”她说，“另外，门店里也溢满了咖啡的香味！”顾客也开始赞美咖啡师煮出的咖啡很美味。

艾米说，她的伙伴们都感到更开心了，在繁忙时刻也都觉得压力小了很多。自从他们实施精益求精项目，重新安排工作的半年以来，他们的顾客满意度和质量得分均有所提高。这家门店的人员流动率，以前一直在60%左右徘徊，现在降到了零。6个月来，门店的40个伙伴没有一个人离开！

原本预定的20分钟行程变成了一个小时，因为我跟艾米和她的团队一直交流，不断问他们问题，“你的工作有什么变化？”，“为什么你觉得更开心了？”，“其他还有什么可以改善的吗？”这家门店发生的实质性变化给我留下了难以磨灭的印象，他们的言语中流露出的自豪感更是让我印象颇深。

艾米的门店不是一个特例。

在波特兰，另一个推行精益求精计划的经理乔什·霍维尔（Josh Howell）在决定跟踪调查一天当中有多少点低咖啡因或者浓郁鲜煮咖啡的顾客被告知“对不起，现在没有了，你是否愿意等几分钟？”时，结果令他很震惊。乔什以前只知道这样的情况偶尔会发生，但直到他计算以后，他才知道这竟然经常发生：10~30次。一天有30次，我们的咖啡师跟顾客说“不”，这多么令人不舒服！有30次，星巴克让人们失望了，这样甚至可能会失去某个顾客！

如果其他门店也有类似的情况，保守地估算一下，公司每年可能会失去数百万美元的销售额。

对乔什和他的伙伴们来说，这个问题成了他们决心解决的难题。首先，他们考虑了一下当前的形势。和其他门店一样，他们有两台现煮咖啡机和4台咖啡“存放机”，每台都可以专门存放某种特定的鲜煮咖啡。一个简单的解决办法是购买更多的“存放机”和加热器为顾客制作更多的咖啡，但门店的预算和柜台空间是有限的。

他们的团队尝试了不同的办法，但是都行不通，直到该门店的几个伙伴坐了下来，进行了创造性的思考。他们最终找到了一个办法，无须增加成本、设备或咖啡师的工作量，就能够解决供应不足的问题。首先，他们不再让那4台咖啡“存放机”在一天中专门存放某一种咖啡，而是让它们中的每一台都可以煮任何一种咖啡——浓郁咖啡、派克市场烘焙咖啡或低咖啡因咖啡。其次，经过一些数学运算，他们决定每8分钟煮一壶新咖啡。他们尝试了一下，起作用了！他们称该方法为“8分钟节奏”，乔什与其他面临同样难题的门店分享了这个方法。有的门店直接采用了，有的则根据自己的门店模式做了修改。最终，斯科特请乔什来西雅图，帮助精益求精项目小组在所有的星巴克门店推广此方法，以此作为一个着眼点来改善服务。对于咖啡师来说，他们更喜欢看到和自己职务差不多的伙伴主动想出好办法，主导它的发展，并进而获得管理层和工程师们的大力支持。

克里夫意识到了精益求精项目的潜力，于是，他在2008年要求斯科特把重心全部放在这个项目上。

精益求精项目并不太容易被人们所接受，在西雅图，我们许多人都处于学习阶段，去摸索如何放松一些约束，让伙伴们自主地解决问题，以及采纳新方法。在工作流程和理念方面的改变可能会使门店的伙伴产生畏惧和沮丧，但直接让他们体验精益求精计划带来的效果，可以使他们和我一样从怀疑者最终转变为支持者。越是要求我们的经理和咖啡师密切注意其日常活动中的细节，他们就越能发现、提出、解决更多的不足之处，顾客服务也会得到更好的改善，我最终也会了解到他们的发展状况。

在芝加哥，区域总监克里斯滕·德里斯科尔用精益求精的思想指导团队。通过观察，她惊讶地发现，她的经理们可以自己解决各种问题。在一家门店，美式咖啡的制作时间超过了要求的时间，在其他门店，自助调味品吧台上的瓶装牛奶无人问津，最后只好撤走。不管伙伴们清理几次，地板看起来依旧很脏。倒咖啡时，伙伴们背对着顾客。负责收银的伙伴经常因各种各样的原因离开岗位，延长了结账时间。而且，几乎每家门店都有好几磅未动用的咖啡豆被扔掉。感谢每一个坚持不懈、聪明机灵的伙伴，所有问题最终都得到了解决。

克里斯滕总结了精益求精项目的好处："我们花了那么多时间来管理，但实际上没有解决任何问题。比如，擦地板只能暂时让人满意。但是，如果从长远的角度看，花时间来了解问题产生的原因，比如说，如何从一开始就保持地板干净，可以解决甚至可能消除问题。"

在一家家门店，精益求精的理念创造了开展业务的更好方式，顾客满意度开始上升。但并不是所有所谓的可重复程序对每一个门店都适用，比如"8分钟节奏"。实际上，应该让我们的伙伴们主动反思，他们应该怎么做，用自己的双手去改善自己所处的环境，而不是简单地到店里来工作，我们要求他们像业主和企业家一样去工作，像一个独立的商人一样去工作。

我们的领导团队在正式推广精益求精计划过程中面临的挑战是，在鼓励和迫使之间找到平衡点，给伙伴们更多自由的同时，确保他们保持顾客所期望的高标准服务和我们应取得的业绩。

就我而言，我开始在世界各地的公开论坛上向伙伴们提问："如果这是你自己的店，你会采取什么不同的措施呢？”如果给出的答案符合星巴克的价值观、使命和质量标准，我就鼓励他们去做。在星巴克，精益求精已成为一个非常伟大的理念。

★★★

6个月产生的变化多么巨大!

2009年6月，已有明显的迹象表明，星巴克的变革将稳定下来：

我们的新门店设计得到了更多的推崇和赞美。

越来越多的伙伴支持精益求精的理念，虽然我们都还有很多东西要学习，但是，对顾客的调查显示，我们在服务和顾客满意度方面进步显著。伙伴友好指数上升了6个百分点，服务效率提高了10个百分点，整体顾客满意度和最近的低谷相比，上升了8个百分点。

在我们的测试市场，VIA的表现不断超出预期，它的小团队正全力策划秋季VIA在全美的上市活动。

在网络世界，星巴克一直名列全美咖啡销量第一，是最引人瞩目的社交媒体品牌，这应归功于我们在Facebook、Twitter和其他九大网站的活跃表现。

我们的B计划——节约成本，超出了季度目标，提高了我们的营运利润率。

月同店销售销售额比率持续改善，从4月份的下降7%提高至7月份的下降4%。截至7月底，我们的股票价格每股收于13.89美元，比年初上涨了41%。

更令我们高兴的是，《查格士》（美国著名餐馆评级手册）关于同业咖啡馆的排名结果出来了，星巴克被评为第一名。

尽管许多分析家和专家仍然认为星巴克将会失败，但我的心情已经开始转变。一年半以来，我第一次如此期待即将举行的季度财务报告电话会议。在许多方面，2009年7月将成为星巴克的重大时刻，届时很可能产生众多惊喜。

ONWARD

第 31 章

从未失去灵魂

这是 6 月底的一个早晨，旱季刚刚开始，但卢旺达首都基加利附近山上的咖啡园看上去依然郁郁葱葱。在绿色的大山里，数以千计的咖啡农和他们的家人等着迎接我们。

自2004年星巴克从非洲国家采购咖啡豆以来，这是我第三次来到卢旺达。当我走进涌动的人群里，向微笑着欢迎我们的人们报以同样的微笑时，很难想象，就在15年前，可怕的种族恐怖主义者曾在卢旺达横行霸道。在种族大屠杀中，暴徒们鼓吹反对邻居，掠夺社区，毁灭家庭，并在短短一百天内，夺去了大约80万男女老少的生命。我读过讲述有关卢旺达悲惨历史的书，并逐渐了解到它的现任领导人保罗·卡加梅总统终止了种族大屠杀，并承诺复兴国家，这是人类历史上最鼓舞人心的重生行动之一。

我也去过其他非洲国家，每一个国家都以其独特的方式打动了我。但卢旺达的某种东西抓住了我，人们脸上流露出的，特别是我从孩子和他们母亲的眼睛里看到的东西，抓住了我的心。他们继续前行，他们重建家园的意愿，他们尝试宽恕凶手而非耽溺于仇恨——虽然让人很难理解，但是这些证明了人们内心的力量。我和我所认识的人都不曾经历过卢旺达人所体验的那种苦难，因而我觉得，和他们开展业务合作是一种荣幸，尤其是咖啡在这个国家的经济和情感复苏中起着重要的作用。

星巴克从近30个国家数以万计的咖啡农手中采购咖啡豆，大多是那些只拥有几十英亩地的小种植园主。咖啡种植需要辛勤劳动。而且，早在星巴克创立前，要维持种植咖啡的利润对咖啡农而言也是一个挑战。

首先，收获高品质的绿色咖啡豆需要特殊的技能，这种技能只能是随着时间而累积，并且常常是一代代传承下来的，种植咖啡的确是一门手艺。

其次，在历史上，咖啡农总是得不到足够的报酬，为了维持经营，他们不得不借高利贷。很多时候，消费者购买咖啡的钱甚至从来都没有到达咖啡农手里，而是被中间商盘剥了。在我与星巴克一起度过的近30年里，我们的咖啡采购团队在确保我们的咖啡农得到公平的待遇和酬劳方面取得了巨大的进步，这就形成了保证质量的良性循环。星巴克向咖啡农支付更高的价格，我们也要求他们提供优质的咖啡，从而使得我们的顾客也愿意为之支付高价。因此，星巴克制定了高品质的标准，但是并非所有的咖啡农都有足够的能力达到这一标准。

但是，星巴克在许多方面可以协助咖啡农。

我们的咖啡部门、全球责任团队以及不断增强的与公平贸易组织和保护国际组织间的合作关系，都进一步加大了星巴克对咖啡农的支持。我们还承诺，到2015年，将发放给咖啡农的贷款额从每年的1.25亿美元提高至2亿美元。我们也在卢旺达建立了第二个咖啡种植者支持中心，第一个咖啡种植者支持中心则是2004年在哥斯达黎加设立的。我们这样做的目的是，让我们的伙伴们帮助咖啡农提高咖啡豆的收成和质量。

和我一同访问卢旺达的有维瓦克、负责星巴克英国业务的达西·威尔森·赖默、咖啡可持续发展部门总监彼得·托莱比阿尔特以及公共事务部门总监克里斯蒂娜·麦克弗森，克里斯蒂娜安排了这次行程的全部活动。和我们同行的还有英国公平贸易基金会的执行主任哈里特·拉姆、雪莉和劳拉·瓦玛——她们俩都加入了卢旺达基金会，该基金会由摄影记者乔纳森·托尔戈夫尼克和朱尔斯创立，为在1994年种族大屠杀时因强暴而出生的孩子提供受教育机会。乔纳森也和我们同行，拍摄记录我们参观合作机构、拜访咖啡农、设立新艾滋病诊所的场景。

东道主领着我们进入山坡上的一个由砖、木、锡砌成的建筑里。一个叫吉尔伯特的年轻人穿着黄色条纹衬衫和卡其裤，给我们描述了我们即将看到的场景。我们走过一排排木桌，桌上放着几蒲式耳原咖啡豆，正在阳光下烘晒。给我留下深刻印象的是，这么大的一个拥有1 800名咖啡农的合作社，竟然运转得相当好。

参观之后，我们欣赏了一场欢快的歌舞表演，当人们让我发言时，我发现自己竟不知说什么好。在这个倾斜的小山坡上，向在我面前席地而坐的数千名卢旺达人充分表达我对他们的尊重似乎是不可能的。我只能逐渐理解他们所遭受的苦难，我对他们的辛勤工作和付出充满了敬意。星巴克的原则是在人和利润之间寻求平衡，但在此之前从没有如此明显地偏向人这一端。离我不到50英尺的地方，有上千名咖啡农，星巴克有能力帮助他们。站在麦克风前，站在卢旺达蓝、绿、黄三色条纹的国旗旁边，我发自肺腑地讲了起来：

当我看到大家时，我只能坦诚地说，我很羞愧无法用恰当的言语告诉你们，你们对星巴克而言是多么重要。我想你们绝大多数人可能从未听说过星巴克，所以我想花几分钟介绍一下我们的公司。

我想把我们公司的历程编成一个故事，并阐明公司创立的主旨，这样他们就会明白他们的日常工作是一家具有价值观和使命感的大公司的一部分。我花了几分钟讲了公司的历史，偶尔停顿一下，等着翻译把我的话译成卢旺达语，并通过喇叭广播。

当我们展望未来，尤其是看着大家的时候，我比以往更加深刻地意识到，星巴克公司肩负着巨大的责任，要确保你们获得公平的酬劳……最后我想说，我们将是你们可以依赖的伙伴，我们将尽一切所能帮助你们和你们的家庭。

当天早些时候，我曾与一些人私下聊天，我想直接听听他们的反馈。约有20人聚集在一个狭长的露天房间里，我和吉尔伯特坐在靠墙的长椅上，吉尔伯特坐在我左边，帮我翻译。

房间里和农场一样很安静，除了一个人的声音外，我们只听到了偶尔的鸟叫声。一个穿着白色衬衫和灰色运动外套的男人提出了一个问题。

“星巴克将采取什么措施来帮助我们应对我们遇到的挑战呢？”他的提问涉及一个普遍问题，它不仅仅是卢旺达的咖啡农需要了解的，也是每个同我们合作的国家的咖啡农都需要了解的问题。

“我们公司成功的一个原因，就是我们能够采购世界上最高品质的阿拉比卡咖啡豆。”我答道，强调质量是至关重要的，“我们在卢旺达要努力做的就是帮助你们更高效地种植咖啡。”我望着对面的彼得·托莱比阿尔特，他负责主管咖啡种植者支持中心，并确保我们的“咖啡与种植者公平规范”能在世界各地妥善实施。我请他发言，进一步详细阐述这个问题。

星巴克认识到，我们要为最好的咖啡豆支付最高的价格，但是帮助你们的并不仅仅是我们所支付的价格。我自己也是第三代咖啡农，通过分享我们从世界各地面临类似问题的农民那儿学到的知识，支持中心将帮助你们赚更多的钱……虽然我们只制作咖啡，而不种植咖啡豆，但我们可以告诉你们更好、成本更低的方法，以帮助你们改善作物质量，获得更多的收益。我们的第一个种植者支持中心已经帮助一些咖啡农减少了80%的肥料成本，并使他们的收益率增加了20%~30%，这意味着你们会赚取更多的钱。

我们最终的目标是帮助你们以较低成本种植品质高、产量稳定的咖啡豆，让你们能够在我们的门店销售更多的咖啡豆，这样你们就可以专注于种植，而无须担心咖啡豆是否可以卖得出去。

彼得说完后，我觉得有必要重申我们的承诺，我们将帮助合作社的农民发挥他们最大的才能。“星巴克就在这里，就在卢旺达，”我简洁地声明，“我们会坚定地致力于卢旺达的咖啡业，我们会长期购买卢旺达种植的咖啡豆。”这是我们共同的责任，星巴克也好，咖啡农也好，都要确保公平和质量，这样才会增加我们的购买量，提高咖啡豆的采购价，让咖啡农获得利润。“我们意识到，这是未来的机会，”我补充道，“我们知道你们的心愿，我们希望星巴克全球的门店都有你们种植的咖啡豆。”

会议快结束时，公平贸易基金会的哈里特微笑着向占据房间半数的妇女提了一个问题。

“我们想知道，你们的梦想是什么？”这个问题很好，很重要。尊重妇女，对这个国家来说是最重要的，因为在种族大屠杀的暴行中幸存的数以千计的卢旺达妇女现在多是只身一人负担自己和子女的生活。我专心地听着，发现她们的回答并不是我所想象的。吉尔伯特说，妇女们希望，有一天就算没有男人，她们自己也能够种植咖啡，她们想证明，女性可以从事更好、更伟大的工作，因为她们耐心、细心，能够关注细节。房间里的几个人都鼓起了掌。

接着，哈里特问一个戴蓝色心形耳环的年轻女子最后一个问题：“你能告诉我们你的家庭梦想是什么吗？”她叫木卡姆维兹·伊马丘利特，她清楚明了地回答，我感觉到吉尔伯特在翻译时稍微吃了一惊，“她想挣钱买一头黑白花奶牛，这样她的家人就可以喝到更多的牛奶，这是她的梦想”。这也让我吃了一惊。

“我只是想了解，”我说着，身体前倾，看着她，“奶牛能做什么？我只是想了解一下。”

吉尔伯特解释说："有了奶牛，就可以挤牛奶，孩子们将会吸收到更好的营养，但是当地奶牛的产奶量远不如黑白花奶牛，黑白花奶牛的产奶量很高，不仅仅可以供全家享用，多余的还能卖出去，所以牛奶也能成为家庭额外收入的来源。"

一头奶牛，我默默重复了一遍，这个女人的生活是多么艰难啊。我最后总结说，"我坚信，我们所有人都会为我们所听到的和看到的负责，我们已经听到了你们的心声，了解到了一些问题和挑战，我们是不会忘记的。我们会理解它，记住它，并努力帮助你们。"在吉尔伯特翻译时，我耐心地等着，然后我看着木卡姆维兹，"我们将尽力送你一头奶牛。"

她要的只是一头奶牛。我后来得知，一头奶牛价值500美元。

"非常好，你在帮助她，"一名陪同我们的政府官员对我说，"但这儿有这么多人啊……"

飞回美国的途中，我忧心忡忡。一个人或一家公司到底能做多少呢？我只有一个答案，那就是什么都不做是不合情理的。

★★★

回到西雅图就好像是到了另一个世界，过了好一会儿我才缓过神来。我迫切想和大家分享我在卢旺达的所见所闻。在一次论坛上，我讲述了我们参观合作社的故事，说完后，像平常一样，我问大家是否有什么要问的。这时，坐在房间后面的一位女士举起了手，我不认识她。

"我叫琳达·奥布莱恩，"她说，"5个月前，我失业了，急需一份工作，星巴克给了我机会，现在我愿意资助那个女人一头奶牛。"

琳达捐钱买了奶牛，她的举动促使我们在几周内和国际小母牛组织之间建立了关系。这是一个非营利组织，向世界各地的贫困人们捐助牲畜。通过国际小母牛组织，越来越多的星巴克伙伴以及星巴克基金会开始捐赠资金购买黑白花奶牛，并将它们送到卢旺达。值得一提的是，国际小母牛组织关注牲畜的购买、运送和饲养等方面的问题，并负责培训像木卡姆维兹这样的农民学会正确地喂养它们。

我们伙伴对卢旺达的支持进一步证实了一点，不管公司曾经经历过怎样的挫折，我们一直都在履行我们的责任，坚持我们的价值观。

在星巴克的股价低于10美元且形势非常严峻的时期，一天，我接到来自星巴克机构股东的一位经理的电话，我和该机构的领导人相识已久。

“霍华德，我们长期持有你们的股票，我们知道你承受着巨大的压力，我们强烈地认为是时候削减医疗保健福利了。”他继续说道，“你已经得到了全世界的认可，人们会理解你们是别无选择才这么做的。”

我立即明白这个电话的目的是很明确的，然而，我们有自己的选择。

全面的医疗保健制度已经成为星巴克的标志。但是，这项开支在显著上升，中肯地说，它就像一匹脱缰的野马。2009年，我们为伙伴们提供的医疗保险金额几乎高达2.5亿美元，和2000年比，每个伙伴的医疗保险增长了近50%。

这不是我第一次面临这种压力——取消或者大幅削减我们伙伴们的医疗保健开支。这样做确实会对赢利起到立竿见影的效果，但是代价太大了。星巴克的基础、我们真正的竞争优势，就是我们的文化和指导原则。在一定程度上，我们努力与伙伴建立的信任关系已经遭遇了危机。如果这样做，我们之间的信任会崩溃。虽然公司将不得不要求伙伴部分承担不断上涨的医疗保健费用，但是取消医疗保健福利是难以想象的。

我知道我需要为世界各地的伙伴们做更多的事。去年我花了大量时间关注我们的顾客，稳定美国本土业务。是时候把注意力更多地转向公司内部了，通过调整补偿、福利和奖励的办法改善伙伴们的待遇。奥尔登很快就要离开星巴克，不再担任伙伴关系部门的临时主管了，我需要有人来填补这一重要职位，这个人必须经验丰富，而且清楚我们独特的文化和价值观。

领导者如何体现他们信奉的价值观会为员工的行为定下一个基调。作为首席执行官，我负责重大决策，比如说，给我们的伙伴们发放公司股票期权，坚持全面的医疗保健制度。但我只是一个人，我们需要每一位伙伴以甚至超出我们想象的方式把星巴克的价值观融入生活，例如与国际小母牛组织的合作。在2009年夏天，我收到了一些电子邮件，虽然发信的目的各不相同，但都同样感动了我。

加州区域经理苏西 · 沃尔福德的邮件展示了我们的伙伴们是如何积极地将我们的价值观融入他们门店的运营中去的。

霍华德：

昨天，我们在门店举行了（红色）星期五活动，这是我们从南部邻居那里学到的。我们的全豆销售没有达到我们的期望，我们想找一个有趣的方式让伙伴们全情投入，提升销售然后将所得奉献给非常有意义的事业。我们允许伙伴们穿红色T恤，系红色围裙，用红色装饰门店。这一天的重点是销售（红色）平台的任何产品，但主要还是（红色）咖啡豆。

门店经理们喜欢这个想法，并用红气球、红飘带、红桌布，甚至红地毯装饰门店！整个门店到处都是红色。伙伴们像往常一样，和每个顾客谈（红色）咖啡豆和（红色）项目。自从加入星巴克6年来，我在店里感到了前所未有的动力和能量。许多顾客比平常逗留得更久，只是想感受一下这种氛围。那种体验、激情和能量非常惊人，令人振奋。

结果怎样呢？这些门店一天出售了1 666磅咖啡豆！老实说，在那个时候，我为自己是星巴克的伙伴而感到无比自豪。（坦率地说，上午看到这个结果时，我吃惊得说不出话来。）昨天，我们每个伙伴和顾客所展现的自豪和激情非常鼓舞人心，你们可以放心，圣迭戈会将星巴克的精神永远保持下去！

这些故事带来的成就感就和我看到股票价格上涨、财务业绩改善时的感觉一样。它们向我证明了，尽管正在为生存而战，但星巴克在追求财务健康的同时从未失去良知或者说灵魂。多年来，我对成功的定义就是实现这种平衡。

ONWARD

第 32 章

胜利者

我坐在纽约市凯克斯公司的办公室里休憩，两年前我就是在这儿谈到了星巴克的衰败，我准备公布我认为是公司自上市以来最重要的季度财务报告。

星巴克的利润再次增长。

我们在2009年财务年度第三季度的业绩出乎所有人的意料，实现了自2008年第一季度以来的首次赢利增长。公司赢利1.52亿美元，和前一年亏损近700万美元形成鲜明对比。在每股收益方面，我们获得了20美分的利润，和前一年的负收益相比有了显著的增长。华尔街没有预测到尖峰时刻的来临，尽管我们不会在电话会议里这样说，但星巴克的表现击败了分析师的普遍预期：超越预期收益5美分。

公司的变革继续进行着，本季度有明确的迹象表明我们正在获得更多的动力。当然，我们的工作永远不会结束，但是公司已到了一个转折点，而这条新闻会让批评家们惊讶、投资者们高兴，对我们努力工作的伙伴们而言，也是一个心理转折点。

就个人而言，长久以来，我第一次感到，我们正在走向成功。这并不是说我们已经胜利了，因为从来就没有终点，但是，我和伙伴们都有这种成就感。

然而，在公开场合，我需要谨慎地展现我的热情和自豪。

关于季度业绩的电话会议在美国东部时间下午5点整召开。

在过去的16个月里，星巴克既面临着所有企业都无法幸免的经济困境，也面临着来自我们自身的挑战。今天，我很高兴向各位汇报第三季度的业绩，我们为变革公司所采取的一系列综合措施迎来了良好的势头。

在会议开始时，我只想说，仍有很多艰苦的工作需要我们去完成。仅一个季度的好业绩并不代表一种趋势，但这个成果给我带来了信心，因为它切切实实地证明了，我们的变革计划在财务和营运业绩上已卓有成效。

总体来说，销售额仍比去年减少了，从26亿美元降至24亿美元，但是自2008年12月同店销售额下降率达到最低点11%之后，一直在稳步回升。总之，我们又回到了良好的发展态势上。最重要的是，我们的固定成本大幅下降，我们可以花更少的钱开展业务，特别是在美国，这意味着在未来几个月内，由于我们采取了一系列针对消费者的举措，公司的销售额会继续上升，因此利润将继续增长。

在美国，我们首先要调整业务部门存在的问题，全美各地的销售业绩逐月上升，我们的营业利润率，从去年的8.8%上升到了现在的13.4%，这要归功于我们长期以来的业务改善。人们曾预测竞争会击垮我们，但事实恰恰相反，竞争反而推动了我们的发展。

如你所知，快餐公司花费巨额广告费，试图吸引咖啡消费者。许多评论家和业内观察人士一直担忧，这么多的营销费用将会给星巴克带来负面影响。

事实恰恰相反，各种关于咖啡的营销活动和媒体报道，前所未有地刺激了人们对咖啡的需求，给星巴克的业务带来了真正的正面效益。

在它的帮助下，星巴克无须被动防守了。2009年5月，我们同天联广告公司一起推出了自己的多渠道营销活动。整版报纸广告、广告牌，并与消费者新闻与商业频道的早间新闻节目《早安，乔》达成独家协议。我们和Facebook上的300万名咖啡迷对话，这使得星巴克成为社交网站的第一品牌，提高了公司的品牌知名度、顾客忠诚度，增加了客流量。

我在电话会议上并没有仅仅回顾季度业绩，还概述了公司过去18个月的选择和创新。内容包括：大幅削减成本、改进流程、培训咖啡师、推出新的浓缩咖啡机玛斯特里纳、派克市场烘焙咖啡、三叶草咖啡机，还有很快面市的VIA。此外，还有价值回馈计划和忠诚计划，改善服务，推出更美味、更健康的食品，开展社交网络战略，同步市场营销活动，传统的广告，精益求精项目，以及创新的门店设计。

我将优秀的财务表现归功于我们所采取的一系列措施，它们带来的利益很难甚至无法被量化，华尔街和批评家们并不会特别看重这些措施或者无形资产，但是我认为这是星巴克能够在过去的一年半时间里承载压力的本质原因：变革议程，创新举措，新的使命宣言，公开论坛和备忘录，重建新奥尔良，共爱地球倡议。而且，最关键的是，每天，我们的数万名门店经理和咖啡师都会将关怀、智慧、承诺融入工作，为他们的顾客打造美好的星巴克体验。

正如没有什么可以让公司不断发展一样，也没有什么能使公司迅速复兴。雪芭那样的失败教给了我有助于我们继续前进的宝贵教训。我的领导能力继续增强，也许在我的职业生涯中，我比以往任何时候都能更有效地实现创业的雄心与执行的耐心之间的平衡，给予后勤业务和前线业务同等的关注。我绝不是孤军奋战，现在，星巴克的领导团队是历史上最强大的一届领导团队。

本季度的业绩具有重要的意义，并非针对其本身而言，而是它给星巴克的未来提出了建议。我们的确会有一个辉煌的未来。

在把发言权交给特洛伊前，我总结了一下：

> 我很高兴地告诉大家，星巴克公司的变革正在有条不紊地进行着。我们 16 个月前发布的变革议程帮助我们专注于对公司而言最重要的成功因素，同时也使我们能够继续培育和建设品牌。然而，正如上星期我在董事会会议上所说的，尽管本季度的业绩和结果让我们很满意，客流量的增加和门店交易额的上涨趋势也让我们深受鼓舞，但是我们必须清楚我们还有更多的工作要去完成，我们还需要加快我们的步伐。虽然我们仍然对全球经济复苏持谨慎态度，但我们的目标是确保星巴克做好充足的准备迎接经济复苏，并从中受益。同时，我们将继续专注于星巴克公司一贯的原则——咖啡品质的精益求精，关注我们的顾客、我们的伙伴、我们的价值观，严格执行营运规范。

在会议的问答部分，分析师试图解释我们这个季度报表中的隐含意思，可以想见，他们的问题肯定是精心准备的。虽然我从不奢望华尔街会热烈赞扬迄今为止公司取得的进展，但这次我似乎第一次听到了几个金融界人士的“祝贺”。

会后，分析师的评论变得温和许多。他们对我们的销售“放心”了，对我们稳定的业务“印象深刻”，承认我们应对竞争和经济压力的管理能力比他们预期的要好。整体而言，华尔街认可了星巴克在收益方面的进步，但是仍对我们未来的发展持谨慎态度。

投资者在计算了股票价格后，欢呼雀跃。到7月24日，我们的股票收盘价略高于17美元，比上一次发布赢利公告时的股价涨了17%。

但是，公司依然笼罩在阴影下，裁员、门店关闭让我们感到了钻心的疼痛，毫无疑问这是星巴克历史上的最低谷。我们现有的伙伴做出了很大的牺牲和贡献，我真诚地感谢他们，并非只是口头说说而已。电话会议结束后的星期一，公司宣布了一项决定，我认为这是个人的胜利。

早在2008年12月，我们做出了一个艰难的决定，取消公司对伙伴们为401（k）退休计划捐献的基金的自动匹配。我们知道，确实有公司无法做到匹配，许多公司都采取了类似的防范措施以摆脱不可预知的经济不景气的困境。尽管我知道从财务角度看，公司应该这么做，但随着我们的业绩有所改善，我期望星巴克能足够强大，在2009年实现匹配。在我看来，如果不这样做，对星巴克来说就是失败。帮助伙伴构建未来，关心他们的家庭是我作为一个企业家、一个雇主和一个亲历家庭辛酸的儿子的核心价值观。因此，在2009年7月，当我们得出结论，星巴克的收益确实足够匹配合格伙伴投入到退休基金的数额时，我非常兴奋。这个消息不会登上头版头条，对股东来说也不那么重要，但是对我个人而言，匹配基金的能力和我们全年取得的成绩同等重要。

此外，我们还宣布，同其他公司的工资制度不同，星巴克将根据业绩提高伙伴的工资，增加的薪金部分取决于个人绩效。我很高兴，公司现在有能力奖励伙伴了。我知道我们的伙伴将会得到更多的报酬，我们也乐于提供。

在收益公布的几天后，我读到了一些头条新闻，“星巴克步履蹒跚地走向赢利”，“随着削减成本，星巴克开始踏上赢利之路”，“星巴克实现三季度赢利后，股价飞涨”。当然我也收到了一些人发过来的电子邮件，他们明白这一季度的结果对我个人的意义所在。

“对星巴克及其股东来说，这是‘非常好’的一天，你们继续努力吧。”吉姆·芬格罗斯说，他的法律顾问曾帮助我再次担任首席执行官。“变革并不容易，但当变革成功时，结果是相当令人满意的。”

麦勒迪·霍布森是一位很有远见的董事会成员，他鼓励了我很多次，他曾引用斯托夫人（《汤姆叔叔的小屋》作者）的一句话激励我：

当你身处一个紧要关头，一切都对你不利，甚至到了似乎你连一分钟都无法忍受下去的地步时，也不要放弃，因为趋势逆转仅仅是时间和地点的问题。

这些话使我想起了2007年的12月，那时我束手无策地看着我们的销售业绩一天天地下滑，也想起了2008年12月在分析师会议前我与比利共进的那顿晚餐，那时我比以往任何时候都焦虑，那种焦虑完全吞没了我。

是的，星巴克的态势已经转变。现在，我毫不怀疑，它的表现会继续呈上升趋势。这个季度的业绩不是一个高峰，而是开创新公司的开始。

是时候把注意力转向美国以外的市场了，转向在门店之外通过新的收入渠道实现利润增长，而这在成功变革我们业务的基础之前几乎是无法想象的。

星巴克不再是一座需要修补的根基不稳的房子了。我们已经成为一个稳定的全球性组织，面临所有的机会以及潜在的风险，我们有能力重新调整，实现销售增长。

ONWARD

第 33 章

你好，未来

我逐渐觉得在星巴克面临挑战或者为生存而战时，我最能充分发挥自己的领导能力。我感觉很舒服，从某种程度上说，我喜欢这种艰难的成长过程。这是我的本性。虽然我不想总是与困境做斗争，但是当我做成了别人认为根本不可能完成的事，或者领导大家比预期前进得更远时，随之而来的成就感让我非常愉悦。

尽管如此，我很少停下来庆祝我们实现的一个个里程碑般的胜利。这也是我的天性，我会去预测接下来将要发生什么。

2009 年秋天，在公布了第三季度的财务报表后，星巴克毫无疑问迈出了胜利的一步，我有信心，我们的业务会继续改善。每个星期，我们在美国的同店销售额和收入都在增长，第四季度的表现甚至比第三季度还要好。我很期待下一次财务报告会议。

这一财务年度即将结束，我感受到的与其说是成就感，不如说是一种如释重负的感觉，压力不再像过去一年半的时间里那么大了。我几乎是在失败中成长起来的，我非常高兴公司由生存模式转向增长模式。在重整了美国业务后，我们终于“有权利”专注于公司的主动成长了。而我再也不会把这一权利视为理所当然了。

“星巴克在经济衰退中扭转了形势，理应得‘A’。但是要保持名列前茅，它还需要做很多工作。”8 月份《华尔街日报》的一篇专栏文章中如此写道，其标题提醒我们“星巴克面临增长挑战”。事实确实如此。因此，我接下来的重中之重是使星巴克恢复正常，恢复利润增长，而我的第一个关注点是星巴克国际市场业务，它涵盖了美国之外我们所有的门店和消费品业务。

国际市场是公司迄今为止最激动人心、最美妙的前景。这就是 2009 年 9 月初我飞往中国的原因，我迫切地想点燃我们的未来。

快乐的冲击。这是费彩霞脸上的表情。

我和200名左右的伙伴在中国深圳参加了一场公开论坛。当时是酷热、潮湿的9月，刚刚抵达中国，我就花了一上午参观星巴克的门店。我将在三个城市参加几场公开论坛，今天是第一场。我还在倒时差，深圳比西雅图时间早15个小时，但是会议室里的热烈气氛感染了我。

6个系着绿色围裙的咖啡师托着放有小试饮杯的盘子，站在会议室后边。深圳34家星巴克门店的伙伴们正在开会。令人惊讶的是，深圳这个发展神速的城市，在30年前还只是一个小渔村。

当我站起来跟人们讲话时，我说：

> 我知道为人坦诚很重要，因此我要向你们道歉，因为我已经一年半没来中国了。在此期间，我们一直高度关注美国的业务，为其投入了全部的时间和精力。因此，我们没能够密切关注中国区业绩的增长和发展。因此，我们向你们致歉。
>
> 但是那些日子已经结束了，现在美国业务的发展态势很不错，因此，我们要把重心转向中国，我们会尽我们所能加快这里的业务增长和发展。

发完言，回答了提问后，我走下讲台，坐在了前排。接下来是一些关于本地星巴克业务的议程。翻译告诉我，有一个伙伴被评为“季度最佳门店经理”，将在此刻向大家宣布，这也是门店伙伴们渴望的荣誉。

有人宣布：“费彩霞！”

我转过身，看到一个穿着黑色短袖T恤衫的女士站了起来，乌黑的头发从她的脸庞两侧垂下，她捂着嘴，有点儿害羞地走到台前领取了一个裱好的证书。从她的表情里可以看出，她很惊讶。从热烈的掌声中可以知道她广受爱戴。她走到前面时，我也鼓起了掌。

后来我了解到，海伦30岁，已婚并育有一子。2003年，她从老家搬到深圳，成为星巴克的咖啡师。两年后，因为家庭原因，她不得不搬回去，但她仍和星巴克的伙伴保持着联系。后来，她回到深圳时，又重返公司工作。

之后，主持人又当众宣布了一个让人意想不到的消息，费彩霞不仅成为“季度最佳门店经理”，还将从现在门店经理的职位上被提拔为区域经理。听到这个消息后，她激动地流下了眼泪，在星巴克工作对她来说，不仅仅是一份工作。

几分钟后，我对她说：“祝贺你！”

“谢谢！”她用中文回答我，并微笑着跟我合影。当其他人拍她的背祝贺她时，我往后退了几步。她这一代人中，有很多人像她一样背井离乡来到一个大城市打拼，从这点来说，我也是一样的。有时候，出来闯荡是为了出人头地。我感到很骄傲，星巴克吸引了中国的很多年轻人为之努力工作。不仅仅在这个房间里，几乎在我去过的每一个中国城市，我都感受到人们充满了活力和激情。尤其是在年轻人中间，我更能体会到这种感觉。中国近年来蓬勃发展，每次我到中国后，都惊讶地发现，和我上次来时相比，这里又发生了很大的变化！

中国是世界上经济增长最快的主要经济体，因此，全世界各地的公司都想到有13亿消费者的中国淘金。1999年，我们在北京开设了第一家星巴克门店。之后每年，我们门店的销售额都会持续增长。到2009年第10个年头时，星巴克在大中华区已有近700家门店，但依市场容量来看，整体数量仍然相对比较少。蓬勃发展的中国蕴藏着巨大的商机，星巴克的零售和大众消费品业务可以从中获益，这就是公司目前的首要任务。

在不久的将来，中国将成为星巴克在美国市场之外最大的市场。

和我们在其他52个国家的消费者一样，中国人喜欢星巴克的首要原因很简单，就是星巴克能够给他们提供更好的体验，这一点深深吸引了我们的消费者。在中国，人们不仅享受星巴克的咖啡，还以此作为家和工作场所之外的“第三空间”，甚至比西方人更热衷于此。由于中国的房屋偏小，空间紧张，因而星巴克干净、宽敞、安全、舒适的环境大受欢迎，特别是在下午和晚上，我们的门店往往是顾客盈门。每当我们的一个新门店开业时，经常能看到人们在店前排起长队，有时甚至一直排到了大街上。

我们在美国开展的“第三空间”体验，同阿曼、约旦的门店，同爱尔兰都柏林的门店，或者巴西圣保罗的门店，甚至是巴黎的门店都一样。因此，从这个意义上说，星巴克已不再是西方的品牌了。我们提供的产品和服务已经满足了全世界的需求。

当然，我们在国外面临的主要挑战和在美国、加拿大市场面临的挑战不同。现在我们很清楚，为增长而追求增长是一个亏本生意。我们必须辛勤工作，注重细节。在其他国家，需要关注的细节是融入当地文化，让我们的门店更加本土化。在做到这一点的同时，还要保证品牌的影响力，这是我们必须解决的一个长期问题，而在以前的美国市场，并不存在这个问题。虽然在美国市场变革时的许多举措可以应用到我们在世界各地的企业和门店改造上，但是要创造符合当地口味和风俗的产品仅靠西雅图的团队进行研发，并仅仅将其照搬过来是不行的。我们需要当地的人才和领导者负责这一工作。

★★★

“欢迎来到星巴克的创新门店。”

这行醒目的粉笔手写标语迎接我们走进上海办公室的模拟门店，这是服务于中国所有门店的支持中心。现在是午饭时间，我们在一个铺着白色桌布的长方形餐桌旁坐下。我不知道会吃什么，但我真的饿了，看着面前的瓷盘和镀银餐具，我预感菜单上一定没有烤饼、蓝莓麦芬和早餐三明治。我靠在桌子旁，手抚额头，微笑着听我们当地的伙伴介绍我们即将吃的东西，我感到很放松。在过去的18个月里，我一直马不停蹄地忙着解决问题，现在坐在这儿聆听、等待，伙伴的自主创新让我感到惊喜，这是多么美妙的享受啊！

我们的中国团队在过去的几个月里一直在试验新配方，使食品和饮料更符合当地的口味，将来有一天，这个配方或许会在中国面市。在接下来的一个小时里，一系列新饮料和菜肴摆在我面前，其中有好多配料是星巴克以前从未使用过的。

花生摩卡星冰乐。

冰镇芦荟东方美人茶。

接着上来一种浓稠的绿色饮品，名为黑芝麻抹茶星冰乐。我尝了一小口，很好喝。这款咖啡源于星巴克最畅销的一种饮料——抹茶星冰乐，是由中国台湾门店研发出来的。

“绿茶是中华文化的重要组成部分，”我右边的女士立即向我解释，“而黑芝麻是中国人在烹饪中经常使用的一种材料。”我点了点头。安妮是星巴克领导团队的新成员，我刚聘请她担任全球首席营销官，这是她上任的第一周，她是一个活力四射的领导者。

安妮原来在百事公司工作，最近她刚被提拔为首席营销官和桂格食品和小吃公司的销售副总裁。她是一个聪明且很有魅力的领导者，我相信她会带来更多打造品牌的经验，以及宽广的国际视野，特别是在中国的工作经验，而这也是董事会要求我所具备的。安妮出生于中国，上小学时随父母移居到美国。她精通中文，曾任百事中国大中华区食品部的总经理，曾在其他27个国家工作过。安妮的护照是我见过的最厚的护照。她很了解亚洲市场和亚洲文化，而西雅图的领导团队则对这些了解得很少。安妮阐述道："在中国，人们认为黑芝麻有很多功能，可以保养皮肤，女士认为它可以防止头发变白。许多面包、糕点都会用芝麻调味。"

接下来是午餐的主菜。看着面前的小盘子，很明显，我们的伙伴摆脱了旧思维的束缚。芝麻面条沙拉、泰国辣牛肉包、汤和意大利千层面！每一种尝起来都既新鲜又美味。虽然我知道我们的亚洲门店可能不会提供面条，调研结果也告诉我们，中国顾客不希望星巴克提供在任何街边小店都可以轻易吃到的食物。但我被自己体验到的创造力深深地打动了。

坐在我左边的米歇尔也被感动了。她是和我一道来中国的，虽然不是以纯粹的星巴克成员的身份来的。在过去的几个星期，我已经做出决定，发展西雅图极品咖啡品牌。这个有550家店的零售和罐装咖啡业务品牌一直像继子女一样在星巴克的阴影下默默运转。我选择米歇尔担任其总裁，她的任务是自由地发展这一品牌。现在她正在中国研究这一品牌的业务前景。

最后是甜点。伴着浓稠黑芝麻酱的咖啡冰激凌。桌子中央有水果拼盘、巧克力和糕点，甚至还有迷你三明治。最值得注意的是，这些食品是摆放在小团体聚会、社交场合供大家享用的，目前星巴克的食品业务还没满足这一部分的需求。但是共享是一个有趣的主意，尤其是在拥挤的亚洲城市比如上海，个人空间很小，人们往往选择在星巴克这样的场所进行娱乐活动、聚会。

星巴克在全球各地开展业务的关键是对当地生活方式和口味的高度敏感。但我知道，我们不必过于本土化。2001年，我们在瑞士开店时，推出符合当地口味的奶油咖啡，但开业当天几乎没卖出几份，相反星冰乐却卖得不错。我们了解到，我们的顾客想品尝星巴克的东西，而不是隔壁店铺即可买到的东西。但是当我们根据他们的传统对星巴克特色产品进行调整时，他们都很高兴。在日本，我们的伙伴创造了一个产品，叫作咖啡果冻，这种清凉饮品一下子在亚洲风靡开来，成为该地区最畅销的一种时令饮品。

因此，那天下午在上海展示的食物和饮料样品，我们不会强制中国的星巴克门店必须销售。我鼓励大家，每一个开设星巴克店的国家都可以自主创新。也许某个地方那天的菜单就是另一种咖啡果冻，另一种星冰乐或VIA。

对我来说，停顿片刻去品尝和猜测未来的创新会带来怎样的产品，同样是非常有趣的事。

★★★

我认为，领导者的核心能力是让大家充满信心。在星巴克变革的这个关键时期，来到中国市场，我要抓住这个机会消除大家对公司能否稳定发展的担忧，然后让我们的伙伴为我们的未来而激动，构建更大的梦想，然后实现它。

我也希望公司伙伴们全面了解星巴克发展过程中的各种尝试。在公司早期，我的工作是强化星巴克的使命，使品牌在不同地域依然保持价值理念的一致性，但现在我的职责是充分运用我们最新的智慧，转变领导团队某些方面的经营理念。我非常清楚，我们在美国市场犯了错误，我们不能在中国或其他任何地方再犯同样的错误了，我们要主动分享新的策略和技术。

只要时间和资源允许，我们将在其他国家推广我们的收银系统、玛斯特里纳咖啡机和三叶草咖啡机。西雅图的专家将和经理们、合资伙伴分享我们新的门店设计理念、精益求精项目、社交网络运用知识。我们要推行新的营运规范并利用我们更有效的供应链管理部门来改进全球分销。我们会继续确保每个咖啡师知道如何完美地制作浓缩咖啡：让浓缩咖啡像一匙蜂蜜一样完美地流淌到杯中。

我常说，每一个企业和组织都有过去。这些记忆的经历铺就了我们前进的道路。在我看来，这次变革在星巴克的历史中，短暂而又特殊，我们集体努力的经历为我们指明未来的道路，它们已经指导我如何领导公司了：

遵循规范。注重直觉和保持严谨态度之间的平衡。围绕核心创新，不安于现状，尝试寻找新方法。从不期待灵丹妙药，积极行动。认真倾听，真诚沟通，自我主宰，不被别人的意见所左右，亲身实践。坚持自己的价值观，它们是你为人处世的基础。学会分配工作，派专人负责，并辅以他们取得成功的工具。做出艰难的抉择后，如何执行才是重点。危机时期坚毅、果断、随机应变。在危机中寻找真理，从错误中吸取教训。对自己的所见、所闻、所为负责。相信自己。

在杭州的西湖边，我再一次和我们的咖啡师、门店经理和地区经理交流。大约一年前，星巴克的股价已下跌至每股7.17美元，这是2001年以来的最低点。然而，这一周在美国，我们的股票价格却创下了80周以来的新高，每股超过20美元。虽然我很少谈及我们的股票价格，但这次在杭州13家星巴克门店中的一家聚会时，我跟伙伴们谈到了股价。

今天，在你们面前，我想说，美国的业务发展势头会持续下去，我觉得我们将以强劲表现告别2009年财务年度，并怀着空前的信心迈向2010年财务年度。

星巴克在中国的发展需要你们的勇气、创造力和企业家精神。我们要在星巴克的历史、文化和中华文化之间保持平衡。我鼓励大家挑战现状，思考我们能做些什么。让我们真正展现公司壮大所需的追求、激情和创业精神。但是，我们不能把星巴克变成一个得不到我们尊重和认可的公司，我们一定要采取一种平衡的方式来做事。

星巴克的变革正在成功进行中，这不仅仅是因为我们有效地应对了外部经济、技术和社会的挑战，解决了我们自己引发的问题，更多的是因为我们的伙伴在非常努力地解决这些问题！

如果星巴克想成为一家让我的父亲为之骄傲的公司，我的妻子、孩子、我们伙伴的家人都十分尊重的公司，我们就必须在情绪和纪律、直觉和分析、全球业务和地方业务，个人情感与职业操守之间，以及利润与人性因素方面保持平衡。当我们在世界各地扩大品牌知名度、拓展业务时，要做到这样并不容易。但是，星巴克咖啡可以积极地影响数千万人——伙伴们以及他们的家庭、顾客、咖啡农、股东，这种惊人的力量，和我开第一家门店时一样，令我振奋不已。

★★★

离开上海之前，我们参观了一个设计精美的门店，它位于人民公园中心，公园里绿树成荫，四周是马路和办公楼。这是一个炎热、潮湿的下午，我们参观完门店后，在公园里散步，这时，门店经理李燕追了过来，手里还拿着什么东西。她赶上我们，递给我一个简单包装的礼物。我当场打开，发现是一叠中文文件。起初我不知道是什么，然后李燕说明了一下，翻译告诉我："这是4份中国非常权威的报纸——《人民日报》。"接着李燕指了指一份报纸的日期，我眯起眼看了看，1953年7月19日——我的生日，这份报纸是我出生那天的报纸。其他三份报纸的日期都是星巴克历史上的特殊日子：公司上市（1992年6月26日），台湾第一家门店开业（1998年3月28日），上海第一家门店开业（2000年5月4日）。我们各拿着盒子的一边，看着报纸，李燕解释说，这是她和她的伙伴们送给我的礼物。她们准备这份特殊的礼物一定花了很多的心思和努力，这让我非常感动。"谢谢。"我说。她向我致谢，然后回去了。

有些人很困惑，为什么我会再次担任星巴克的首席执行官，为什么我会留下来。"他根本不需要这样做，为什么他还这么积极呢？"答案很简单，我喜欢这个公司以及随之而来的责任。

一路向前……

ONWARD

后记

即使过了这么多年，咖啡仍然能够令我惊喜。

2010 年 1 月，我和咖啡部门的达布 · 海和安德鲁 · 李曼一起坐下来，要求他们为纪念星巴克创立 40 周年创造一种非常特殊的综合咖啡产品。我希望，这种咖啡能够反映我们的历史，体现一个咖啡公司最独特的品质，并符合我们伙伴和顾客的需求。我希望，这种咖啡既具备星巴克的特质，又与我们以往的产品有所不同。这种咖啡的香味，既不要像派克市场烘焙咖啡那么柔和，也不要像我们广受欢迎的圣诞综合咖啡那么浓烈，而是能给人一种振奋的感觉。

选择咖啡豆的头脑风暴开始了。

首先，咖啡团队选择成熟的苏门答腊咖啡豆，因为煮制这种咖啡散发出浓郁的雪松和香料的香味已成为星巴克的一个特征。其次，人们选择的是哥伦比亚咖啡豆，它是哥伦比亚南部纳里尼奥地区盛产的咖啡豆，是我们生产广受欢迎的综合咖啡的基本原料。此外，选择此种咖啡豆也因为哥伦比亚是星巴克首次积极参与社会公益活动力图改善咖啡农生活的国家。接下来，是来自埃塞俄比亚自然晒干的咖啡豆，因为该咖啡豆的浆果香气浓烈，甚至在品尝前，人们就知道它不同于其他任何一种咖啡豆。最后，是产自巴布亚新几内亚偏远咖啡农场的综合咖啡豆，一开始我们销售的就是由这种咖啡豆制成的咖啡。

这个组合相当有风险。想要采购我们在 2011 年初全球烘焙和流通过程中需要的埃塞俄比亚咖啡豆，在速度、质量、数量上都相当困难。而且，我们以前几乎没有研制出一种混合咖啡，即由成熟的咖啡豆和自然晒干成樱桃皮一样的咖啡豆混合制成的咖啡。它们的味道有些相冲。但是，经过 5 个月的小批量试验后，咖啡团队一如既往地取得了成功，他们找到了正确的流程。他们先单独烘焙埃塞俄比亚咖啡豆，再用巴布亚新几内亚咖啡豆去调和口味。2010 年 10 月，我们收到了最后一批埃塞俄比亚咖啡豆，完全符合我们的高标准，因而每个人都松了口气。

我站在我办公室对面的品尝室里，首次品尝了这种新的混合咖啡。我先尝了雪松香味，然后是浓郁的果香味，最后是恰到好处的酸度。

"这正是我想要的。"我对达布 · 海、安德鲁 · 李曼和道格 · 朗沃西说。这次研发是由道格负责的。"这是一种伟大的、大胆的、令人倾倒的咖啡。"这真是太棒了。我们拥抱、握手，我还带了些回家，用法式压滤壶冲咖啡喝。第二天早上喝咖啡时，我知道这正是我所期待的，它是我以前从未喝过的。

我写了一封电子邮件向星巴克以及咖啡部门的领导团队表示感谢。"在过去的 24 小时里，我喝了两杯极品咖啡，一次是在昨天的品尝室，一次是在今天早上 5 点半的时候。我很自豪，感谢你们的辛勤工作，研制出如此特别的咖啡，它非常适合这次的纪念庆典活动。"

或许，我们把它命名为礼赞综合咖啡就更合适了。

当我在 2010 年秋写下这些文字时，正是品尝了礼赞综合咖啡的几周后，星巴克和我都发现我们正处于鼎盛时期。

首先，这本记录我们变革历程的书已经接近尾声了。重温这两年，写这本书给了我一个机会思考这次不平常的旅程。我真诚希望这本书内容丰富，并且能够激励其他人探索自己及其组织尚未挖掘到的潜力。是的，在当今不断变化的复杂的世界，我们很有可能经历成功、失败、再次成功，找回失去的梦想，成就更大的梦想，并取得成功。在星巴克，最重要的是我们的指导原则，以及支撑它的企业文化。

星巴克重新拥有了其企业文化所倡导的创造力和规范、创业精神和精确流程、纪律以及创新之间的平衡。但是，过去两年的经历告诉我们，也许最重要的是我们重获的信心，我们相信，面临困难，我们依然能够坚持我们的价值观。在动荡的旅程中，只有坚守这些价值观念，我们才能够稳步前进。在公司成长的过程中，我们经营业务的方式，也让我们的伙伴为之自豪，也点燃了他们积极参与的激情。

人永远是我们最重要的资产，也是星巴克的竞争优势。因此，在我们 40 周年庆的日子里，在进军 2011 年的时刻，我们认为最重要的是，怎样纪念这个日子，才能让我们的伙伴感到光荣，推出礼赞综合咖啡只是其中的一种方式。

新的成长蓝图

2010 年 9 月，星巴克创造了历史上赢利最高的财务季度。在 2010 年财务年度，星巴克的收益增长达到了创纪录的 107 亿美元，我们的营业收入从 8.57 亿美元增长到了 14 亿美元，比 2009 年财务年度增加了 5.62 亿美元。我们全年的营业毛利增长了 13.3%，创下了历史的最高点，比我们 2005 年财务年度的 12.3% 有了显著提高。这些成果激励我们向近 10 万家门店及烘焙工厂的伙伴分发特别红利。

2010 年第四季度的纪录不只说明了这一年以出色表现结束，它同时也是星巴克历史上一个决定性的时期。我为我们的伙伴感到空前的自豪，我从来没有尽情享受过庆祝活动，我们公司的表现让我暂时停下脚步，放下日常业务，反思经验教训以及它们对未来的意义。今天，我们看到了即将来临的新的可能性，我们可以继续发展壮大公司，进一步加强企业文化，用很少人能想象到的方式进一步改进星巴克。

我们现在都非常清楚，增长并不是一个战略，而是一种战术。我们过去的战略是不顾一切地追求增长，因而迷失了方向，我们不会再采用过去的策略来发展公司了。

总之，今天星巴克的目标是成为一个与众不同的公司。

当然，采购、烘焙、提供最优质的咖啡将永远是我们的核心。我们将继续在我们的零售门店和星巴克体验上投资，这些门店是我们的基础，但是现在我们要以只有星巴克能做得到的方式继续向前。

20 多年来，我一直认为，每个公司都必须推动自我更新和改造，不断挑战现状。对星巴克而言，这样做意味着我们要想得更长远，尝试以前从未走过的路。创造符合公司核心理念并与咖啡匹配的创新增长平台是 2008 年 3 月提出的变革议程的七大举措之一，也是其中的关键。今天，我们不仅要做到这一点，还要继续研发新产品，生产更多品种的咖啡，而且还要在我们的门店或者门店之外销售，所有这些都是我们发展壮大的关键所在。

VIA 的成功证明，我们可以创造新的产品品类，同时继续提高咖啡的质量标准。上市刚 10 个月，VIA 在美国的销售额就达到了 1 亿美元。有数据显示，只有约 3% 的美国产品在上市第一年的销售额能超过 5 000 万美元，0.3% 的公司能超过 1 亿美元，这些数据来自一家与零售业和消费品行业相关的研究和咨询公司 SymphonyIRI。但是，

VIA不只是一种产品，它更是一个品牌平台。到2010年9月，我们已成功推出VIA低咖啡因咖啡、冰咖啡，以及香草咖啡、摩卡咖啡、焦糖咖啡、肉桂香料咖啡等系列风味VIA咖啡。也许最令人吃惊的是，顾客大都把VIA当作一种单杯咖啡，取代了家庭自制咖啡。单杯咖啡是一个巨大的品类，过去星巴克在这方面相当落后，但是今天，我们正开始在这一市场扮演重要的角色，不仅仅是提供VIA咖啡。

我的朋友唐·瓦伦西亚确实很有远见，但我想，他可能从未想到，他曾称之为“只需加水和搅拌”的产品，有一天会在全球实现10亿美元的销售额。

在这方面，VIA将不会“孤单”。星巴克设想建立一系列10亿美元规模的品牌，其中包括西雅图极品咖啡。2009年，在重新发展西雅图极品咖啡还不到一年，我们已经彻底改变了该品牌的外观、口感和战略。在米歇尔的领导下，西雅图极品咖啡融入了更多的零售概念，推出了包装产品，积极扩大市场份额。目前，西雅图极品咖啡在4万多个销售点进行销售，是2009年秋季的销售点数量的10倍，包括赛百味、汉堡王和AMC电影院，以及包括鲍德斯书店在内的550个零售网点。

正如我们尚未挖掘出西雅图极品咖啡的潜力一样，星巴克也没有充分利用和充分挖掘我们的消费品业务，这其中包括星巴克的品牌产品，如罐装咖啡、即饮饮料、优质冰激凌，以及泰舒茶。

2010年，消费品业务全球业务规模达到了7亿美元，相当可观，但是还远没有实现它可以或者应该取得的业绩。杰夫·汉斯伯里在2010年6月成为我们的消费品部门总裁，在他的领导下，大众消费品业务在速度和规模上都实现了平稳增长，比以往任何时候都更加显著。杰夫有着丰富的工作经验，他曾经在宝洁公司工作了17年，又在美国嘉露酒厂工作过。在他的领导下，星巴克正在建立一个全球性的消费品业务部门，从能力、渠道和对消费者的理解方面都能与我们的零售业务相匹配。

但是，最关键的是，我们如何将星巴克的消费品业务和我们的零售门店、强大的顾客交流工具和资源结合起来。我们需要考虑:

和我们一样，有些公司拥有巨大的全球零售网络。

其他公司像我们一样通过世界各地的商店销售产品。

还有几个公司在与客户建立情感纽带方面非常出色，而这也是我们已经学着去做的。

但是，只有星巴克完全做到了这三点。我们逐渐看到，未来三条途径互相补充，形成一个良性循环，使我们能够进入市场，并以独特的方式发展壮大公司。我们有两大优势帮助我们将来可以在门店以及其他分销渠道，比如杂货店，为顾客提供新的消费品和消费方式。这两大优势是：其一，我们数以千计的门店伙伴所营造的良好顾客关系和情感纽带；其二，通过数字平台和忠诚计划加深与顾客间的联系。

同样，推出VIA时也体现出了这两大优势。VIA在我们的门店以及其他销售点，都得到了顾客的认可，大家都愿意尝试这种新产品，VIA的销量很可观。这次成功就取决于我们所具备的那两大优势。第一，我们的顾客信任我们的伙伴及咖啡；第二，我们的网上业务和忠诚计划与顾客建立起了良好的关系。总之，我们通过多样化、互补的营销渠道，采用统一的声音使VIA成功上市。

即使有的话，也很少有其他零售品牌能够通过其核心零售店之外的多样化分销渠道，在市场上形成一定的影响力。不过，我相信，星巴克绝对可以。

就是这一战略构想引领我们开启了星巴克的下一个新篇章。如果我们没有先成功地进行变革，稳固我们在美国市场的门店业务和品牌，我们就无法翻开新的篇章。这是我们永葆生机、不断成长的基础。

实现变革

正如没有任何一个单独的产品、个人或者单一创新能够决定星巴克的未来一样，也没有哪一件单纯的事能够改变公司，使之实现前所未有的增长。自从我再次担任首席执行官以来，许多持久的创新开始扎根、生长、开花，每一个都帮助我们实现在2008年初确定的变革议程目标。

在本书的结尾，我想重温这些目标，并回顾一下一路以来我们在这些新的计划举措上取得的进展。我相信，只有这样做，才能全面看待公司运营，证明我们所制订、执行的计划不仅实现了公司的变革，同时帮助我们增强了实力，去追求我们构想的可持续的获利性增长。

重温这些创新，也是赞扬我们伙伴的辛勤工作和多种才能的一种很好的方式。没有他们，星巴克就不会有今天。

成为咖啡界无可争议的领袖

从第一天起，我就知道如果我们不能在我们的核心业务上表现突出，我们就不可能变革公司。所以，我们的目标由最初的卓越浓缩咖啡培训，逐渐发展为研发创新产品，从而提高我们现煮咖啡和意式浓缩咖啡的质量以及工作效率。今天，我们的顾客告诉我们，我们的现煮咖啡和以意式浓缩咖啡为基础制成的咖啡饮品更好喝，味道也更加一致了，明显比两年前的味道要好。星巴克的咖啡权威，体现在我们提供的每一杯咖啡中。

派克市场烘焙咖啡　自 2008 年 4 月星巴克推出了这款深具代表性的、也易于被消费者接受的综合咖啡以来，我们已经销售了 10 亿杯派克市场烘焙咖啡。今天，这款突破性的咖啡成为我们最畅销的全豆咖啡之一。

我们也不再向我们的门店运送任何提前研磨好的咖啡豆，相反，我们只是在制作一壶咖啡前现场研磨咖啡豆，包括普通和低咖啡因的咖啡豆。这意味着我们的咖啡更新鲜，而且让我高兴的是，现磨咖啡的浓郁香气再次全天候弥漫在我们的门店中。

玛斯特里纳咖啡机　在美国，有近 70% 的星巴克门店都配备了这种咖啡机，我们也正在向世界各地的其他门店推广。有了它，我们的咖啡师可以更好地控制浓缩咖啡的制作、烹煮牛奶，而且，他们能够通过眼神、交谈更充分地与在吧台另一边等候饮料的顾客互动。

三叶草咖啡机　这种卓越的小型咖啡机产于西雅图的巴拉德地区。它所制作的咖啡是美国和加拿大一些城市中 100 多家门店里五大最畅销的饮料之一。三叶草咖啡机正在逐步被推广到更多地方，使顾客有机会感受传统综合咖啡和充满异国情调的星巴克珍品咖啡（Starbucks Reserve）的微妙风味。

吸引并激励我们的伙伴

人们经常光顾星巴克，要么为了星巴克咖啡，要么为了和人约在星巴克见面。通过满足顾客的需求，以符合品牌价值的方式提供物有所值的产品，推出回馈计划奖励我们最忠诚的顾客，把他们视为星巴克体验的核心。

星巴克的顾客忠诚计划　我们的顾客对我们的回馈表示了感谢。2009 年 12 月，我们推出一个新方案——把回馈卡和金卡合二为一，称为“我的星巴克回馈计划”（My Starbucks Rewards），顾客因此更频繁地光顾星巴克。到目前为止，已有超过 15 亿美元被充到星巴克卡上。很难估计我们的回馈卡计划给我们的顾客和公司带来的价值，而未来我们还将推出更多相关的活动。

MyStarbucksIdea.com 该网站自2008年3月推出以来，25万的注册会员已提交了10万个想法。我们已经采纳了100个，包括使顾客能够远程替他人买饮料，出售可重复使用的杯套，再次供应咸焦糖热巧克力。只要顾客们继续与我们交流，我们就会听取并满足他们的要求。

社交媒体 目前，星巴克是Facebook上最受欢迎的品牌，在26个国家拥有2 000万粉丝，在Twitter上有100万粉丝。而且，每月达有1 200万名顾客访问我们的网站。顾客可以把流行的应用程序下载到他们的移动设备上，这样他们就可以找到离他们最近的星巴克店，获取最新产品信息，甚至还可以支付购买。我们在社交媒体方面的努力不仅仅是把它当作一个营销工具，而是为了进一步与我们的顾客深入交流，而这种深入的交流正是我们未来发展模式的基本要素。

数字投资 2010年秋天，我们与雅虎合作推出了星巴克数字网络，终于展现了我们门店无线上网服务的价值。在美国的星巴克门店，顾客通过笔记本电脑和移动设备，可以享受我们提供的社区信息以及免费且丰富的内容服务。在初期阶段，经过精挑细选，星巴克数字网络已积聚了一批权威的内容提供商，其中包括：《华尔街日报》、《纽约时报》、《今日美国》、苹果iTunes的免费音乐下载、尼克罗迪恩的教育游戏、知名出版商的独家图书摘录以及LinkedIn提供的工作信息和查格士对当地餐馆的评价，此外还有卫生和健康小贴士。星巴克数字网络并不是我们收入的主要来源，而是一个有意义的平台，可以大大提升顾客在星巴克的体验。

精益求精技术 在我们的门店，精益求精技术带领我们走上这么一条道路，使我们能够出色地运营公司，寻找新的方式为顾客提供世界一流水平的服务和饮品，同时控制好成本并让我们的伙伴全情投入。我们将继续应用这一理念，并与咖啡师分享更好的操作流程，他们也将继续自主解决问题，实践新的想法。今天，我们的门店报告显示，顾客等候饮料的时间缩短了，门店营运得更顺畅了，伙伴们也有更多的时间与顾客交流了。

扩大全球业务——让每个门店成为当地社区的核心

星巴克将继续扩展我们的全球门店业务，同时努力为社区服务，并坚持我们的文化理念。

星巴克咖啡国际公司 该公司负责美国市场之外的业务，是公司未来增长的最大引擎。在我们开设更多门店，完善更加规范、可赢利的商业模式的过程中，它为我们带来了每年10亿美元的销售额。长远来看，我们将会有一半的门店开设在北美之外的市场。也许我为确保我们国际市场成功的最重要举措是，2009年12月，我邀请在星巴克工作了8年、经验丰富约翰·库弗担任星巴克咖啡国际公司的总裁，负责我们的全球业务扩张。约翰很熟悉国际市场，因为他在中国香港生活、工作了很多年，而且，他可以和有不同文化背景的人很好地交流。在约翰加盟的第一年里，我们的国际业务收入和营业利润率都远远超过了我们的目标。这足以说明他卓越的领导才能和对国际市场业务的专注。

在中国的发展 2010年9月，星巴克在长沙新开了两家门店。当天，顾客冒着雨排起了长队，一直排到了大街上！福州只有600万人口，和中国的其他城市相比，人口相对较少。然而，就在这里我们也开设了门店。

我们将在中国开设数千家新店，毫无疑问，中国必定会成为星巴克的第二市场。目前，我们在中国的大部分门店都已经实现了两位数的利润率，远远超过了它们两年前的业绩。

与当地文化紧密结合是我们长期战略的一部分，我们将同中国政府、当地大学合作，在中国设立第一个研发中心，我们还已经开始在中国美丽的云南省种植咖啡豆。而且，我在上海创新门店喝到的黑芝麻抹茶星冰乐已经被推向了中国市场，并大受欢迎。

新的门店设计理念 我们将继续为世界各地的门店研究新设计方案。我们利用当地材料，与当地建设者合作，为顾客打造一个体贴、舒适的空间，这样，他们既可以在附近的星巴克店感受到家的温馨，又可以在全球星巴克门店体验探索发现之旅。

概念店 我们在西雅图的两家创新的概念店将继续尝试新的产品，比如啤酒、葡萄酒以及新的咖啡制作技术，例如用浇注法制作单杯咖啡。我们在制作单杯低咖啡因咖啡时常用浇注法，这样可以充分过滤掉咖啡渣。吸取了这些店的经验教训后，我们在西雅图东奥利夫路开了一家非常独特的门店，采用了一些那两家商业店铺最好的设计元素和产品——比如在下午4点以后供应葡萄酒和啤酒，同时运用了我们可持续发展的建筑技术。我们全球各地的伙伴和顾客访问西雅图时，必定要参观这三家独特的店。就像派克市场店象征着我们对价值理念的尊敬一样，这三家店说明我们愿意冒险尝试大胆的想法。

成为道德采购和环境保护的领军者

星巴克努力和公平贸易组织、保护国际组织等一系列组织建立合作关系，减少我们的门店对环境的不利影响。我们也更加有效地工作，与其他人分享我们在这方面所取得的巨大努力。

采购　2009 年，我们购买的咖啡有 81%通过了“咖啡与种植者公平规范”的实践验证，而 2008 年这一数字则是 77%。同年，我们从公平贸易咖啡组织购进了近 4 000 万磅咖啡，成为 2009 年公平贸易咖啡全球最大的买主。在卢旺达，星巴克的咖啡种植者支持中心已经建成，并积极帮助整个东非的咖啡农。在我访问卢旺达的 5 个月后，星巴克的伙伴们筹集了 55 700 美元购买奶牛送给种植咖啡的农民。在 2010 年夏天，30 只小母牛送达基加利，被交到了咖啡农手中，包括木卡姆维兹 · 伊马丘利特，她们还接受了如何喂养这些牲畜的培训。8 月份以来，这些奶牛已添了三只牛犊。

回馈社区　2009 年，世界各地星巴克的伙伴们和顾客在其附近社区志愿服务了近 186 000 个小时，而我们的目标是每年志愿服务 100 万个小时。新奥尔良是我们长期以来都挂念的城市，我们兑现了承诺，在那里，5 年提供了 500 万个小时的社区服务，而且我们将继续为该城市的振兴而努力。2010 年，根据顾客关于星巴克应该捐助哪些基金会的建议，我们还向三个非营利组织捐赠了 10 万美元。

环境影响　我们会继续努力，让我们的门店更环保。在空间和当地规定以及地方回收服务允许的条件下，我们的门店可以回收纸张、纸板、纸杯、堆肥、玻璃或塑料，同时为顾客提供免费的咖啡渣种植花草。2009 年以来，星巴克已与当地政府、纸杯制造商和回收商以及零售业竞争对手召开了两次“纸杯峰会”，以帮助我们确定怎样做才能使我们的杯子可回收利用。我们的目标仍然是在 2015 年使全部的星巴克纸杯都能实现再次使用或循环利用。

我们将继续朝着一个目标努力，就是在 2011 年，星巴克所有新开的门店都能够通过美国建筑环保资格认证。迄今为止，已经有 200 多家门店通过或者正在注册申请美国建筑环保资格认证。目前，我们正在所有的门店内改造安装更高效的照明设备，并期望到 2015 年减少 25%的用水量。2010 年，星巴克已经购买了可替代性能源，可以使我们门店的耗电量减少 50%。这些以及其他可持续发展方面的努力也将对世界各地的星巴克合资和特许经营门店产生积极的影响，他们也会效仿我们的做法。

建立可持续发展的经济模式

正如我们所计划的，星巴克已经大大改善了业务运营模式，采用的方法是削减成本，建立世界一流水平的供应链管理部门，并且建立长期关注产品和服务质量、速度和成本控制的企业文化。

削减成本 2008 年 12 月，我们告诉华尔街，星巴克将在 2009 年财务年度削减 4 亿美元成本，最终我们一共削减了 5.8 亿美元，这令整个金融界为之震惊，而且我们削减的是永久性成本。2010 年我们也坚持了下来，并进一步节约成本，我们的营运利润率持续得到改善，就充分证明了这一点。控制成本这项工作没有尽头，我们接下来的挑战是，保持已经取得的成绩，并争取节约更多成本，同时继续明智投资于我们的伙伴、增长和创新。

供应链管理部门 在 2008 年，只有 30% 的订单完美地交付了我们的门店。今天，90% 的订单都能毫无差错地准时送到全球的 16 500 家门店。供应链管理部门的可靠性提高到了 90%，我们正在招募世界顶级的精通供应链运作的人才。在过去两年里，供应链管理部门累计实现了 4 亿美元的节约成果。

门店技术 2009 年秋，美国门店经理收到了笔记本电脑，里面安装的软件可以实现自动化管理，简化一些烦琐的流程，比如公司日常安排、人才招聘和绩效评估。2010 年，我们更直观的收银系统在美国和加拿大的星巴克门店投入使用，我们还计划将其引入我们的国际市场门店。一旦这一计划部署完成，仅在美国，估计每年我们就能够减少顾客 700 万个小时的排队等待时间。为了确保我们与消费者的生活方式紧密联系，我们的新系统将完善移动通信技术，使得我们的顾客最终可以用智能手机和其他移动设备点单、付款以及联系我们。

建立高层领导团队 星巴克现在领导团队的十几人中，大多数都是在我再度担任首席执行官之后加入公司或者领导团队的。自 2009 年秋天起，除了任命安妮 · 杨–斯特文纳、约翰 · 库弗、杰夫 · 汉斯伯里之外，我还找到了合适的人来领导人力资源部，这个人就是凯伦 · 荷尔摩斯。她在 2009 年 11 月加入星巴克，有着近 20 年的人力资源工作经验，加入公司前曾在微软公司工作。2010 年 6 月，我们招募了两个新成员加入高层领导团队：来自波士顿咨询集团的玛丽 · 伊根，现在是星巴克全球策略高级副总裁；还有来自 SYPartners 的德维拉 · 汉利，担任公司规划副总裁。

我们的团队有周会，也有月会。作为一个群体，我们希望达成共识，我们欢迎创造性的想法，而且我们一直在努力从过去借鉴经验。

今天，星巴克的领导团队是目前最有才华、最团结合作的团队，和他们共事，让我感到很荣幸。

两年一度的投资者会议 2010 年 12 月 1 日，距我们上一次向华尔街报告的最绝望的那段时间已经整整过去两年了。星巴克领导团队和我一起来到纽约，只是这一次我们要讲的不再是预期的变革计划，而是无可辩驳的创纪录的财务数据。“星巴克的表现……毫无疑问是光彩夺目的”，德意志银行的马克 · 格林伯格写道，“而且坦白说，这还是我们看到的最重要的一场公司业务上的反败为胜。”会议结束一天后，星巴克股票的收盘价为 32.76 美元，相比 2008 年 12 月上涨了 400%。

★★★

领导团队成员围在巨大的烘焙机四周，每个人都身穿黄色安全背心，戴着护目镜和绿色安全帽在一旁等待着。我们身后站着 55 名伙伴，他们是从星巴克在华盛顿州肯特郡（离我们的办公室约有 30 分钟的车程）的咖啡烘焙厂的 163 名伙伴中挑选出来的。在这个特殊的日子，我要求我们的高级领导团队在这个工厂召开这次月会。

这是 40 年来星巴克第一次烘焙产于厄瓜多尔的咖啡豆。这些咖啡豆产自加拉帕戈斯群岛，那里属于太平洋火山岛屿群，有各种神奇的物种。今天烘焙的咖啡豆来自圣克里斯托瓦尔岛。这种咖啡豆产量稀少，因为它是有机种植的，采用荫栽方式，对鸟类也很有益，我们简单地称它为“加拉帕戈斯”。2010 年秋季，这种咖啡将在近 700 家星巴克门店出售。加拉帕戈斯是星巴克珍品咖啡系列的第一个产品，属于我们全新的高端全豆咖啡产品线，只进行小批量烘焙，并限时供应。

每年，6 500 万磅绿色咖啡豆从世界各地运到这个烘焙厂。站在这里，我想起了星巴克早期的时光，那时，我的办公室就在原先的烘焙厂里。每天工作结束后回家前，我都会在烘焙厂里走一走。伙伴们知道我会过来，于是常常站在冷却盘边等我，看着我用手抓起咖啡豆，然后互道晚安，互表谢意。当时，公司很小，因此我知道每个伙伴的名字，也知道他们的家人。当时的两个伙伴现在仍在星巴克工作，他们是迈克尔 · 麦克纳尔蒂和戴夫 · 西摩。

参观我们的肯特烘焙厂往往苦乐参半。我不再有时间每天在工厂里四处走动，甚至也没空经常来工厂参观。但我永远不会忘记我们世界各地烘焙厂的伙伴们，是他们把咖啡融入了生活中。在每颗咖啡豆从种植园到最终制成咖啡的过程中，伙伴是关键环节。没有他们的专业知识、热情和追求卓越的奉献精神，星巴克根本不可能成功。

“如果肯特工厂的烘焙师不对咖啡豆进行最后加工的话，就不可能有星巴克珍品咖啡，什么都不会有。”汤姆 · 巴尔说道，他是全球咖啡部门的副总裁，他的团队负责采购用于制作星巴克珍品咖啡的咖啡豆，汤姆已经在星巴克工作 10 年了。

因此，即使我们是为了庆祝新咖啡的诞生才来肯特工厂的，但这一天，真正应该庆祝的人是我们的伙伴们，包括烘焙师、技工、操作员、技术员、管理人员和验货员。当咖啡豆从远方送来时，验货员先进行验货，做好准备。在肯特工厂，很多人十几年来一直都待在星巴克，既经历了公司最痛苦的时期，也经历了公司的变革阶段。

“我们使用 11 种不同的烘焙方式，以满足人们对独特的烘焙咖啡口味的需求。”鲁本 · 麦格拉亚对我们说，他已经在星巴克工作 18 年了。我穿过人群，走到他面前和他握了握手。

最后，时间到了。大家都在看着，听着。咖啡豆从筒仓冲泻出来，进入大的扁圆的旋转烘焙炉。咖啡豆慢慢被搅动着，浓郁的咖啡香味弥漫到了空气中。

我最喜欢这样的时刻，过去和现在重叠的时刻，我处在星巴克业务核心的时刻。当我目睹我们的咖啡的诞生过程时，我无法再掩住我的笑容。

像这样的时刻，身边的每个人都把彼此当成家人的时刻，加深了我的信念，星巴克最好的日子就在我们的前方。

ONWARD

致谢

写书就像创办公司一样，需要多方合作。我很感谢有那么多人帮助我讲述星巴克的故事。

我特别要感谢我的妻子雪莉以及我的两个孩子，没有你们，一切就不可能实现。

调研、写作和编辑几乎都是由才华横溢、举止高雅的乔安 · 戈登完成的，她用文字表达出了我的心声。她总是无私地积极配合我的日程安排。我为这本书而感到非常骄傲，如果没有她，我不可能做好。

乔安和我都想感谢罗岱尔出版社的每一个人，特别是玛丽亚 · 罗岱尔，感谢出版社所有人自始至终的热情和奉献精神。科林 · 迪克曼和卡伦 · 里纳尔迪在编辑工作中帮了我们很大的忙，他们很有智慧、尊重他人、幽默，清楚作者的意图，了解读者的需求，他们的努力得以让此书顺利出版。另外，特别感谢史蒂夫 · 马登的支持。

在威廉–莫里斯经纪公司，珍妮弗 · 鲁道夫—沃尔什一直不辞辛劳地带领我们朝着正确的方向前进。

星巴克的 150 多名伙伴诚恳地与我们分享他们的故事和专业知识，帮助我们更真实地再现了公司的历史。我还要特别感谢星巴克的高级领导团队和董事会，感谢他们付出的时间，感谢他们对我的信任。他们认同我的决策，也认为把星巴克经营历史上所面临的困难公之于众将会使我们成长为一个更强大的公司。

在办公室，南希 · 肯特和蒂姆 · 唐伦每天都微笑着为我提供专业支持。我要感谢克里斯 · 戈利的谨慎、精确；感谢盖尔 · 雷斯尼克辛勤的法律审查；感谢吉娜·伍兹，她的领导能力、专业知识、创造力和坦诚使她成为我们理想的伙伴，负责本书异常复杂的生产和销售过程。我还要感谢维瓦克·瓦玛、科里·杜布瓦和德维拉·汉利，感谢他们的洞察力。还要感谢海蒂·佩珀、特瑞纳·史密斯、克里斯蒂娜·麦克弗森和戴布·特雷维尼奥，感谢他们的研究，感谢他们对整个过程中细节的关注。该书高雅的设计应归功于SYPartners公司才华横溢的斯托弗·里格斯、尼科尔·盖和丽莎·马哈达特。我们也感激那些读过初稿及最后定稿并给我们反馈意见的人们，包括杰弗里·霍福德、贝蒂·苏·弗劳尔斯、理查德·泰特、苏珊·沙利文、比尔·布拉德利、比利·艾迪肯以及伦恩和南希·柯施。

还要感谢贝丝·兰姆、阿雷·莫斯特尔、罗岱尔的叶连娜·内斯比特以及艾德曼的团队和马克·弗提尔。

除了上面提到的人，我还想亲自感谢普拉西多·阿朗戈、安娜·玛丽亚·凡·帕拉达特、沃伦·本尼斯、沃尔特·罗布、艾米·卡瓦诺、比尔·坎贝尔、帕蒂·弗莱什曼、罗伯特·费舍尔、托尼·拉鲁莎、蒂姆·英格拉西亚、丹尼尔·奥尔巴赫、肯尼、史蒂夫·柯施、罗伯特·斯蒂林、杰克·罗杰斯、艾伦·科恩以及我的弟弟迈克尔·舒尔茨。感谢他们的友情，感谢他们这么多年来对我的支持。

本书主要讲述星巴克变革时期的故事，因此很大程度上以我们的美国业务为重心，尽管公司的成功也应归功于我们合资企业的伙伴以及世界各地的特许经营者，我和其中许多人都相识多年，并成为朋友：日本Sazaby League的角田裕二；西班牙VIPS集团的普拉西多·阿朗戈；墨西哥的阿尔贝托·托拉多；星巴克在中东、约旦、埃及、土耳其和俄罗斯的商业伙伴，梅·赫·阿尔莎亚公司的穆罕默德·阿莱斯哈亚；在菲律宾，斯坦集团的所有人俊恩和门楚·洛佩斯；在希腊、塞浦路斯、奥地利、瑞士、罗马尼亚都有业务的Marinopoulos集团的负责人帕诺斯；中国美心集团的伍伟国和统一集团的总裁林苍生；印尼P.T. Mitra Adiperkasa的副总裁夏尔马；秘鲁Delosi Group集团的Alfredo de Ferrari Morello；星巴克中欧地区商业合作伙伴AmRest公司的亨利·麦戈文。此外，还有巴哈马约翰牛集团的杜安·罗伯茨，韩国兴思格百货集团的I. C. Hur，新西兰罗素·克里迪餐饮集团，马来西亚成功集团的弗朗西斯·李。

我没有一天不想着星巴克成千上万的伙伴们。你们的勤奋和毅力改变了我们的业务，成功实现变革，强化了价值观，激发热情和创意。你们每天工作时想出的点子使我们成为这样一个特殊的组织，我衷心地感谢你们所做的一切。

来自合著者：

除了以上致谢，我还要感谢我的父母，戴维和弗吉尼亚 · 戈登，感谢他们送给我的那台蓝色的小型打字机，感谢他们无条件地爱我一生。我要感谢我的儿子西奥，感谢他带给我的欢声笑语。我还要感谢马修，感谢他在生活中一直给予我们的支持。

我之所以能够找到自己的平衡，需要感谢我亲爱的姐姐苏珊和她的丈夫霍华德，感谢凯蒂 · 贝德福德、谢莉、汤姆和玛吉兄弟在西雅图组建的“另一个家”，感谢我亲爱的朋友以及金姆、艾德丽安、凯罗琳、朱莉、玛丽 · 安、林恩、洛莉、杰米、卡里、琳赛、山姆、凯特、本、丹、洛伊丝、伊丽莎，还有艾伦，特别感谢托尼 · 凯姆伯瑞斯，他每日的笑容点亮了我的生活。

我要感谢我优秀的文稿经纪人斯图尔特 · 克里切夫斯基，感谢他多年的真知灼见，感谢他致力于追求卓越，感谢他对我的理解。斯图尔特是出版界真正的专家。

最后，我要感谢霍华德 · 舒尔茨。感谢他的诚实、专注、慷慨大方，感谢他对别人的关心以及对我的信任，感谢他愿意给我讲述星巴克的故事来丰富这本书的内容。霍华德帮助我，让我可以自由接触星巴克的伙伴，了解他们的高标准、智慧、坦率和友善。我相信，这也正是霍华德的领导魅力所在。讲述和分享霍华德过去和现在的故事已有一年多了，我很想套用天才作家多莉 · 琼斯 · 扬（霍华德的第一本书是与她合作完成的）的一句话来结尾：霍华德 · 舒尔茨是一个忠于理想的人。